한국의 혁신교육, 다시 세계 진보교육을 말하다

진보주의 교육의
세계적 동향

한국의 혁신교육, 다시 세계 진보교육을 말하다

진보주의 교육의
세계적 동향

초판 1쇄 발행 2018년 2월 24일
초판 2쇄 발행 2019년 1월 11일

엮은이 한국교육연구네트워크
펴낸이 김승희
펴낸곳 도서출판 살림터

기획 정광일
편집 조현주
북디자인 꼬리별

인쇄·제본 (주)현문
종이 월드페이퍼(주)

주소 서울시 양천구 목동동로 293, 22층 2215-1호
전화 02-3141-6553
팩스 02-3141-6555
출판등록 2008년 3월 18일 제313-1990-12호
이메일 gwang80@hanmail.net
블로그 http://blog.naver.com/dkffk1020

ISBN 979-11-5930-058-5 93370

이 도서의 국립중앙도서관 출판예정도서목록(CIP)은
서지정보유통지원시스템 홈페이지(http://seoji.nl.go.kr)와
국가자료공동목록시스템(http://www.nl.go.kr/kolisnet)에서 이용하실 수 있습니다.
(CIP제어번호: CIP2018005696)

한국의 혁신교육, 다시 세계 진보교육을 말하다

진보주의 교육의 세계적 동향

한국교육연구네트워크 엮음

살림터

머리말

　우리나라에서 혁신학교운동이 활성화되면서 무엇이 '혁신교육'이
며 '혁신학교는 어떤 학교인가'라는 질문을 많이 받게 된다. 어떤 교육
을 '혁신적'이라고 할 수 있나? 어떤 학교를 '혁신적'이라고 할 수 있나?
이 질문은 '진보주의 교육'이라는 세계 교육사의 오래된 질문과도 통
해 있다. '진보주의 교육'에 대해 하나의 정답을 말하기는 쉽지 않지
만, 대체로 '진보주의 교육progressive education'은 '전통적 교육traditional
education', 즉 교과서의 문자를 기억하기만 하는 암기식 수업, 보수적
가치에 바탕을 둔 교육 내용, 학생의 성장과 발달을 고려하지 않은 학
습 등을 벗어나고자 하는 '새로운 교육new education'의 흐름이라고 규
정해볼 수 있다.
　진보교육의 방향성을 누가, 어떤 기준에서 정할 것인가? 진보주의
교육의 기표는 시대의 상황에 따라 다른 기의를 뜻하므로 그것의 개
념적 원류와 변화를 찾기는 쉽지 않다. 이러한 어려움에도 불구하고
우리는 이것을 스웨덴, 독일, 덴마크, 프랑스, 영국, 미국, 일본의 진보
주의 교육운동에서 찾고자 하였다.
　진보주의 교육의 개념적 원류를 찾고자 한 심성보는 아동 중심 진
보주의 교육과 사회 중심 진보주의 교육의 공존을 모색한다. 아동 중

심 교육자들은 사회적 재건주의 교육 의제가 너무 이데올로기적 경향을 보여 학생들을 교화로 이끌 수 있는 위험성을 안고 있고, 반면 사회적 재건주의자들은 아동 중심적 진보주의 교육 의제가 정치적 경제적 이슈에 대한 명확한 입장을 갖지 않음으로써 현상 유지를 강화할 수 있는 가능성이 염려되기에 양자의 화해가 필요하다고 역설한다. 진보주의 교육이란 이름으로 포괄할 수 있는 교육은 진보적 지향을 향해 나아간다는 점에선 동일하지만, 주어진 시대의 진보적 가치에 따라 서로 다른 양상을 띠고 있고, 새로운 시대의 도전과 비판을 받으면서 새로운 교육 실천 및 운동으로 진화·발전해간다고 보았다.

이윤미는 스웨덴의 진보주의 교육을 교육의 목표 변화, 삶과 연관된 교육과정, 학생의 발달 적합성, 자유와 책임을 강조하는 학습자의 자기교육 등이 중시되었으며 활동을 통한 학습을 중심으로 교수와 학습 활동이 조직되는 것에서 찾았다. 스웨덴에서 진보주의 교육은 종합학교 실험학교 운영과정에서부터 본격적으로 적용되었다. 교육개혁을 위해 10년간의 실험기간을 설정하고 현장 적합성과 교육계의 동의를 이끌어내었으며, 노동학교 계획 등 운영의 철학과 방향이 현장 안에서 도출될 수 있도록 현장으로부터 개별 실천 사례들을 수집하고 참고하는 절차를 거쳤다.

정기섭은 독일의 개혁교육학에서 진보주의 교육의 이념을 찾아낸다. 먼저 개혁교육학을 특정한 시기에 제한되지 않는 진행형의 운동으로 파악한다. 그리고 개혁교육학의 전개과정을 '내적 개혁'과 '외적 개혁'의 시각에서 독일의 학교개혁 과정과 함께 다루면서, 개혁교육학이 독일의 교육체계를 새롭게 구성하는 국가적 차원의 논의와 그 결과에 어떤 식으로든 영향을 주었음을 보여준다. 그러한 사례로 종합학교의 도입과 전개과정, 오늘날 학교에서 당연하게 보이는 체벌금지, 남녀공학, 다양한 열린 수업 방법 등을 들고 있다. '개혁'이란 기존의 학교에 대한 비판으로부터 시도되는 '새로움' 또는 '대안'이고, 이 새로움 또는 대안은 서적 중심, 교사 중심이 아닌 생활과 분리되지 않는 교육, 아동(학생) 중심의 교육임을 강조한다. 이러한 개혁교육학의 정신이 오늘날까지도 영향을 크게 미치고 있다고 본다.

송순재는 공교육과 자유교육 간의 긴장과 협력적 관계 속에서 전개되어온 덴마크 학교들은 세계 교육 지형도에서 거의 유일하다고 할 정도의 독특한 진보적 체제와 구조를 갖추고 있다고 평가한다. 그 성격은 다양성, 개방성, 유연성으로 요약할 수 있다. 덴마크 공교육과 자유교육은 기본 성격에서는 상통하며 공통된 목적을 지향하고 있으나 학생들의 자유라는 점에서 자유학교들은 좀 더 두드러진 특징을 지닌다. 이는 세계 교육사적 맥락에서 볼 때 대안교육의 선구적 형태로서 이후 세계 각국에서 이루어진 대안교육적 시도들을 위해 풍부한 상상력의 원천이 되고 있음은 물론, 그와 같은 방향에서 공교육의 내적 혁신을 자극할 수 있는 시도로 평가할 수 있다.

김세희는 프랑스의 진보교육이 누적적으로 발전해왔다는 점을 강조한다. 어떤 이론이나 방법이 유행처럼 번졌다 사라지거나 '진보적' 학교를 세우는 방식으로 전개된 것이 아니라, 아동 중심 교육이라는 근본적인 문제의식을 다양한 형태로 확장시키거나 깊게 뿌리를 내려가는 형태로 발전해왔다는 뜻이다. 그리고 이 흐름은 프레네와 그 동료들에 의해 공립학교 내의 실천으로 들어오고, 협력적 방식으로 실천하는 시스템을 구축하여 시간에 따라 견고해지고 심화되었다고 본다. 당면한 사회에 문제를 제기하며 교육의 본질에 대해 지속적으로 물음을 던지고, 교실에서 실천하고 협력적으로 작업해나가면서 현대학교운동은 프랑스 진보교육운동의 맥을 잇고 있다고 보았다.

성열관은 오늘날 미국에서 누가 또는 어떤 집단이 진보주의 교육의 이론과 실천을 계승하고 있는지는 분명하지 않지만 테드 사이저Ted Sizer와 드보라 마이어Deborah Meier, 알피 콘Alfie Kohn, 넬 나딩스Nell Noddings, 마이클 애플Michael Apple의 이론과 실천에서 이를 찾고 있다. 그런데 1980년대 들어와 미국 연방 정책은 반反진보주의 교육운동으로 흐르는 경향이 있으며, 오늘날 미국 교육 담론이 도덕적-지적 교육으로 회복하려는 목적을 가진 사람들에 의해 진행되고 있다는 견해에 주목하며, 그는 모두가 평등한 자유를 누리는 민주주의의 이상을 실현하는 과제 속에서 개인의 자아실현을 최대한 도와주는 교육을 진보주의 교육으로 바라보아야 한다고 주장한다.

이병곤은 영국 진보주의 교육의 분수령을 1967년 영국 정부가 플라우든 보고서를 발표함으로써 아동중심주의 교육 방식이 공식적으로 시작되었고, 학교현장에서 이 보고서에 담긴 교육 이념을 실천하면서 활성화되기 시작하였다고 보았다. 물론 진보주의 교육은 화석화된 개념이 아니며 역사적 사회적 맥락에 따라 지속적으로 재해석되어야 한다고 주장한다. 그리고 영국의 진보주의 교육은 우파의 신자유주의와 좌파의 사회주의 이념으로부터도 도전을 받으면서 발전되었다고 본다. 한국적 상황에서 진보주의는 루소와 듀이, 닐로 이어져 내려온 낭만주의적 진보주의에 더하여 근원적 사회변혁을 꿈꾸는 혁신적radical 진보주의를 탐색할 필요가 있다고 주장한다.

이명실은 일본에서 진행되었던 진보적 교육 실천의 흐름을 1980년 이전과 이후로 나누어 그것이 가진 특징과 한계를 논의한다. 전자에서는 미국과 유럽의 신교육사상이 일본에 들어와 교육 실천 및 교육운동으로 전개된 양상에 관해 고찰하는데, 특히 전후 신교육운동이 듀이의 진보주의 교육사상의 영향을 많이 받았음을 제시한다. 그리고 후자에서는 '여유교육'의 등장과 종언을 중심으로 일본의 공교육 개혁이 학습자의 관심·흥미를 중시하는 방향으로 전개되는 듯이 보이지만 실제로 학업성취도와 국제경쟁력을 강화하는 결과를 초래했다는 점을 강조한다. 이를 통해 학습자의 자유를 보장한다는 구호 아래 이루어지는 교육개혁이 모두 진보교육이 될 수 없다는 점을 드러내면서, 이것이 진보교육이 갖는 위기가 될 수 있다는 점을 암시한다. 더불어 일본에서 대안교육의 형태로 전개되는 진보적 교육 실천의 사례들을 제시하고 있는데, 이들 교육 실천이 학습자가 자신의 삶을 영위하는 데 필요한 문제해결의 과정, 비판적 사고, 역사의식 등을 교육과정에 포함하고 있다는 점에서 진보교육과 일치된 지향을 공유하고 있다고 말한다.

　우리는 위에서 살펴보았듯 진보주의 교육의 세계적 동향을 통해 우리의 혁신교육 및 혁신학교의 방향성을 찾을 수 있을 것이다. 한국 공교육의 공고한 벽을 허물기 시작한 혁신학교운동은 오래 누적된 구악을 거두어들이는 '적폐의 청산'만큼 쉽지 않은 지난한 작업이다. 새로움을 추구하는 혁신교육이 보수의 저항과 마주치는 것은 필연적이다. 이 일은 가치관 및 세계관의 충돌이기도 하다. 교육은 결국 실천과 연관된 행동이며, 현시점에서 우리에게 절실히 필요한 것은 장기적 전망의 구상과 함께 구체적 각론의 제시이다. 이제 혁신교육에서 한 걸음 더 나아간 변혁교육의 원리를 모색해야 한다. 새로운 변혁교육은 학교의 변혁과 사회의 변혁이 맞물려야만 이루어질 수 있을 것이다. 이러한 중대한 과업을 위해 구체적 공간과 진지를 마련하고 확대해나가고자 한다.

　그리고 지금 촛불혁명 이후의 학교개혁은 '공교육체제 전반의 새판 짜기'라는 관점에서 추진되어야 한다. 물론, 이것은 학교의 울타리를 넘어서 '사회 전체의 구조 개편'에 대한 요구와도 직결되어야만 한다.

진보주의 교육운동의 세계적 동향에 대한 세미나를 연 지 몇 해가 지났다. 여러 가지 사정으로 이 책의 출판이 많이 늦었지만, 스웨덴, 독일, 덴마크, 프랑스, 영국, 미국, 일본의 진보교육 또는 진보주의 교육의 연구 및 실천 사례들이 우리나라 혁신교육의 방향을 모색하는 데 좋은 교훈이 되기를 기대한다.

2018년 2월 저자를 대표하여
심성보 씀

| 차례

머리말   4

1장 서구 진보주의 교육이론의 동향과
한국 혁신교육의 전망 / 심성보   15
1. 진보주의 교육에 대한 개념 규정의 어려움   17
2. 진보주의 교육운동의 다양한 흐름   20
3. 진보주의 교육운동에 대한 비판과 새로운 출발   31
4. 우리나라 진보주의 교육운동과 혁신교육의 향후 과제   64

2장 스웨덴에서의 진보주의 교육:
종합학교 개혁 이전과 이후의 전개 / 이윤미   81
1. 진보주의 교육과 스웨덴   83
2. 20세기 초 진보주의 교육의 국제적 흐름과 스웨덴   86
3. 종합학교 개혁 이전의 전개   91
4. 종합학교 개혁 이후의 전개   105
5. 스웨덴 교육체제의 특징과 시사점   116

3장 독일의 개혁교육학:
영원한 교육개혁운동 / 정기섭   123
1. 개혁교육학   125
2. 1945년 이후부터 1990년 이전까지의 개혁교육학   129
3. 1990년 이후의 개혁교육학   143
4. 개혁교육학의 영향과 시사점   154

4장 덴마크의 공교육과 자유교육:
혁신교육과 대안교육을 위한 상상력
/ 송순재 · 카를 크리스티안 에기디우스   159
1. 유기체로서의 덴마크 교육   161
2. 공교육의 역사, 기본 성격 및 유형   163

3. 자유교육의 역사, 기본 성격 및 유형   175
4. 맺는말: 고형적 틀에서 부드러운 틀로   191

5장   프랑스 진보교육과 현대학교운동 / 김세희   199
1. 들어가며   201
2. 진보와 진보교육   203
3. '에뒤카시옹 누벨'과 교육개혁   207
4. 현대학교운동   211

6장   영국 진보교육의 동향:
우리 교육에의 시사점 / 이병곤   227
1. 진보, 그 잡기 힘든 무정형의 개념   229
2. 정치적 배경 및 진보주의 교육과 연관된 사건들   230
3. 영국 진보교육의 동향   235
4. 진보주의 교육의 원리와 비판   240
5. 결론   245

7장   오늘날 미국에서 '진보주의 교육'은
어떤 방식으로 남아 있는가? / 성열관   249
1. 서론   251
2. 이론적 배경   253
3. 오늘날의 진보주의 학교개혁과 교육이론   259
4. 진보주의 교육에 대한 비판과 공격   268
5. 논의 및 결론   272

8장   일본의 공교육 개혁과 진보교육의 전개 / 이명실 281
1. 진보교육의 위기   283
2. 1980년 이전 신교육운동   285
3. 1980년대 이후 공교육 개혁   293
4. 공교육 개혁의 특징과 한계   301
5. 진보적 교육 실천의 사례들   305

1장

서구 진보주의 교육이론의 동향과 한국 혁신교육의 전망

심성보

1. 진보주의 교육에 대한 개념 규정의 어려움

우리나라에서 혁신학교운동이 활성화되면서 무엇이 '혁신교육'이며 '혁신학교는 어떤 학교인가'라는 질문을 많이 받게 된다. 어떤 교육을 '혁신적'라고 할 수 있나? 어떤 학교를 '혁신적'이라고 할 수 있나? 이 질문은 '진보주의 교육'이라는 세계 교육사의 오래된 질문과도 통해 있다. '진보주의 교육'에 대해 하나의 정답을 말하기는 쉽지 않다.

사회의 진보는 옳은 것인가? 교육에서의 진보는 학생을 위하는 것 인가? 학생은 사회 속에 살고 있지 않은가? 진보의 방향성은 누가, 어 떤 기준에서 정할 것인가? '진보교육', '혁신교육'과 같은 단어, 즉 기 표signifier들의 조합은 그 단어들이 지시하는 의미, 즉 기의signified만 을 우리에게 전달하지 않는다.[1] 이 기표들은 일정한 맥락 속에서 존재

---

1. '기표'와 '기의' 사이의 관계가 필연적인 것이 아니라는 것은 변화의 여지를 열어둔 개념인데, 이를 언어가 가지고 있는 자의성이라 한다. 절합(articulation)이 가능해지는 이론적 기초이 다. 실제로 이 자의성은 시간이라는 축을 도입하게 되면 비로소 구조의 견고한 벽을 허물고 그 본연의 모습을 드러내게 된다. 변화가 발생하는 것이다. 마치 고기잡이 그물에 비유되는 구 조 속에서 그물의 마디마디에 비유되는 개체들이 가지는 관계망 및 '안정적인' 거리는 구조주 의의 이론체계를 상징적으로 보여준다. 그물의 마디 사이의 일정한 간격을 유지하면서도 결코 분리될 수 없는 관계를 뜻하는 상보적 분포의 견고함이라는 이론적인 틀에도 불구하고, 소쉬

하고, 그 맥락을 통해서 전달되는 기의들은 우리에게 기승전결을 갖춘 하나의 이야기로 다가온다. 같은 기표라도 이야기의 맥락에 따라 다른 기의가 전달될 수 있다. 전달되는 이야기도 물론 하나의 모습으로만 존재하는 것은 아니다. 맥락을 전달하는 사람 혹은 환경에 따라, 또는 맥락을 전달받는 사람이나 환경에 따라 그 이야기는 천차만별일 수 있다. 우리는 그 이야기를 담론discourse이라고 부른다. 담론은 세계에 대한 사고방식을 설명하는 개념적 틀이다. 담론은 사회적 공간 속에 존재하는 이데올로기(신념의 집합)와 지식에 대한 권력의 절합이며, 의미의 변형자이기도 하고, 주체가 객관화되는 것이기도 하다.C. Matheson & D. Matheson, 2000: 1-11 교육정책은 담론과 분리되어 존재할 수 없다. 교육의 담론 다수는 문화적 격리와 문화적 자본과 같은 개념에 의존하고 있으며 명제적 지식과 방법적 지식으로 구성되어 있다.

르가 관찰했던 언어는 기표와 기의의 분리를 태생적으로 안고 있는 구조물이었다. 여기서, 중요한 것은 기표와 기의가 구조를 이루고는 있으나, 그 구조를 이루는 결합이 필연적인 것이 아닌 자의적이라는 소쉬르의 통찰이다. 하지만 기표와 기의의 결합체로서의 언어, 그리고 그 연결 관계가 '자의적'이라는 소쉬르의 관찰은 절합이라는 단어를 설명하는 데는 아직도 충분치 않다. 이는 이러한 절합이 만들어내는, 푸코(Foucault, 1972)가 말하는 진실효과(truth effect)를 발생시키는 기제에 대한 설명이 충분하게 제시되지 않은 까닭이다. 그리고 이 부분이 많은 사람들이 절합을 오해하게 하는 지점인 것으로 보인다. 푸코는 이 간극에 대해서 매우 예리한 통찰력을 보여주고 있다. 푸코는 진실효과를 만들어내는 기제로 권력(power)을 지목했다. 권력이 기표와 기의가 연결되는 '자의성'을 통제한다는 것이다. 알튀세르의 표현을 빌리자면 기표는 권력을 통해서 기의를 호명하는 것이다. 그리고 기표와 기의가 권력에 의해서 연결될 때 비로소 기표는 진실효과를 발생시킨다는 것이 그의 통찰이었다. 이러한 통찰을 바탕으로 그는 권력-지식의 결합체라는 개념을 도출해냈다. 절합이라는 개념이 비로소 설명 가능하게 된 것이다. 푸코 이후로도 기표와 기의의 결합 방식과 그 기제에 관한 다양한 설명들이 시도되었다. 특히, 권력이라는 개념에 의해서 소외될 수 있는 주체의 역할에 대한 진지한 통찰이 반영된 설명들도 시도되었으며, 의미 있는 성취를 이루기도 했다. 그중에서 스튜어트 홀(Stuart Hall)은 그람시가 제안한 헤게모니라는 개념을 발전시켜 절합이 이루어지는 방식을 설명하고 있는데, 애플(Apple)은 이를 주체가 이익이 되는 것과 버려야 할 요소들을 놓고 벌이는 정치학(politics of good sense and bad sense)으로 부르고 있다(Apple, 1995). 여기서, 권력을 헤게모니의 개념으로 이해한다는 것은 매우 중요한 의미를 가지는데, 이는 이 맥락에서 사용되는 권력은 동의를 기반으로 하기 때문이다(Gramsci, 1971). 즉, 이익이 되는 요소와 버려야 할 요소들의 정치학을 통해서 보다 많은 사람들의 동의를 획득하는 것이 권력이 되는 것이다. 그리고 이 권력은, 앞서 말한 것처럼 절합에 진실효과를 부여한다.

따라서 일정한 맥락을 가진 기표 체계라고 할 수 있는 담론은 많은 경우 기표를 해석하는 중요한 지침으로 작용한다. 예를 들어 '진보주의 교육', 이 기표는 일견 가치중립적인 하나의 개념으로 보일 수도 있지만, 일단 한국 내의 정치 지형 속으로 편입되면 이야기는 사뭇 달라진다. 이러한 기표가 전달하는 기의들은 한국에 존재하는 정치적 스펙트럼에 따라 다양한 이야기들로 전달이 될 것이고, 그에 따라 기의가 결정되게 된다.^{강희룡, 2014} 그러기에 '진보교육'이나 '혁신교육'이라는 말은 그것을 사용하는 사람에 따라 그 뜻을 달리할 수 있다. 사용된 진보와 혁신의 개념을 다양한 함의를 갖고 다양하게 해석할 수 있다. 기표와 기의의 불일치와 갈등이 일어나기도 할 것이다. 그것은 철학이나 세계관에 따라 달라지기 때문이다. 그래서 하나의 명쾌한 정의를 내리기가 쉽지 않다. 그렇지만 어떤 교육운동을 진보주의 교육으로 규정하기 위해서는 그 전제 조건으로 어느 정도의 주제의식과 논증이 제시되어야 하고, 일정한 흐름과 추세를 보여야 한다.

우리나라의 경우 '진보주의 교육progressive education'은 '전통적 교육traditional education', 즉 교과서의 문자를 기억하기만 하는 암기식 수업, 보수적 가치에 바탕을 둔 교육 내용, 학생의 성장과 발달을 고려하지 않은 학습 등을 벗어나고자 하는 '새로운 교육new education'의 흐름이라고 규정해볼 수 있다. 그 새로운 교육의 흐름은 크게 대안교육운동과 혁신학교운동으로 대별된다. 이렇게 전통교육과 다른 교육 목적을 지향하는 '진보주의 교육'은 사회의 변화 및 진보의 역동성을 내포하고 있다. 물론 진보주의 교육이란 이름으로 포괄할 수 있는 교육은 진보적 지향을 향해 나아간다는 점에선 동일하지만, 주어진 시대의 진보적 가치에 따라 서로 다른 양상을 띠고 있고, 새로운 시대의 도전과

비판을 받으면서 새로운 교육 실천 및 운동으로 진화·발전해간다고
할 수 있다.

2. 진보주의 교육운동의 다양한 흐름

세계 교육사의 흐름에서 볼 때 '진보적progressive', '진보주의
progressivism', '진보주의 교육progressive education'은 일반적으로 '아동 중
심 교육child-centered education'의 의미로 받아들여지고 있다. 19세기 말
과 20세기 초 전통교육에 대립되는 양상을 띠면서 일정한 흐름을 형
성하면서 전개된 '아동 중심 교육'은 때로는 '학생 중심 교육student
-centered education', 그리고 '새로운 교육new education' 또는 '진보주의 교
육progressive education'으로 불렸다. 듀이는 스스로 자기가 주장하는 교
육이 '보다 새로운a newer' 것이라고 주장하면서 그것을 '진보적'이라
고 불렀다.김재만, 1988: 32 새로운 교육 실천 및 교육운동은 나라마다 다
르게 불렸다. 프랑스의 신교육Education Nouvelle, 독일의 개혁교육학
Reformpädagogik,[2] 미국의 진보주의 교육progressive education 등의 다양한

---

2. Reform은 동사 'reformieren(개혁하다)'와 명사 'Reform(개혁)'의 어원으로서 '모양을 바꾸
다(umgestalten)', 변화시키다(verwandeln)'라는 의미의 라틴어 'reformare'에서 파생된 말
이다. 개혁교육학은 1890년에서 시작하여 1933년에 끝난 당시 교육 영역을 지배하고 있던 정
상 교육학(Normalpädagogik)에 대한 강한 반발 내지 비판을 바탕으로 그것을 대체할 수 있
는 새로운 교육 모델을 제시하는 추동력으로서 스스로 정상 교육학의 위치에 서고자 또 진정
한 의미의 '대안'이 되고자 하는 동인으로부터 출발하였다. '정상 교육학' 개념에서 '정상적'이
라는 말은 '관습적'이라는 의미가 강하지만, '규범을 세우는' 또는 '비정상적'의 반대로서 '정
상적'이라는 의미를 모두 갖고 있다. 즉 개혁교육학이 점차 교육 현실에서 충분한 설득력과 적
응력을 바탕으로 결국 관철되면서 정상화되어 지배적인 교육 모델이 되는 순간, 그 스스로 정
상 교육학의 위치에 서게 되는 것이다. 개혁교육학은 정상 교육학과의 변증적 차원의 대결구조
속에서 존재한다고 할 수 있다. '이미 있는 것'으로부터 '아직 오지 않은 것'의 방향으로 나아가
고자 하는 교육적 차원에서 개선을 시도하는 개혁교육학은 늘 유토피아, 즉 이상과 실제 경험
및 현실 속에서의 적응이라는 두 대극적인 축 사이에서 벌어지는 대결에서 도출된다. 이때 개

이름으로 불리며 전개되었다.

새로운 교육개혁을 지향하는 진보주의 교육은 주요한 교육의 위기에 대한 반응이고 대안이었다. 주요 교육적 위기들은 근대 교육의 역사에서 세 차례 일어났다. 첫 번째는 루소(1712~1778)와 훔볼트(1767~1835)가 아주 두드러진 역할을 수행했던 18세기 후반과 19세기 후반이다. 두 번째는 케이의 『아동의 세기』가 출간되면서 '아동으로부터aus Kinde aus'라는 아동의 본성에 관한 새로운 관심을 불러일으킨 운동으로부터 출발점을 삼았던 19세기 마지막 10년과 20세기 1/3에 해당하는 시기다. 세 번째는 교육의 위기에 처한 1960년대 이후의 기간이다. 진보주의 교육에 세계적으로 가장 영향력을 끼친 인물은 20세기 초 미국의 존 듀이(1859~1952)라고 할 수 있다. 그의 저작, 특히 『학교와 아동』[1906], 『민주주의와 교육』[1916]은 독일의 개혁교육학과 케르셴슈타이너(1854~1932)의 노작교육에 영향을 크게 미쳤다. 듀이의 교육과 민주주의의 상관성[3]에 대한 지대한 관심은 1990년대에 이르러 미국과 독일에서 일어났다. 진보주의 교육은 20세기 후반 포스트모던 조건들에 대한 반응으로서 학교교육의 폐지를 주창하는 탈학교운동, 68혁명과 연관된 아동권운동, 그리고 교육에 반대하는 반교육학운동 등으로 나타났다.Daring & Nordenbo, 2003/2009

혁적 이론 및 실천을 추동해나가게끔 하는 목표점 내지는 견인차 역할을 담당하는 이상적 이념 및 유토피아는 시대적 차원에서 그때그때 주어지는 구체적인 역사적 조건에 따라 각기 상이한 내용으로 표출된다. 물론 개혁교육학이 구체적으로 매우 다양한 내용으로 표출되더라도 그 심연에는 시대와 역사를 초월한 공통된 내부 구조가 존재한다. 즉 개성적 존재로서의 '인간(Person)'과 구조로서의 '사회(Gesellschaft)'라는 두 축을 구성 요소로 하여 이루어진다(최재정, 2008: 45-46). 독일의 개혁교육학은 청소년운동, 예술교육운동, 전원기숙사운동, 통합학교운동 등으로 나타났다.

3. 미국의 에이미 거트먼Amy Gutman(1987)은 학교의 주요 목적으로서 숙의심의주의에 바탕한 정치교육을 강조했으며, 넬 나딩스Nel Noddings(1995)는 돌봄의 윤리에 바탕한 학교에서의 민주주의를 강조하였고, 위르겐 하버마스Jürgen Habermas와 한스 요나스Hans Jonas는 듀이를 숙의민주주의의 선구자로 보았다.

진보주의 교육운동은 주로 코메니우스, 루소, 페스탈로치, 프뢰벨, 스펜서, 피아제, 듀이, 킬패트릭, 킹슬리 같은 인물의 저작과 연관되어 있다. 영국, 프랑스, 독일, 이탈리아, 미국 등에서 기존의 책을 중심으로 한 주지주의적 교육 방식에 반발해 일련의 교육 실천 및 교육운동으로 나타났다. 아동 중심 교육운동은 1970년대 초반 암기 중심과 교사 중심의 교육에 대립하는 반反권위적 교육 또는 자유·대안교육과 맞물려 있다. 이들의 기본적 원리는 전체 학급 중심의 일방적 수업, 기억과 암기에 터한 학습, 표준화된 교과와 시험, 석차와 경쟁의 강조, 정보와 기술에 중심을 둔 교육과정 등 전통적 방법에 대한 반발로 형성되었다. 구舊교육은 아이들을 천성적으로 게으르고 믿을 수 없는 존재로 여기기 때문에 사회는 아이들에게 사회적으로 용납되는 정신과 인격을 형성시키는 역할을 수행해야 한다는 입장을 보이고 있다. 구교육은 아동이 행위할 수 있는 권리가 있는데도 '아동기childhood'를 단지 '성인기adulthood'를 준비하는 시기로 보면서, 교사를 아동에게 성인기를 준비하게 하고 재촉하는 완전한 권력이 있는 존재로 보았다. '성인기'는 발달의 최종 단계로 이해되며, 따라서 아동은 미숙하거나 완성되지 않은 성인으로 여겨진다. 그렇지만 신新교육운동은 '아동기'란 성인으로서의 자질이 결여된 것이 아니라 내재적 가치나 그 자체의 가치를 지닌 자질이 존재한다고 본다. 아동은 존재 그 자체로서 이해되며, 이러한 주장은 개인으로서의 아동을 존중하고 아동들 간의 차이를 존중해야 한다는 뜻을 포함하고 있다.

진보주의 교육자들은 교수·학습의 새로운 방법을 선호하는 것과 함께 오랜 보수주의 가치와 사회문화적 전승을 대체하는 개인의 활동과 자율성 발달을 중시하는 정치적 자유주의를 수반하면서 전통적 교육제도의 보존에 강한 거부감을 보였다. 진보주의는 더욱 활동적이고 협력적이면서 실험적인 학습 유형, 더 많은 교육 목표 및 과목의 선택, 그리고 정치적으로 자유롭고 과학적으로 안전한 교육정책의 수립을 중시하였다. 새로운 심리적·인지적 발달 이론은 많은 전통적 교육 방법을 허물었고, 교육과정과 교수법에 있어 발달적으로 적절한 새로운 접근 방식을 포함하였다. 학습 방법의 본질은 아동이 갈망하는 필요와 흥미에서 생겨나야 한다고 보았다. 이러한 진보주의 교육은 20세기의 교육이론이나 실천에 근본적 변화를 가져다주었다. 교육에 있어서 진보적 가정은 학생들의 본성과 경험에 따라서 교육을 하는 것이다. 이 본성은 발달심리학developmental psychology 모델에 기초한 것이라고 할 수 있다.

뢰어스Röhrs와 렌하트Lenhart[1995]는 진보주의의 국제적 동향을 정리하면서 다양한 흐름을 포함하고 있다.

- 1890년 전후에 발흥한 교육개혁운동
- 아동 중심적이고 인간학적인 운동
- 학습자 중심주의에 따른 교사의 전통적 역할 변화
- 학습자의 자기 주도적이고 독립적인 활동과정 중시
- 발달심리학과 소아의학 분야 연구 성과 반영
- 사회적 맥락 내의 전인에 대한 관심
- 획일적 학교 공간을 벗어나 자유로운 학습을 위한 교육 공간의 변화
- 기성의 교육과정으로부터 탐구적 프로그램으로 변화
- 학교 밖의 삶이 지니는 교육적 의미에 관심
- 학교를 넘어선 교육적 실재와 다양하게 관련(평생교육, 도서관 등)
- 국가경계를 넘어선 국제성에 대한 관심(개방성, 새로운 변화에 대

한 추구, 소통 등)

실콕Silcock[1999]은 진보주의 교육의 주요 원리를 발달주의, 휴머니즘, 민주주의 그리고 실용주의에 바탕을 두고 있다.

- 발달주의developmentalism: 아이들이 스스로 문화를 혁신시키고, 또한 문화는 개인을 혁신시킨다고 본다. 발달주의는 주로 루소, 신-피아제(내재적 발달, 자율적 구성주의), 비고츠키(사회문화적 구성주의, 사회적 타자와의 정신의 공동구성), 브루너, 듀이 등의 발달심리학에 기초하고 있다.

- 휴머니즘humanism: 인간은 물리적 대상이 아니며, 개개인 모두 독특한 차이를 가진 존재라고 본다. 휴머니즘은 개인의 전면적 발달을 목적으로 하는 전인의 형성에 관심을 둔다. 아이들이 행동을 통해 자신의 마음을 형성한다면, 그들은 처음부터 온전히 발달한 전인으로 간주되어 다른 사람과 마찬가지로 완전한 인권이 부여된다. 휴머니즘은 오늘날 자아실현을 강조하는 인본주의 심리학자(로저스 등) 들에 의해 수용되고 있다.

- 민주주의democracy: 학교공동체를 학생은 물론이고 교사가 올바른 견해를 표명할 수 있는 장소라고 본다. 민주주의는 아동 중심적 교실에서 자연스럽게 발달하지만, 조직화된 전략이 그렇게 되도록 도와야 한다.

- 실용주의pragmatism: 개인과 사회의 양 요구를 화해시키는 것이 교육에서의 딜레마 해결 방식으로 균형을 잡는 일이다. 상황은 항상 한 극과 다른 극 사이에서 요동친다. 아동 중심 교육은 진보주의를 다른 이데올로기로부터 분리시키는 기준들 내에서 균형을 잡는 요구를 유지하는 것이다. 변화를 실재로 보면서 좌우 이

데올로기를 벗어나고자 하는 실용주의는 제3의 길을 주장한 영국의 토니 블레어 수상이 제창한 노선이기도 하다. 이렇게 진보주의 교육은 발달주의적, 인간주의적, 민주주의적, 실용주의적 사상에 바탕을 두고 있다. 이것은 현대적인 아동 중심적 교사가 되기로 결심하게 되는 경험적, 윤리적, 사회-정치적, 실천적 근거이다.

필딩과 모스Fielding & Moss[2011: 67-68]는 진보주의 교육이 대체로 다음의 특징을 갖는다고 본다.

- 정보 전달의 권위주의적 수업 태도, 무의미한 참여, 상상력을 메마르게 하는 구획화된 교과[4] 등 기존의/전통적 주류의 신보수적 교육 담론을 비판한다.
- 지식의 본질은 책 중심의 학습자의 삶과 무관한 기존 진리를 그대로 수용하는 것이 아니라 성취된 경험을 통한 개인의 성장과 혁신 등 개별적 습득에 둔다.
- 아동을 학습을 위한 뿌리 깊은 갈망을 지닌 호기심 많은, 내재적 흥미를 가진 자연적 존재로 본다.
- 일련의 절차적 배열이 아니라 학습의 방법과 함께 더불어 사는 것에 관심을 둔 학교교육과 민주주의 간의 필수 불가결한 연계를 중시한다. 아이들은 학습자일 뿐 아니라 각자가 삶의 행위 주체임을 강조한다.
- 교육은 어느 정도 미래/직업을 준비하는 것-성인의 삶-이기도

---

4. 개인의 사회적 경험을 무시하는 추상화, 그리고 자연세계와 인간사회를 구축하고 승인할 수 있는 연결고리를 통제하는 지식의 구획화를 말한다.

하지만, 지금의 삶을 다루는 것이며, 아동을 개체적 존엄성, 가치 그리고 온전함을 가진 전인적 인간으로 본다.

에버딘대학교의 다링과 코펜하겐대학교의 노덴보 교수는 모든 측면에서 아동을 자기 학습과정의 주인으로 만드는 것을 포함해 아동들뿐 아니라 그들의 본성과 관점을 교육의 출발점을 삼아야 한다고 말한다. 그들은 국가가 관장하는 학교, 지나치게 많은 교과과정, 성취에 대한 압박, 실생활로부터의 거리, 의례화되고 위계적인 학교 운영의 만연을 비판하면서 이에 바탕을 둔 학교의 모든 구성원이 균등한 지위로 참여하는 학교공동체이어야 하고, 그리고 학교는 더 넓은 사회 속에서 온전히 자율적인 사회적 단위가 되어야 한다면서 진보주의 교육의 주제를 다섯 가지로 정리하였다.Daring & Nordenbo, 2003/2009

- 전통적 교육에 대한 비판: 진보주의 교육은 왜라는 이해 없이 아이들의 마음에 사실을 주입하는 방식의 전통적 접근에 불만을 가졌다.
- 지식의 본질: 진보주의자들은 지식이 아동의 필요와 관심을 반영하지 못하고 있다고 비판하면서 유연성 있는 교육과정의 구성을 권장한다.
- 인간 본성: 진보주의자들은 아이들을 타고난 학습자로 보며, 그들이 지닌 놀이의 본성을 이해할 것을 주장한다.
- 민주주의와 학교공동체Schulgemeide: 진보주의자들은 학생과 교사가 공동의 문제를 토론하고 의사결정하고 숙의민주주의가 촉구되는 회의와 인간과의 관계가 가족 같은 학교(서머힐학교, 전원기숙사학교 등)를 주창한다.

• 전인의 발달: 아동은 온전한 개인으로서 도야하는 존재이며, 단
순히 미래를 준비하는 것이 아니라 현재 아동의 실존적 삶을 존
중하는 인본주의(로저스 등)를 중시한다.

영국학자 하울렛Howlett[2013]은 진보주의 교육의 계보를 비교적 포괄
적으로 정리하면서, 17세기 자연주의 사상에서 현대 비판적 교육학에
이르기까지의 계보를 연결하고 있어 주목할 만하다. 그는 코메니우스
Comenius, 로크Locke 등을 선구적 사상으로 보고 루소Rousseau(낭만주
의), 울스턴크래프트Wollstonecraft(페미니즘), 19세기 말 심리학의 발달을
주요 배경으로 다룬다. 진보주의 교육 그 자체로는 영국을 중심으로
전개된 New Education Fellowship과 미국의 파커스Parkers, 듀이Dewey
등을 핵심적으로 다루는데, 이들의 입장을 '민주주의 교육'의 흐름으
로 범주화하고 있다. 또한 로버트 오언Robert Owen 등을 위시한 영국의
사회개혁적 흐름과 20세기 후반 이후 프레이리Freire, 네오-마르크스주
의 등에 의한 비판적 교육학/교수학Critical pedagogy을 진보주의 교육
의 계보를 잇는 흐름으로 간주한다.

영국의 인문교육학자 패터슨Paterson[2015]은 진보주의 교육을 인문교
양교육의 전통으로서 보면서 아동 존중 또는 아동 중심child-centred 교
육이론에서 그 원천을 찾고 있다. 엄격성, 교조주의, 강압성, 처벌, 훈
육 등을 거부하면서 등장한 급진적 교육radical education의 한 위업이라
고 할 수 있는 '아동 중심 교육'을 때로는 '학생 중심 교육', '새로운
교육' 또는 '진보주의 교육'으로 부르고 있다. 이에 바탕을 두면서
크게 낭만주의(아동의 자발적/자연적 성장), 경험주의(실험적 탐구, 발견
의 신기함), 그리고 탈학교화(탈사회화)의 경향을 보이는 것으로 파악
한다.Paterson, 2015: 225-231

- 낭만주의romanticism [5]: 가장 오래된 전통이다. 이는 흔히 전통적/고전적 교육이론, 즉 교과 중심적, 교사 중심적 교육 접근에 반발하고 있다는 점에서 진보주의/낭만적/인본주의 교육이론(아동의 자발성, 순수함, 자연성 등을 중시)으로 불린다. 아동기를 자발적 성장으로 이해하는 낭만주의는 아동기를 단순히 미성숙의 시기로 보는 것이 아니라, 독특한 삶의 단계를 갖고 있다는 루소의 생각으로 돌아간다. 계몽적 합리주의에 대해 총체적으로 반발하는 낭만주의는 수사적 표현인 자연적 성장('자연주의'로 호칭되기도 함)을 아동 발달의 방식으로 보고 있다. 그리고 교육이란 아이들의 권리를 존중한다.

- 경험주의experientialism: 아동 중심 교육은 권위의 상징인 통설canon에 의문을 보내면서 새로운 경험을 중시한다. 권위에 의문을 보내는 아동중심주의는 새로운 신기한 경험을 중시한다. 모든 지식은 아동의 경험과 연관되어야 한다. 지식은 물려받아야 할 유산이 아니라 아동이 스스로 발견해야 하는 것이다.

- 탈학교론de-schooling: 아동 중심 교육은 가장 급진적 전통인 탈학교론으로 유도되고 있다. 이반 일리치Ivan Illich가 제기한 탈학교론1973은 억압적 사회화를 위한 대행자 역할을 하는 학교에 대해 적대감을 보인다. 이 입장은 사회는 악의 원천이고, 인간은 홀로 서

---

5. 일반적으로 '낭만주의'는 전통에 대한 반동과 연관이 있다. 낭만주의는 '고전주의'에 대립되는 새로운 문학으로서 유럽의 낭만주의는 상상력을 시의 창조적 능력으로, 자연을 유기적인 전체로, 상징과 신화를 시적 양식의 주요한 결정 요소로 파악한다는 점에서 공통분모를 가지고 있다. 엄격한 의미에서 유럽의 낭만주의는 무엇보다도 프랑스혁명과 산업혁명을 경험한 문학 세대의 반응으로서 그들의 세계관과 직접적으로 연관된 구체적인 역사적 현상이다. 낭만주의 운동의 뚜렷한 사회적 현상 가운데 가장 본질적인 것은, 자본주의 이전의 과거 사회로 되돌아가고자 하는 동경, 즉 낭만주의적 반자본주 세계관이다. 미래 지향적인 유토피아적 비전을 가진 낭만주의적 반자본주의의 흐름은 프랑스의 푸리에, 카베, 생시몽, 영국의 오언, 그 후의 모리스, 독일의 헤스, 그 후의 에른스트 블로흐 등 '낭만주의적 사회주의자들'의 열망이 되었다.

있을 수 없기에 결코 자유로울 수 없다는 루소의 생각에 바탕을 두고 있다. 기존의 학교는 해체되고 학습망(e-learning, 모바일, 인터넷 등)의 역할을 해야 하며, 실업 상태의 청소년들에게 일을 하도록 하는 직업교육('직업적 진보주의vocational progressivism'로 부르기도 함)에 관심을 보인다.

이렇게 진보주의 교육은 다양한 모습을 보이고 있다. 이러한 진보주의 교육의 경향은 새로운 가치를 추구한다는 측면에서 '대안교육alternative education'의 철학과도 맥락이 이어져 있다. 주류 교육에 대한 대안, 또는 교육의 민영화/신자유주의 교육에 대한 대안을 말한다. 피오나 카니에Fiona Carnie[2003]는 교육에 대한 대안적 접근을 영국의 발도르프학교, 몬테소리학교, 서머힐학교, 프레네학교, 홈스쿨링 등 70여 곳의 사례에서 찾는다. 그는 이들 대안학교의 특징을 공통적으로 인간적 규모의 교육, 적극적 인간관계, 학습에 대한 총체적 접근, 민주적 참여, 학부모 및 지역사회와의 동반자 관계, 환경적 지속가능성, 더 작은 구조에 초점을 두고 있다. 피터 크라프틀Peter Kraftl[2015]은 영국의 돌봄 농장, 숲속학교, 홈스쿨링, (우정, 가족애, 사랑을 기반으로 한) 민주적/인간적 규모의 학교, 발도르프학교, 몬테소리학교 등 50여 곳의 자율적 학습 공간으로 구성된 '대안교육의 지형도geographies of alternative education'를 그려내면서 이들 학교의 특성으로 자율성, 정서/감정, 습관, 세대 간 관계성, 그리고 삶 그 자체를 중시하고 있다.

그런데 오늘날 대안학교에서 이루어지는 많은 교육적 성과를 국가의 제도권 교육에서 수용함으로써 '대안적'이라는 말의 사용은 차츰 줄어들고 있다. 주변에 머물렀던 '대안'이 '주류'가 되어갔다는 의미이다. 그래서 다른 말을 사용하는 경향을 보이는데 '창의적 교육', '유연한 교육', '맞춤형 교육', '학교 외 교육', '대안 프로그램', '대안적 학습', '대안적 공간', '자유학교' 등이 이에 해당한다. 그렇지만 국가 주도로 이루어지는 공교육체제state schools는 여전히 대안적 교육활동을 하는 데는 구조적 한계를 보이므로 대안학교운동은 계속 일어나고 있다. 이 운동은 교육에 대해 근본적인 접근을 시도하는 '급진적/변혁적 교육radical education'[6]을 지향한다. 이는 신우파적 교육에 대항하는 '교육적 급진주의'라고 할 수 있다.Barrow, 1978; Rattani & Reeder, 1992 이런 급진적 교육운동의 경향은 진보주의 교육에 더해 사회의 근본적 변혁을 더욱 강조하는 흐름이다. 진보주의 교육에 '변혁'의 의미가 덧붙여지고, 반反자본주의적 입장에 선 좌파적 시각까지도 두루 포함하는 폭넓은 개념을 보이고 있다. 급진적 교육운동은 대체로 보다 민중적인 사회주의적 경향Rattani & Reeder, 1992과 보다 본질적인 생태주의적 경향Nolet, 2016으로까지 교육의 지평을 넓혀간다.

그래서 아동 중심성child-centredness을 구식의 진보주의라고 비판하면서 나타나는 새로운 흐름을 '신新진보주의neo-progressivism'라고 부르는 흐름도 나타나고 있다.Silcock, 1999: ix 신진보주의는 개인과 문화라는 양자의 관계성을 동시에 중시하면서 현대 산업사회, 발전으로 인한 새로운 빈곤, 사회적 평화, 그리고 다문화적 풍요 등의 가치 궤도 내에서 이론적 재혁신을 시도하고 있다.Silcock, 1990: 144, 147 교육의 목적으로 사회의 민주적 개혁과 함께 개인의 사회적 자아실현을 동시에 강조하는 경향을 보이는 것이다. 여기에서 양자의 긴장을 보여주는 구체적 사례로서 미국과 영국의 진보주의 교육운동을 둘러싼 논쟁사를 살펴보고자 한다.

---

6. '급진적'이라는 말의 어원은 '근본적'이라는 의미를 담고 있으며, 좌파적 경향을 보인다.

3. 진보주의 교육운동에 대한 비판과 새로운 출발

1) 미국 진보주의 교육운동의 주요 흐름과 논란

미국에서 진보주의Progressivism는 19세기 말~1차 세계대전 사이에 미국에서 일어난 광범위한 개혁의 움직임을 말한다. 산업화, 도시화, 이민, 근대화 등에 따른 영향으로 전통 사회가 해체되어가는 시기의 사조이다. 진보주의 교육Progressive Education은 이때 일어난 교육에 있어서의 다양한 개혁운동이라고 할 수 있는데, 이는 1930년~1940년에 교육은 곧 생활이라며 미국 사회의 어느 지역 어느 계층에도 무리 없이 인정되고 수용되었다.

1918년~1919년 사이에 미국의 워싱턴을 중심으로 활동하기 시작한 진보주의교육협회Progressive Educational Society/PES[7]는 아동 중심 교육을 표방한 진보주의 교육의 7대 원칙을 제시하였다.

1. 아동에게 자발적으로 발달하도록 자유를 주라.
2. 모든 작업의 동기가 흥미에서 시작되어야 한다.
3. 교사는 안내자이지 감독자여서는 안 된다.
4. 아동 발달에 관하여 과학적 연구를 행하라.
5. 아동의 신체적 발달에 미치는 여러 영향에 대해 더 큰 주의를 기울여라.
6. 아동생활의 여러 가지 필요를 충족시키기 위해 학교와 가정은 상호 협력해야 한다.

---

7. 듀이는 1924년 진보주의교육협회 2대 회장을 맡았다.

7. 진보적 학교는 교육운동의 선구자이어야 한다.

1950년대 이르러서는 기계의 발달로 인한 인간의 비인간화 현상, 경제적 발전으로 인한 중산층 확대, 대량생산체제로 인한 다양성 소멸, 이로 인한 개성의 상실 등이 진보주의 교육의 생활 중심이 가져온 성과라고 할 수 있다. 미국의 진보주의 교육은 지능검사, 학업성취도, 교수방법의 향상에 관심을 가진 과학자들Scientists, 삶의 세계에 적합한 학생들 양성에 관심을 보인 감성주의자들Sentimentalists, 학생의 성장과 변화에 따라 세상이 변화한다는 교육을 통한 사회 개조를 강조한 사회재건주의, 이후 비판적 교육학으로 계승한 변혁주의자들radicals에 의해 실천되었다.

크레민Cremin[1961]은 『학교의 근본적 변화: 미국 교육에서의 진보주의, 1976–1957』*The transformation of the school: Progressivism in American education, 1976-1957*을 저술함으로써 거의 80년에 걸친 진보주의 교육의 전개과정을 밝히는 업적을 남겼다. 크레민은 진보주의 교육의 개념을 미국 진보주의 사상을 교육에서 실현하기 위한 것으로 보면서, 진보주의 교육의 주된 강점을 '방법의 신선함'에서 찾았다. 그는 진보주의가 학생들의 다양한 관심을 불러 모으고, 학생들의 활동 욕구를 최대한 활용하며, 교사나 교육자들에게 학생들의 천성을 바르게 이해시키고, 교사가 독단적이고 권위주의적인 태도를 갖지 않도록 교육학적 규칙을 정립하고, 나아가 학생들의 학습 능력과 표현력을 발달시키려고 노력했다고 보았다.Hofstadter, 2017: 488-489 요약하면 진보주의 교육은 첫째, 미국의 진보주의 사상이 교육 분야에서도 확산되고 있는 것이며, 둘째, 개인의 삶을 향상시키기 위해 학교를 이용하려는 다양한 노력이며, 셋째, 종합적으로 볼 때 웅대한 인본주의적 노력의 일환에 속하는 것이라고 정리하였다. 다시 말해 진보주의 교육은 미국 민주주의의 희망을 성취하기 위한 교육적 노력이라 본 것이다.Cremin, 1961 이러한 분석의 결과로 크레민은 진보주의 교육이 미국 교육을 완전히 바꾸어놓았다는 결론에 이르게 된다. 그는 다음과 같은 변화 속에서 이러한 주장의 근거를 제시하였다. 크레민이 제시한 근거들은 첫째, 진보주의 교육 사상에 힘입어 교육 기회가 점진적으로 확장되었다는 점, 둘째, 교육과정이 보다 확장되고 재조직화되었다는 점, 셋째, 교과 외(정규과목 이외의) 교육과정이 더욱 풍부해졌다는 점, 넷째, 교과서가 개선되고 풍부한 학습 자료가 더욱 늘어났다는 점, 다섯째, 교사들이 더 잘 훈련받게 되었고 전문성이 높아졌다는 점, 여섯째, 학교건물 등 교육 시설이 전반적으로 개선되었다는 점이다.Cremin, 1961

교육 시설에 대한 심도 있는 연구에 이견을 제시하는 진보주의 교육 역사 연구자는 많지 않았다. 하지만 클리바드Kliebard[1995]는 또 다른 폭넓은 연구를 수행함으로써 교육 시설의 관점에 대해 수정을 시도하였다. 교육 시설은 미국 진보주의 교육이 미국의 교육 현실을 바꾸어놓았는가라는 질문을 설정하고, 방대한 규명 작업을 통해 진보주의 교육이 전통적 교육을 거의 완전히 대체했다는 결론을 내렸지만, 이와 달리 클리바드는 진보주의 교육이 미국 교육을 완전히 바꾸어놓았다고 주장하기에는 좀 지나치다는 관점을 취한다. 진보주의 교육이 물론 많은 교육 실천을 바꾸어놓는 데 중요한 역할을 했으나, 어느 한 사상이 다른 모든 사상을 누르고 미국 교육을 주도하게 되었다고 볼 수는 없기 때문이다. 더군다나 진보주의 교육을 주장하고 실천하는 교육자들 중에서도 진보주의 교육을 개념화하는 방식이 다르고, 또 그 강조점에도 많은 차이가 존재하였기 때문이다.

이러한 문제의식에 기초해서 클리바드는 1950년대 후반까지 미국

교육이 어떻게 조형되어야 하는가를 둘러싸고 경합하는 네 개의 집단 또는 관점이 있었음을 밝히고, 이들 집단 사이의 논쟁에 대해 연구하였다. 그가 분류한 네 개의 집단은 인문주의자humanists, 발달주의자developmentalists, 사회효율성주의자social efficacy advocates, 사회개량주의자social meliorists이다.Kliebard. 1995 각각의 집단은 학교개혁에 대한 독자적인 의제를 가지고 있었고, 더 많은 지지를 받기 위해 담론적 경합을 벌였다. 이 중에서 어느 한 집단이 나머지를 이기고 교육개혁을 지배한 적은 없다는 것이 클리바드의 판단이다. 이러한 판단은 진보주의 교육이 미국 교육에 전면적으로 확산되었다는 크레민의 주장에 파열음을 냈다고 할 수 있다. 미국 진보주의 교육은 1928년 경제 대공황이 발생하면서 균열이 생기기 시작하였다. 1950년대 들어와서는 소련이 1957년 스푸트니크 인공위성 발사에 성공하자 그 책임이 진보주의에 돌려졌고, 신자유주의 교육정책의 시동을 건 레이건 정부(1981~1989)가 들어서면서 진보주의 교육은 더욱 쇠퇴하였다.

미국 진보주의 교육에 파열음을 내기 시작한 것은 수월성 교육을 중시하는 소위 본질주의자들essentialists이었다. 1930년대의 W. C. 배글리Bagley, 1950년대의 A. E. 베스터Bester, 1990년대의 W. 베넷Bennett으로 이어지는 본질주의자들은 듀이의 아동 중심 교육철학이 학교의 일차적 목적이라고 할 수 있는 학문적 목적, 즉 엄밀성을 약화시켰다고 비판하였다. 이들은 학문적 표준과 수월성을 중시하는 중핵 교육과정을 옹호하였다. 지식의 요체를 중시하는 E. D. 허쉬Hirsch 등은 핵심 지식이 존재한다는 것과 그것을 학습해야 한다고 주장한다. 이것은 핵심적 지식과 문화적 소양cultural literacy을 지탱하는 사상적 토대를 강조하는 것이다.Hirsch, 1988 문화적 소양은 흔히 전통주의자로 분류되는 앨런 블룸Allan Bloom, E. D. 허쉬 등에 의해 옹호되었다. 본질주의자들은 진보주의 교육이 교육제도를 허약하게 만들어서 국가의 위협이 되고 있다며 그것에 반대하였다. 이들은 진보주의가 초래할 학교교육과정의 지적 무기력과 어리석음에 대해 힐난을 퍼부었다. 이들은 진보주의가 교과목을 가르치는 학교교육의 지적 사명을 무시하면서 가정경제, 운전교육, 그리고 위생과 같은 생존 기술을 가르치는 것으로 여겨지는 '생활적응교육life adjustment education'[8]으로 축소시켰다고 판단하였다. 지식의 습득보다는 삶의 가치를 우선시하였기 때문이다. 그리하여 미국 교육에서 하나의 세력을 이룬 생활적응교육은 전성기를 지나 시들어갔다.

수월성 교육의 발전은 1983년 레이건 정부가 '위기에 처한 국가A Nation at Risk'를 선포하면서 신자유주의적 경제정책에 부응하기 위해 국제적 경쟁 교육, 수요자의 선택 확대, 학업성취도 향상, 효율성 제고, 교육의 민영화를 내세우는 방식으로 진행되면서 그 위력을 더해갔다. 이들은 소위 구성주의 등 진보주의 교육의 '혁신적' 접근에 의구심을 가졌다. 읽기, 쓰기, 셈하기(3R)를 강조하는 '기본으로 돌아가기back to basics' 운동은 학업 능력과 예의, 사회적 책임, 애국심의 쇠퇴를 우

---

8. '생활적응교육' 또는 '생활적응운동'은 학교교육과 실생활과의 접근, 나아가서는 생활에 적응하는 교육을 강조함으로써 생활에 유용한 인간을 육성하려는 교육이다. 교육과정은 학습자의 흥미나 일상생활의 경험을 중심으로 종합적으로 구성되며, 학습자 스스로가 생활하고 행동하는 것을 통하여 학습하게 하는 것을 학습 방법의 기본으로 삼는다. 이렇게 함으로써 학습자를 충실한 사회의 생활자로 육성하려는 것을 목표로 한다. 모든 청소년의 생활적응 요구에 좀 더 어울리는 교육 프로그램을 개발하는 식으로 상황을 타개하자는 것이다. 미국의 모든 청소년이 스스로 만족하면서 민주적인 삶을 살고 가족 구성원이나 노동자, 시민으로서 사회에 보탬이 될 수 있도록 가르치는 교육 방식의 개발이 중요하다고 여겨졌다. 생활적응교육에서의 생활 경험은 그들이 살고 있는 지역사회에서 전개되므로 지역사회의 성격에 따라 결정되는 일이 많은데, 그중에서도 현재 학생들이 직면하고 있는 문제, 특히 학생들이 깊은 관심을 가지고 있는 문제가 중심이 되어야 한다. 왜냐하면 그들이 무관심하면 아무리 당면한 과제라 할지라도 학습 문제로 성립될 수 없기 때문이다. 그러나 리스먼(D. Riesman)은 인간이 자유롭고 평등하게 태어난다는 생각에 대하여 노골적으로 반대하였다. 진보주의 교육의 목적이 사회화와 적응이라는 점은 교육의 전체적 관점에서 볼 때 커다란 맹점이라고 보았기 때문이다. 1962년 브루너(J. S. Bruner)는 학교교육의 지적 편성을 주창하면서 진보주의 교육을 비판하였다.

려하며, 경쟁적 글로벌 경제를 위해 유능하고 숙련된 개인을 준비시키고자 하였다. 레이건 정부의 '위기에 처한 국가'에서는 영어, 수학, 과학, 사회과, 컴퓨터 과학으로 구성된 '새로운 기본' 교육과정을 제시하였다. 책을 통한 가르침을 거부하는 진보주의 교육의 '경험을 통한 학습learning by doing'은 기본과 표준을 결여하고 있고, 그리하여 자기 존중감, 사회정의 그리고 평등이라는 미명 아래 학문적 엄격성을 희생시켰다는 것이다. 최근에는 아동낙오방지법의 지원을 크게 받은 기초/기본 기술의 향상에 초점을 맞추어 교육적 성취를 증진시키는 요청으로 나타났다.

본질주의자들은 미국 정신의 쇠퇴와 함께 오늘의 교육적 난관을 초래한 원인이 진보주의에 있다면서 그 책임을 모두 듀이 탓으로 돌렸지만, 듀이는 사실 새로운 아동관과 새로운 세계관을 잘 결합시켰다는 평가를 받고 있다.Hofstadter, 2017: 487 듀이의 진보주의를 두고 내용 없는 방법주의로 곡해하였지만, 그는 과도한 전통주의나 지식주의를 비판한 것이지 전통이나 교과/지식 그 자체를 반대한 것이 아니었다. 듀이는 분명 학습의 수동성과 능동성, 경험의 당함과 해봄, 아는 것과 하는 것, 이론과 실천, 흥미와 정신, 감각과 이성, 경험과 지식, 방법과 내용, 개인과 세계, 자아와 사회성의 변증법적 통합을 주창하였다. 듀이는 공동체를 위한 교육의 중요성을 주장함과 동시에 개인 발달을 위한 교육을 옹호하는 관점을 취했다. 듀이는 흔히 진보주의 교육자라고 불리지만, 정작 본인은 그렇게 불리는 것을 좋아하지 않았다. 진보주의와 보수주의라는 이분법을 원하지 않았기 때문이다. 그래서 실제 사회재건론자들로부터 비판이 제기되자 진보주의교육협회를 탈퇴하기도 하였다.

더욱 사회적 지향성을 보이는 사회재건주의자들social reconstructionists

은 아동 중심적 교육이 무엇을 학습하는가보다 아동을 자발적 학습자로 보기 때문에 문화culture를 개인의 자유를 억압하는 기제로 이해하는 무통제anarchy나 극단적 개인주의로 치달을 수 있다고 여겨 학교를 더 큰 사회개혁을 위한 센터로 만들고자 하였다. 이 입장의 선봉에 서 있는 조지 카운츠는 교육을 통한 사회 개조를 역설하였다. 학교가 아무런 힘도 없는 것은 아니라며 학교가 더욱 민주적인 습관들과 헌신을 바탕으로 재정비될 수도 있음을 역설하였다.Counts, 1932

> 개인이 국가의 자연자원으로 재산을 불리는 것, 단지 돈을 벌기 위해 사업을 조직하는 것, 언제 어디서나 자기가 하고 싶은 대로 새로운 공장이나 철도를 세우는 것, 자신의 사적 이익 보호를 위해 통제할 수 없는 경제체제를 혼란에 빠뜨리는 것, 그리고 정치적 삶의 부패, 여론기관의 통제, 금융 기제의 조작, 두뇌와 지식의 구매, 또는 무지, 나약함 그리고 불행을 이용하여 엄청난 부를 축적하거나 축적하려는 시도를 허용해서는 안 될 것이다.Counts, 1932: 46-47

카운츠는 만약 이러한 실천들이 허용되지 않았더라면 사회가 얼마나 달라질 수 있을지를 설명하면서 교사에게 사회의 새로운 비전을 촉구할 책임이 있음을 호소하였다.

> 최상의 교화이지만 우리 아이들이 이어받아야 할 것으로—그것은 우리 직업이 만들어내고 계승해야 하는 최대의 관심사이고 귀중한 유산—, 미국이 산업화 시대에 이루고자 하였던 그러한 비전을 학교에 도입하는 것이다.Counts, 1932: 50-51

이러한 요구를 통해서 카운츠는 미국을 불안한 사회에서 안정된 사회로, 혼란에서 계획으로, 사적 이윤에서 집단적인 안전망으로, 사치로부터 공유된 풍성한 삶으로라는 전 사회적인 급진적 사회변혁에서 학교가 맡은 역할의 중요성을 자리매김했다.^{Counts, 1934} 그러므로 불가피하게 교육은 강압imposition 혹은 영향력의 요소를 포함할 수밖에 없다. 그는 지식이 무지의 자리를 대신하고, 협력이 경쟁을, 세심하게 기획된 사회계획이 수요·공급 법칙에 대한 신뢰를, 사회화된 경제라는 어떤 형태가 사적 자본주의를 대체하는 세상과 새로운 시대를 꿈꾸었다.^{Apple, 2014: 113-114} 카운츠는 교사들이 교육의 형성적 역할을 잠재적 교육과정에 맡겨버리지 말고 이 역할을 활용해야 한다고 천명하였다. 그렇게 하기 위해 우리는 사회복지 이론과 사회개혁 방안을 수립할 필요가 있다. 그는 교육 세계에서 학교가 공동체와 유기적 관계를 설정할 것을 제안한다. 학교와 사회가 공동의 목적으로 연결되지 못하는 한, 교육 프로그램은 그 의미와 활력을 잃어버릴 것이다. 따라서 카운츠는 좋은 사회를 건설하는 일은 거의 모두 교육적 과정이라고 믿는다. 그는 학교에는 사회적·정치적으로 깨어 있을 것을, 교육자들에게는 도덕적·정치적·경제적으로 확고한 신념을 갖추고 있을 것을 요청하였다. 그는 교육자들 자신을 의식적으로 '사회재건주의자들'과 동일시하고 교육자들이 그들과 연대해야 할 것과 엄청난 빈부 격차의 모순에 직접적으로 그리고 정직하게 대항할 것을 요구했다.

학교는 정치경제적 삶에 한결 현명하게 참여하는 데 필요한 교육과정을 가르칠 수도 있다. 이것은 지나치게 낭만적이고 개인주의적인 진보주의자들이 말하는 도식적인 학생 중심 교육을 일컫는 것이 아니다.^{Apple, 2014: 117} 카운츠는 낭만적 감성주의자들romantic sentimentalists이 주도하고 있는 진보주의 교육운동은 사회적으로 비판적인 교육 창조를 향한 어떤 진정한 진전도 이룰 수 없었다고 보았다.Counts, 1932 아동 중심을 핵심으로 하는 진보주의 교육의 여러 문제 중에는 진지하고 중요한 사회적 프로그램이 존재하지 않는다는 것도 포함한다. 즉, 당시의 진보주의 교육은 대공황 시기의 경제, 정치, 문화적·교육적 위기와 그러한 위기가 중산층의 이데올로기에 미치는 영향을 간과하고 있었다.Apple, 2014: 117

그렇다고 교육과정이 '공식 지식official knowledge'으로 무엇을 선택해야 할지에 대한 논쟁을 주도하곤 하는 한층 전통적인 문화적 보수주의자들이 지극히 사랑하는 '특정' 과거의 지식에 기초를 둔 것도 아니다. 교육자들은 근본적으로 도덕적이고 정치적인 선택을 해야만 하는데, 그 선택은 학교현장의 경험을 반영하고 있는 지식과 가치에서 유리될 수 없다. 카운츠는 민주적인 집단주의에 대한 더욱 분명한 신념을 바탕으로 선택할 때에만 교육자들이 사회를 위한 리더십을 발휘할수 있다고 보았다. 카운츠는 학교가 결코 중립적이었던 적이 없고 또 앞으로도 그럴 수 없기 때문에 다양한 지식들과 가치들 중에서 선택은 불가피한 일이며, 그 선택은 반드시 분명한 명분에 따라 지도되어야 한다. 그러므로 학교와 교육자들은 감시자로서, 비판자로서, 사회와그 사회기구에 대한 판단자로서 아주 중요한 일련의 책임을 지고 있는것이다.Counts, 1926: 311-312 학교가 일반적으로 지배 집단에 의해서 통제된다는 사실을 감안할 때, 그런 이유로 현존하는 지배적 사회질서를 재생산하는 일에 학교들이 일차적으로 동원된다는 점을 감안할 때, 이와 같은 책임은 더욱 중요하다.

이렇게 다양한 민주주의의 역할을 축소시키는 자본주의가 지나치게 강조되고 있다고 본 카운츠Counts, 1932: 6는 낭만주의 교육자들이나 일부 진보주의 교육자들이 교육의 의미를 너무 좁게 파악하고 있으며,

전체 모습의 반 토막만 그려내고 있다는 점을 적시한다. 즉, 인간은 자유롭게 태어나지 않았으며, 교육 그 자체로 항상 "선하고, 진보적이며, 민주적인 것은 아니다. 교육은 인종적 적개심, 폭력, 대외적으로는 물론 대내적으로 매우 위험할 수 있는 형태의 민족주의들을 고양시키는 데 이용될 수도 있다."Gutek, 1970

여기서 우리가 잊지 말아야 할 것은 진보주의교육협회Progressive Educational Society/PES 와 사회재건운동Social Reconstructionist Movement/SRM 이 그 자체로는 일정한 한계를 보인다는 점이다. 이 둘은 그 구성과 운동을 추진하는 과정에서 계급적인 특성을 보였다. 예를 들어 PES는 대학의 실험학교들, 부유한 지역의 학교들, 사립학교들의 목소리를 대변하였다.Apple, 2014: 119 이러한 낭만적인 교육의 문제는 더욱 확장되었다. 교육계의 진보 인사들은 사회변혁이라는 수사를 구사하지만, 그들은 특정한 생각을 아이들에게 주입하는 것을 두려워한다. 그리고 그들은 사회를 재조직하기 위해 학교가 다른 교육적인 제도들과 어떠한 협력적인 관계를 맺어야만 하는지를 이해하지 못하게 한다. 이러한 두려움과 몰이해는 그들을 지배 권력 앞에서 거의 아무런 힘도 발휘할 수 없도록 만든다.Gutek, 1932 아동중심주의와 명시적인 정치적 헌신 사이의 긴장은 인위적인 경계들을 만들었을 수도 있을 것이다. 왜냐하면 적지 않은 진보적 인사들이 이 두 가지를 심각하게 간주하였기 때문이다. 존 듀이는 이러한 양자택일의 상황을 극복하고자 지속적으로 노력한 대표적인 인물이다. 하지만 듀이의 해결책은 카운츠와 듀이 사이의 완벽한 합의의 결과물은 아니다.Westbrook, 1991

그 핵심적인 쟁점은 '주입indoctrination'이다. 카운츠와 같은 이들이 제창한 것처럼 교육의 목적이 사회의 재조직이라면, 그것은 가치를 주입하는 것이 되지 않겠는가? 그것은 단순히 주입의 과정이 아닐까?

이것은 교육문제에서 진보주의자들을 갈라놓은 결정적 이슈 중 하나이다. 이 주제와 관련된 논쟁은 오랫동안 지속되었다. 어떤 이들은 열린 질문법open-minded inquiry이 최상의 해결책이라고 말한다. 다른 이들은 지배계급의 가치들이 이미 교육을 통해서 매일 명시적으로 혹은 암묵적으로 주입되고 있다고 말한다. 따라서 이들은 교사들과 교육과정 개발자들이 학생들로 하여금 현존하는 지배계급의 가치와 지식들을 비교 검토하게 하고, 그런 연후에 교육자들은 거리낄 것 없이 '더 적절한 가치'를 강조해야 한다고 주창한다. 물론 듀이가 사회의 변혁을 위해 교육을 재구성해야 할 필요에 대해서 침묵한 것은 아니었다. 1928년 진보주의교육협회에서 행한 강연에서 이와 관련해 그가 전달한 메시지는 명확했다.

> 만약 우리가 질적인 면에서 또 지향성에서 현재와 다른 사회질서가 바람직하다고 생각한다면, 그리고 기존의 것에 만족하지 않는 개인을 길러낸다는 관점에서 사회의 변화를 위해 학교들이 전력을 다해야 한다고 생각한다면, 그리고 그들에게 사회의 변혁을 도울 수 있는 능력과 갈망을 갖추게 하려 하다면, 교육학에는 지금과는 매우 다른 방법이 필요할 것이다.Dewey, 1928: 7

그런데 가장 근본적인 의견의 불일치가 대두된 것은 바로 '방법'에 관한 것이었다. 카운츠와 같은 이들에게 듀이의 입장은 옳은 것이기는 했지만, 정치적으로 너무 중립적인 것으로 보였다. 정치적인 과정은 정치적인 내용물을 잠식하기 때문이다. '지성의 방법'에 대한 듀이의 확신은 교사가 학생에게 주입의 방법을 사용해서 특정한 사회복지 이론을 고무시키는 것에 강한 우려를 갖게 했다. 듀이가 보기에 그러한 체계를 부과하는 것은 민주적인 합리성과 실용적인 지성에 대한 신뢰를 저버리는 일이었다.Stanley, 2006: 95 분명히 듀이는 학교가 특정한 사회적·정치적 가치를 가르칠 수밖에 없다는 사실을 외면한 것은 아니었다. 실제로 그도 특정한 정치적 견해를 견지하였다. 하지만 주입imposition은 필연적으로 민주적인 형태, 그가 생각하기에 참여적 민주주의를 구현하는 데 필수적인 과정과 가치를 훼손하는 일이다. 그가 보기에는 '실용적 지성pragmatic intelligence'의 계발만이 유일한 대안이었다. 그가 『사회의 경계선』에서 주장한 것처럼, 비판과 사회정의를 성취하기 위해서 주입을 주장하는 사람들은 다음과 같은 논리에 그 근거를 두고 있었다.

> 한편으로는 현재 학교에서 이미 적지 않은 주입이 진행되고 있다. 특별히 애국주의라는 미명하에 협의의 물질주의와 관련된 주입이 이루어지고 있고, 지배적인 정치체제와 관련된 주입이 진행 중인데, 불행히도 이것은 부인할 수 없는 사실이다. 하지만 곧바로 주입이라는 방법을 써서 그 반대로 행하는 것이 옳음을 입증해야 하는 것은 아니다.Dewey, 1937: 236

듀이는 미래에 대한 카운츠의 민주적 집단주의에 크게 동의했지만, 교화 혹은 주입을 옹호할 수 없었다. 카운츠가 제안한 '올바른 교화righteous indoctrination'를 정당화할 수는 없었다.Noddings, 2016: 248 듀이는 목적은 물론이고 수단이 도덕적으로 받아들어져야 한다고 주장했다. 교화-최고의 선이라도-는 너무나 쉽게 지배, 권위주의, 심지어 전체주의로 유도될 수 있기 때문이다.Noddings, 2016: 79 상호작용에서 권위와 전통의 방법이 아니라 '지성의 방법'을 사용해야 한다는 것이다. 배움의 내용보다 탐구의 방법이 더 중요하다는 것이다. 학생들은 대화, 책임 있는 실험, 그리고 현재 경험의 평가를 통해 결론이나 논증이 잘된 대안들에 도달해야 한다는 말이다.

결국 듀이가 전달하고자 한 메시지는 오늘날에도 충분히 의미 있는 것이다. 듀이는 주입에 대해 우려하였지만, 그 자신도 보수주의자들로부터 '교화'를 칭송한다고 비판받았다. 그것은 보수주의자들이 카운츠와 같은 사람들에게서 발견될 수 있는 것과 똑같은 이데올로기적인 경향성을 듀이가 가지고 있다고 보았기 때문이다.Westbrook, 1991 카운츠 그리고 그와 정치적인 성향을 같이했던 교육자들은 그들이 의도했던 바를 반反헤게모니 교육과정과 내용 등과 같은 세련된 용어로 표현하는 것에는 서툴렀을지도 모른다. 이에 대해 두려움과 비판의 불꽃이 거셌던 것만은 의심의 여지가 없다.

요약하자면, 결국 아동에 중점을 두느냐, 아니면 사회에 중점을 두느냐를 둘러싸고 진보주의 교육의 노선투쟁이 격렬하게 벌어졌던 것이다. 아동 중심적 발달주의child-centered developmentalism[9]와 사회적 재건주의social re-constructionism는 모두 전통적 학교교육의 형식주의, 의례주의, 권위주의 등을 반대했지만, 양자 사이의 논쟁은 엄밀히 말해 아동 중심적 진보주의 교육과 사회 중심적 진보주의 교육을 둘러싼 노선 갈등이라고 볼 수 있다. 일부 아동 중심 교육자들은 사회적 재건주의 교육 의제가 너무 이데올로기적 경향을 보여 학생들을 교화로 이끌 수 있는 위험성을 염려하였고, 반면 사회적 재건주의자들은 아동 중심적 진보주의 교육 의제가 정치적·경제적 이슈에 대한 명확한 입장을 갖지 않음으로써 현상 유지를 강화할 수 있는 가능성을 염려하

---

9. 아동 중심적 교육은 오늘날 구성주의 교육이론으로 수용되고 있다.

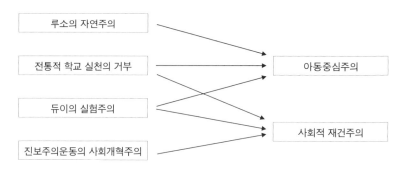

진보주의 교육의 원천과 긴장Gutek, 2014: 374

였다.Gutek, 2014: 372-373

진보주의 입장에 서 있으면서도 아동중심주의와는 대립적 입장을 보이는 사회적 재건주의자들은 진보주의적 교육 의제가 정치적·경제적 이슈에 대한 명확한 입장을 갖지 않음으로써 현상 유지를 강화할 수 있는 가능성을 우려하고 있다. 겉으로는 인간적이고 아동 중심적 모습을 보이지만, 속으로는 사회적 통제를 점점 강화하고 있다는 것이다. 푸코적 관점에서 보면 아이들을 자유롭게 하는 교육적 실천이 사실 사회적 규제의 기술을 제공하는 행정적 기구로서 자유의 전략을 구사하고 있다고 보는 것이다.Derry, 2013: 52 보다 발전된 진보주의 교육을 지향하는 사회적 재건주의자들은 사회를 개혁하기 위해 학교를 적극적으로 활용하고자 하였다.Ornstein, Levine & Gutek, 2011: 184-185[10]

사회적 재건주의 운동의 주도적 역할을 한 시어도어 브라멜드 Theodore Brameld(1904~1987)도 교육은 사회 속의 경험에 기초하여야 한

---

10. 사회재건주의자들의 관점은 오늘날 사회적 구성주의와 신좌파주의자에 의해 수용되고 있다.

다며, 기본적으로 진보주의를 계승하면서 본질주의와 항존주의의 장점을 수용하고자 하였다. 왜냐하면 진보주의 교육은 지식의 중요성을 과소평가할 가능성이 있기 때문이다. 다중지능[11]의 제창자 가드너 Gardner도 "교육은 어린이가 중심이 되어야 한다"고 주장하면서 본질주의자들의 맥락이 없는 전통적인 문화적 소양이나 '기초로 돌아가기 back to basics'는 좀 협소하고 엘리트주의로 돌아갈 위험이 있다고 비판하였다. 하지만 아동 중심 교육이 평가를 지나치게 무시함으로써 아이들이 교과의 숙달이나 학교의 훈육에 적응하지 못하거나 학교환경에서 직면하는 문제에 충분한 민감성을 보이지 못할 개연성에 대해 주의하지 않으면 안 된다는 신중함을 보였다.Gardner, 1995/2011: 211-214

일찍이 학교는 가정의 모델이자 완전한 공동체, 민주주의의 맹아여야 한다고 믿었던 존 듀이도 아동을 맹목적으로 떠받드는 낭만주의자들romanticists의 '아동기 예찬론'을 비판적으로 바라보면서 '성장주의'를 제안한 바 있다.Dewey, 이홍우 옮김, 1993: 82-83, 86-87 발달주의자들 developmentalists이 아동을 선하다고 보는 입장이라면, 듀이는 아동이 선하지도 악하지도 않다며 중립적 입장을 취하고 있다고 보았다. 제3의 입장을 취하는 듀이는 교육이란 발전하는 사회나 환경에 대한 아동의 자연적 상호작용을 함양시키는 것이라고 하였다. 진보주의자들에게 완벽이란 존재할 수 없다. 끊임없는 진보만 있을 뿐이다. 그러기에 듀이의 성장 개념은 엄밀하게 말하면 '발달적 성장developmental growth' 이라고 볼 수 있다. 듀이의 발달적 성장은 심리적, 사회적, 그리고 심지

---

11. 가드너는 다중 지능(multiple intelligence) 이론을 제창한다. 즉 아홉 가지 다중 지능 - 하나 또는 그 이상의 문화적 환경 속에서 가치 있게 여겨지는 생산품을 창조 하거나 문제를 해결할 수 있는 능력-중 모든 사람은 한 가지 강한 지능이 있다. 언어 지능, 논리-수학적 지능, 공간적 지능, 신체운동적 지능, 인간 친화적 지능, 자기성찰 지능, 자연 친화적 지능, 실존적/존재론적 지능, 영적 지능 등.

어 문화적 성장이 중첩된 것이다.^{Garrison, Neubert & Reich, 2012: 44-45} 이 성장은 또한 공동체 내에서 이루어지는 '민주적 성장'이다.^{위의 책: 145} 민주적 성장은 다양한 관심/흥미의 존재를 전제한다. 그리고 민주적 성장은 어느 정도 다른 집단-가족, 국가, 지역사회 등-과 공통의 관심사(경제적, 사회적, 문화적 자본 등)를 공유하면서 상호작용하고 협동적 교류를 통해 성장하고 발전해가는 것이다. 듀이에 따르면 개인과 사회, 아이와 문화는 교육체제 내에서 경쟁적 기관이 아니라 보충적 기관이다.^{Silcock, 1999: 138} 교육의 과정은 경험의 끊임없는 재조직화와 변형의 과정이다. 이는 성장을 통해 의미와 가치를 확장하는 삶을 살려고 하는 욕구로서 해석과 실천의 과정이며, 해체deconstruction와 재구성reconstruction의 과정이라고 할 수 있다.^{Garrison, Neubert & Reich, 2012: 17-22, 70-75}

또한 진보주의 교육은 발달주의나 성장주의 어느 하나에 의존할 수 없다. 발달과 성장[12]은 서로에게 영향을 미친다. 그러므로 성장과 발달은 직접적인 생물학적 성숙만도 아니고, 직접적인 학습의 결과만도 아니다. 낭만주의자들의 '발달주의'와 진보주의자들의 '성장주의'가 학생의 삶과 행복을 위한 유일하고 절대적인 교육원리는 아닐 것이다. 이러한 난제의 해결을 위해 교육철학자 디어든은 '발달'의 힘을 일정한 방향으로 이끌어가고 그것을 성취하기 위한 규범적 안내의 체계로서 특별하게 선택된 '성장'이나 '성숙'의 이상을 설정하고 있다.^{Dearden, 2002: 51-83} 어떤 대상이 성장하지 않는다면 그 성장에 도달하기 위해서 발달을 필요로 한다고 할 수 있다. 그러기에 발달과 성장, 이 둘이 존재

---

12. 교육은 '성장'이라는 사고는 학습과정과 자연세계로 연결된 듯한 인상을 준다. 교육은 누적적 자기 확대적인 것이며, 정신이나 인성의 확대·복잡화·강화와 동시에 개량과도 연결된다.

하지 않는다면 발달 없는 성장도, 성장 없는 발달도 모두 위험에 빠질 수 있다. 듀이 자신은 어린이와 사회의 대립을 궁극적으로 받아들이지 않았지만(사실 그는 양자가 조화로운 통합을 이루기를 바랐지만), 역사적으로 볼 때 교육은 곧 성장이라는 개념은 어린이를 찬미하고 사회문제를 무시하는 흐름을 낳았다. 그 근거로 여겨진 견해는 사회의 전통(교과과정의 전통을 포함해서)은 진부하고 지나치게 권위주의적인 필요성을 상징하는 반면, 어린이의 성장은 건강을 상징한다는 것이다.Hofstadter, 2017: 508 이러한 상징은 사회의 권위, 또는 사회의 어떤 구성원도 어린이에게 행동의 지침으로 보이지 않는다. 어린이들은 저마다 자신의 경험에만 의존한다. 어떤 행동 지침이 만족스럽게 기능하고, 어떤 지침이 그렇지 않은지에 관해서 인류는 역사상의 경험을 통해 답을 발견해왔음에도 말이다. 다만 어린이들이 적절한 것이라고 여기지 않는 한, 그 경험은 활용되지 않는다.

진보주의자인 듀이 자신은 방향성 없는 교육을 옹호하지 않았고, 어린이는 안내를 받지 않는 한, 스스로 교육에서 올바른 성과를 끌어내지 못한다고 보았다. 또 어린이들의 피상적인 행위나 관심, 갈피를 못 잡는 충동이 반드시 가치 있는 것은 아니고, 교사가 외적인 목표를 강요하지 말고 어떤 식으로든 어린이들의 이런 전향적인 충동을 견인하고 방향을 잡아 발달시켜야 한다고 생각하였지만, 어느 방향으로 이끌지가 불분명했다는 지적은 타당하다고 보인다. 이런 일련의 기준을 세우려면 하나의 교육적 도달점, 즉 어린이들이 무엇을 알아야 하고, 어떤 존재가 되어야 하는지에 관한 어른들의 예견이 필요해진다.Hofstadter, 2017: 509-510 이 때문에 이른바 '진보주의 교육'은 수단에 대해서는 매우 풍부하고 독창적이지만, 종국 목표에 관해서는 대단히 무익하고 혼란스럽다는 비판을 받았다. 교수 기법에 관한 진보주의자들의 주장은 대부분 무척 귀중한 것이었지만, 그 기법을 활용해서 무엇을 가르쳐야 하는지에 관해서는 입장이 모호했고 종종 무정견했던 것이다. 아이들의 관심을 학습 쪽으로 돌린다는 의미에서 그들은 눈부신 효과를 거두었지만, 아이들의 관심에 의해 학습이 밀려난 경우도 많았다. 진보주의 교육의 기법이 확립됨에 따라 그 도달점은 불분명해졌던 것이다.

이렇게 볼 때 교육을 식물의 성장에 비유하는 진보주의 교육의 논지는 아동의 본성에 따르도록 돕기 위해 무엇을 해야 한다는 당위로 이끄는 '자연주의적 오류'를 범할 위험이 있음은 부인할 수 없게 되었다.Hamm, 김기수·조무남 옮김. 1995: 57 성장이라는 것은 본래 생물학적인 은유이고 개인적이 개념이기 때문에, 이 개념은 정신을 교육의 사회적 기능으로부터 떼어내 교육의 개인적 기능으로 돌려버리는 효과를 발휘할 수밖에 없다. 어린이가 사회에서 차지하는 위치에 대한 주장이 아니라, 사회의 관심과 대립되는 어린이의 관심에 관한 주장이 되었던 것이다.Hofstadter. 2017: 508[13] 그래서 성장의 방향을 지나치게 이상화함으로써 흐릿하고 모호하다는 비판을 받았던 것이다. 그리고 듀이는『민주주의와 교육』1916에서 유한계급과 노동자 계급에 관한 일반적 논의를 펼쳤음에도 불구하고, 미국 사회의 구체적인 계급구조나 이 구조와 교육 기회의 관계, 또는 사회적 유동성을 높이고 계급 간 장벽을 허물기 위한 기회 확대의 수단에 관해서는 거의 언급하지 않았다. 교육과 민주주의의 문제에 관한 듀이의 시각은 용어를 가장 넓은 의미로 해석하지 않는 한, 경제학적이거나 사회학적이거나 정치학적이지 않았으

---

13. 성장 개념 때문에 교육사상가들은 부당하게 두 가지를 대립시키게 되었다. 즉, 스스로 결정하고 스스로 지시하는 내부로부터의 성장은 선이고, 외부로부터의 틀에 박힌 행위는 악이라는 것이다.

며, 대체로 심리학적이거나 사회심리학적인 것이었다.

따라서 진보주의 교육은 아동 중심의 발달적 개인주의individualism
와 사회 재건의 평등적 공동체주의communitarianism의 균형을 이루어
야 한다.Sadovnik & Semel, 1998: 142-160; Semel & Sadovnik, 1999: 366-368 왜냐하
면 전자는 자기도취의 위험을 보일 수 있고, 후자는 전체주의의 위험
을 보일 수 있기 때문이다. 그래서 제3의 진보주의자들은 개인과 집
단의 조화를 요구하고 있다. 이것은 뒤르켐과 듀이가 모색한 이익사회
Gesellschaft와 공동체사회Gemeinschaft의 조화를 요구하는 것이기도 하
다. 또 산업화, 도시화, 근대화 과정에서 초래한 파편화와 아노미 상
황을 극복하고자 하는 근대성을 넘어서는 공교육의 기획이기도 하다.
1990년 11월 10일 진보교육자네트워크the Network of Progressive Educators
는 이 기획을 개인과 공동체의 균형을 시도한 진보적 교육개혁으로
서 공교육의 발전을 위한 6대 원리로 보여주었다.Network of Progressive
Educators, 1991

1. 교육은 관계가 개별적이고, 교사가 지역사회의 언어 및 문화 다
   양성을 존중하는 프로그램을 설계할 때 가장 잘 수행된다.
2. 교육과정의 균형은 학교 벽 안팎의 지역사회에 대한 헌신뿐만 아
   니라, 아동의 개인적 관심과 발달적 요구에 대한 헌신에 의해 유
   지된다.
3. 학교는 아이들과 그 가족의 가정문화를 포용해야 한다. 교실의
   실천은 이들의 가치를 반영하고 다양한 문화적 시각을 가져야
   한다.
4. 학생은 지식의 적극적 구성자이고 직접적 경험과 일차 자료를 통
   해 배워야 한다.

5. 학교는 인종주의, 계급주의, 그리고 성차별주의 등의 이슈에 대처해야 하는 민주주의와 인간적 관계의 모델이다.
6. 학교는 글로벌 문제의 복잡성에 대한 비판적 탐구를 적극적으로 지원한다. 이렇게 함으로써 아이들은 세계적 시민성의 강력한 책임을 질 수 있다.

이 원리는 미국의 진보적 교육자들이 운영하는 공립학교의 실험, 즉 계급, 인종, 종족을 넘어서는 교육 프로그램으로 나타났다. 초기에는 자유의 변증법에 기초한 아동 중심적 개인주의에 초점을 두는 실험학교가 많았지만, 후기에는 더욱 정의롭고 인간적이고 평등적인 사회질서를 만들어가는 공동체적 사회 재건에 초점을 두는 실험학교로 발전되어갔다.James, 1995; Sadovnik & Semel, 1998: 150 아이들의 개별적 요구를 충족시키면서도 동시에 그들을 민주적 공동체에 통합시켜나갔다.

그렇다면 우리는 진보주의적 교육 발전을 위해 무엇을 할 수 있을까? 교화/주입하는 데 관심을 두는 또 하나의 집단이 되는 것을 피하면서도 학교 안팎에서 정치적으로 현명하고 강력한 실천들을 수행할 수 있을까? 예를 들어 이 논쟁을 촉발시킨 이분법에서 벗어나서 교화/주입의 문제를 더 현명하게 다룰 수 있을까? 만약 그렇다면 우리는 누구로부터 이것을 배워야 하는가? 이 질문들은 쉽게 해결될 수 없고, 딜레마를 해결하는 문제이며, 우리가 정치적·윤리적·교육적으로 끊임없이 치열하게 고민해야 하는 문제다. 이 문제는 교화/주입의 이슈만이 아니라, 교육과정, 학생들이 교육과정을 건설적으로 다루는 방식, 학생들이 더 개인적으로 그리고 정치적으로 그들 자신에 대해 성찰적으로 되도록 하는 것에서 핵심적인 사안은 아니다. 그것은 교육과정의 형태, 교수법, 평가, 교육 목표, 그리고 더 큰 사회의 기관들과의 관계 등과 같은 아주 근본적인 차원에서 학교교육이 이루어지는 모든 과정을 재구성하는 문제와 관련되어 있다. 성인 남녀에 대한, 그들의 임금노동과 정치적 권리에 대한 관심 못지않게 중요한 것은 어린 이에게 다가가고자 하는 의식적 노력이다. 이 문제들은 우리가 수행해야 할 사회의 변혁과 서로가 서로를 존경과 돌봄 그리고 연대를 통해 마땅한 존재로 동등하게 대우하는 그러한 투쟁의 핵심에 깊숙이 뿌리박고 있다.Apple, 2014: 132-133, 139 이것은 더욱 민주적인 일련의 제도적인 형태와 실천이 기초하고 있는 긴장들에 대한 지속적인 토론 속에 위치하고 있다. 아마도 이 문제들은 오직 현재 자신의 목소리가 주변화되어 있는 사람들-아이들/학생들을 포함해서-을 포함해 모든 이를 이 사회적 논쟁 속에 포함시킴으로써 '기나긴 혁명'을 향한 진전이 이루어질 수 있을 것이다.

2) 영국의 진보주의 교육운동에 대한 비판적 흐름과 대응

영국에서 진보주의 교육의 전성기는 1960년대와 1970년대에 찾아왔으나, 결국 대처 시대에 쇠퇴했다. 영국이 아동 중심 진보주의 국가교육정책으로 적극적으로 반영한 것은 '아동과 아동의 초등교육'이라는 표제가 붙은 1967년 플라우든 보고서Plowden Report이다. 이 보고서는 정치적으로 영국 교육체제 안에서 아동 중심 교육의 영향력을 공고히 하는 데 목적이 있었다.http://www.educationengland.org.uk/documents/plowden 영국의 교육자문위원회 위원장이었던 브라이트 플라우든Brighet Plowden 여사의 이름을 딴 이 문서는 역사적 관심을 끌었을 뿐 아니라 교육철학과 교육이론에 중요한 역할을 하였다. 이 문서가 중요한 것은 여기에 담긴 엄청난 양의 교육이론 때문이다. 플라우든 보고서는 차별화된 교육철학과 사회관, 때로는 교육적 진보주의를 표방하고 있다. 영국의 경우 진보주의 교육운동에 대한 비판은 크게 네 방향, 즉 지식의 형식과 공적 유산을 중시하는 분석철학자들, 시장 친화적인 신자유주의자들, 국가의 억압적 체제의 변혁을 추구하는 사회주의자들, 그리고 아예 억압적 체제를 거부하며 초월하려는 아나키스트들로부터 나타났다.

첫째, 분석철학자들은 진보주의 교육자들이 주창하는 성장, 아동의 요구와 흥미, 발견학습 등과 같은 슬로건에 대해 비판을 가하였다. 이들은 진보적이고 개인적인 관점에서 해석이 이루어지고 있는 '성장', '발달', '본성', '자아'라는 개념들, 그리고 '교사-보조자'라는 개념은 사고와 언어의 성격, 전달 과정 및 동기유발의 과정을 조직적으로 무시하고 있다고 보았다. 대표적인 학자는 R. S. 피터스Peters이다. 그는 공적 언어 안에 통합되어 있는 국면들에 대한 감각적 수용이 없이 세상을 이해할 수 있다는 생각, 아이들이 가진 관심의 대부분을 다른 사람들로부터 파악하는 것이 아니라 자기-주도적으로 파악할 수 있다는 생각, 아이들은 모방과 동일시, 그리고 수업이 없이 내적으로 성숙해질 때까지 '준비'를 해야 한다는 생각 모두가 매우 의심스럽다고 보았다.Peters, 1969: 16 아동의 지위 및 본성에 대해 피터스는 '교육'과 분명하게 구별되는 '아동발달'이라는 불리는 연구 영역이 있는지, 그것에 따라 '아동발달'이 정신발달을 뜻하는 것인지 의아하게 여겼다. 일반적으로 교육이 문화적 입문이라면, 표준적 사회과학 모델에 따른 정신발달은 필연적으로 교육과 학습에 의존할 수밖에 없을 것이다. 아동발달이나 성장, 그리고 이와 관련된 아동의 본성이나 자아는 입문으로서 교육의 구성적인 힘과 분리될 수 없다고 할 수 있다.Cupers & Martin, 2017: 330

나아가 자아발달에 대한 요구는 늘 공유된 가치평가의 체계 안에서 이해되어야 한다.Peters, 1969: 8 발달이나 요구의 개념은 늘 사람이 해야 할 것이 무엇인가에 대한 가치판단을 전제로 한다. 일단 신체의 영역으로부터 벗어나 정신의 영역으로 들어가게 되면, 순전히 통계적인 것과는 구별되는 규범적인 형태의 것이 중시될 수밖에 없다. 그런데 진보주의 교육이 내세우는 교육의 목적들이란 당연한 것으로 받아들여지거나 다른 목적들보다 반드시 앞서는 것이 아니라고 생각한다. 그리고 마음의 구성에서는 공동체가 필요하다. 왜냐하면 고립된 개인은 무기력하기 때문이다. 그렇다면 분화된 마음의 발달은 개인적인 것이 아니라 공적인 것이라고 여겨야 한다.

개인 의식의 구심이 되는 아이디어와 시대는 단순히 원자적 개인 경험의 침전물로 발달되는 것이 아니다. 이러한 것들은 각 개인이 언어, 개념, 신념, 그리고 사회의 규칙 안에 소중히 간직되어 있는 전통에 입문한 결과라고 할 수 있다.Peters, 1966, 48-49

보수주의자가 내세우는 자율성의 가치는 절대적인 가치를 가지는 것이 아니라, 가치 있는 활동의 체계와 관련지어 볼 때 상대적인 가치를 가진다고 할 수 있다. 즉, 자율성의 개념과 이와 관련이 있는 창의성이나 독창성이란 아동이 공적 유산의 일부인 지식과 기술의 체계에 먼저 입문하지 않고는 아무 의미를 갖지 못할 것이다.Cupers & Martin, 2017: 331 그러므로 미래에 아이들이 최소한 우리가 공유하고 있는 유산의 일부-인문학-를 활용하여 인간조건에 직면했을 때 삶의 역경을 극복해갈 수 있도록 해주어야 한다.

여기에서 우리는 플라우든 보고서에 대한 피터스의 이런 심각한 우려가 아동 중심 교육을 전면적으로 부정하는 것이 아니라, 건설적 비판임을 받아들여야 할 것이다. 피터스와 그의 인식을 같이한 허스트도 진보적인 운동이 권위주의적 수업, 사실에 대한 암기 학습과 동일시되는 전통적이고 교재 중심적이며 교수 주도적인 접근 방식을 비판했음에도, 이것이 진일보한 방향으로 나갔음을 인정하였다.^{Peters &} ^{Hirst, 1970: 32} 피터스는 아동 중심적인 급진적 접근 방식과 공적 지식에 대한 입문을 강조하는 권위적 접근 방식 간의 중도적인 노선을 채택하였다.

> 진보주의자들은 비판적 사고, 창의성, 자율성과 같은 마음의 자질을 강조하였지만, 그들이 충분히 숙고하지 못한 것이 있다면, 사람들을 비판적이고, 창의적이며, 자율적인 사람으로 만드는 데 필요한 지식과 경험의 형식들이 제공되지 않는다면 이러한 덕들은 공허한 것에 지나지 않을 것이다. 비판할 내용이 없는 비판이란 초점을 잃을 비판에 지나지 않는다. 자율성이란 선택을 할 때 요구되는 규칙의 체계를 숙달하지 않고는 불분명한 이상에 지나지 않을 것이다. 달리 말하면 낭만적인 저항 운동은 모종의 고전적 배경을 논리적으로 전제하고 있을 뿐이다.^{Peters, 1970: 31-32}

이러한 변증적 분위기 속에서 피터스와 허스트는 전통주의 담론과 진보주의 담론을 조화시킨 '자유주의적 전통주의liberal traditionalism'라는 종합적 태도를 보였다.

교육에 대한 권위적 접근과 아동 중심적인 접근을 비교해볼 때, 전자는 목적과 내용 면에서 강점이 있지만, 방법 면에서는 약점을 가지고 있으며, 이와 반대로 후자는 방법 면에서 강점이 있지만 목적과 내용 면에서는 약하다는 말들을 한다. 즉 지식과 이해의 발달에 매우 중요한 '공적 경험의 형식public forms of experience'에 너무 무관심했다.Peters & Hirst, 1970: 32

이러한 종합적 태도를 취한 피터스는 내용 없는 개념은 공허하며, 개념 없는 인상은 맹목이라는 칸트의 주장을 활용해 이 양극단을 조화시키려고 하였다. 즉 경험 내용이 없는 지식의 형식(공적 유산)은 공허하고, 지식의 형식이 없는 경험은 맹목이라는 입장을 조화시키려고 하였다. 피터스가 진보주의자가 역설하는 교육과정 통합이나 발견학습을 반대한 것은 아니었다. 이들이 반대했던 것은 '어떤' 교육과정 구조나 무엇인가를 학습하기 위한 '어떤' 방법이 예외 없이 일반적인 교육과정 구조나 학습 방법으로 부풀려지고 있기 때문이었다.Cupers & Martin, 2017: 335 그리고 피터스가 플라우든 보고서에 담긴 철학에 가장 극렬하게 반대한 이유는 그것이 교수와 학습에 대한 종합적 방안이 있다고 여겨지는 '이데올로기'가 될 가능성이 있다고 판단했기 때문이다.Cupers & Martin, 2017: 336

둘째, 진보주의 교육에 대한 교육시장 친화적인 신자유주의자들neo-liberalists의 비판이다. 아동중심주의 진보주의 교육에 대한 비판은 우파에서 강력하게 제기되었다. 1979년 집권한 보수당의 대처(1979~1990) 수상은 교육정책을 우파 교육 노선으로 급속히 회전시켰다. 당시 신자유주의의 통제를 받는 시스템 아래에서 교육에 대한 진보주의 접근을 더 이상 지속될 수 없게 하는 여러 가지 이유가 있었다. 그 하나로서 진보주의는 중대한 책임이 있는 학습과 발달을 위해 아이들에게 어떤 혜택을 줄 수 있는지 판단해야 하는 교사들에게 상당한 수준의 자율성을 부여한다고 보았다. 그런데 1970년대 중반 이래 정책의 결정 수준에서 교사 및 지방정부의 자율권에 대한 꾸준한 침식이 있어왔고, 이는 교사와 그들의 조직에 영향을 미쳤다. 교사와 지방당국, 그리고 똑같이 중요한 대학 및 교육대학은 점차 중앙정부의 동반자partner가 아니라 대행자agent가 되어갔다.Fielding & Moss, 2011: 68 신자유주의 이데올로기[14]는 근본적으로 진보주의가 의미하는 근원적 가치 및 관점과는 확연히 구별되었다. 표현적이기보다는 도구적이고, 관계가 민주적이기보다는 관리적이고, 내재적이기보다는 외재적인 신자유주의는 물질적·도구적 이익을 추구하면서 끊임없이 스스로를 다시 발명해야 하는 소비사회의 창출과 확장에 기여하였다. 시장의 메커니즘과 사고방식은 진보주의의 핵심적 신념-공공 서비스와 공동선의 추구 개념과 같은 가치-을 허물고 대체했을 뿐만 아니라, 새로이 들어선 여러 정권은 과거에 성공적으로 사용된 방식으로 또다시 그렇게 하였다. 그들은 자신들이 선호하는 현실을 명명하고 홍보하는 새로운 이해와 기대를 도입했을 뿐만 아니라, 폭넓은 공감을 조성하는 '뒤집는 담론displaced discourse'의 양상을 식민지화하기 때문이다.Fielding & Moss, 2011: 68 이것은 혼란을 야기하고 중요한 정치적 차이를 희미하게 할 수 있다. 언뜻 보기에 신자유주의의 전형적인 새로운 이해와 기대는 앞서 개괄한 진보주의의 특정 요소들, 특히 개인적 성장과 변화와 관련된 요소와 많은 공통점이 있다.

신자유주의 담론은 야누스적 두 얼굴을 가지고 있다. 신자유주의 담론은 한편으로는 개인의 선택, 고객, 소유권, 권한 부여 및 개인화의

---

14. 신자유주의와 밀접하게 결합된 세계화는 오늘날 파시즘의 재-대두, 고립주의의 출현, 문명 충돌의 심화, 양극화 현상 등을 불러왔다.

이데올로기를 동시에 포함하고 있지만, 다른 한편으로 잘 보이지는 않지만 삶의 개별적이고 거시적 차원에서 작동하는 강력하게 규제하는 메커니즘을 가지고 있다.Fielding & Moss, 2011: 69 우리는 개인으로서 자기 감시의 성향과 메커니즘을 끊임없는 변화와 자기발전이라는 내면화된 요구사항과 통합하고 있다. 현대 신자유주의의 중심에는 정부 정책의 거시적 차원에서 개인의 책임인 선택의 필요성뿐만 아니라, 특정 종류의 선택을 하도록 하는 경계와 영역과 목표를 점점 더 명확하게 규정하는 강력한 중앙집중적 요구를 하고 있다. 이 점은 또 하나의 양면성을 갖는 이슈이다. 그것은 일부 진보주의 언어가 신자유주의 계승자들에 의해 거부되기보다 전용되고 있다는 점에서 언어적 식민지화 등의 사실 및 논거와 관련이 있다. 신자유주의 어휘 측면에서 진보주의 교육의 다섯 가지 특성, 즉 권위주의적 전통적 신보수주의적 교육 담론 비판, 경험을 통한 개인의 성장과 혁신, 아이들은 내재적 흥미를 가진 자연적 존재로 보는 것, 아이들은 학습자일 뿐 아니라 삶의 행위 주체이며, 교육은 지금의 삶을 다루는 것이라는 특성을 살펴보자. 일부의 특징이 표면적으로 과거의 진보적 스펙트럼과 연계성을 갖는다는 대안적 독해도 가능하지만, 실제로는 아주 다른 미래를 그리고 있다. 여기서 신자유주의자들이 강조하는 시장의 '보이지 않는 손'은 진보주의 교육 담론을 원자적 획득의 이미지로 다시 구성해 내고 있다.

　신자유주의자들의 전통적 접근 방식에 대한 비판은 이제 '학생의 목소리'를 해방적 잠재력을 지닌 민주적 실천에 두는 것이 아니라, 교사를 표준에 도달하도록 하고, 시장의 메커니즘과 기대에 잘 길들여진 풋내기 '소비자'의 목소리를 보장하는 수단으로 여긴다. 그러한 학생의 목소리 듣기를 삶의 모든 영역에서 점점 더 현저하게 드러내는 것을 중요시하게 되었다. 진보주의 교육은 총체적 의미에서 개인의 성장과 혁신으로 이끌어지는 개인적 획득으로서 지식에 헌신하지만, 신자유주의는 학습 유형의 목록 및 지속적으로 파악하기 어려운 개인화 -미리 지정된 옵션에 한정된 조정된 선택, 능력별 딱지 붙이기와 단 한 번의 시험으로 인생의 승부가 결정되는 위험한 고부담 시험-개념에 호소한다.Fielding & Moss, 2011: 69 이들과 여타의 부정직과 망상들은 시장의 혼란과 명품 문화의 유혹뿐만 아니라, 창의성과 진정성에 대한 진보주의의 주장을 뒷받침하는 도구적 공동 선택으로부터 그들이 할 수 있는 타당성을 얻고 있다. 진보주의자들은 내재적 동기부여의 힘과 즐거움을 주장하고 아이들의 관심사에 따라 정보화된 교육과정을 심층적으로 개인적·사회적, 정치적으로 이해한다. 하지만, 신자유주의자들은 삶의 역동성이 아니라, 책임감 있고 유연한 소비자-노동자에게 반복적으로 요구되는 도구적 수단으로서 사회적·경제적 능력을 배우는 것, 즉 배우는 방식의 필요성을 강조한다.

듀이 버전의 진보주의에서 전형적이었던 학교교육과 민주주의의 필수적인 연결고리는 여전히 신자유주의적이지만, 민주주의와 시민권에 대한 설명은 변화되고 있다. 좋은 삶을 함께 사는 방식인 참여적 민주주의는 전자적으로 주도되고 참여하는 대표성의 형태로 대체된다. 교직원들이 젊은 소비자의 관점에 지속적으로 관심을 기울여야 한다는 매일의 요구사항을 진지하게 고려하기 때문에 공동선은 소비자-시민 선호에 대한 종합적 편찬물로 축소되고, 학업성취도가 높은 학교는 부분적으로 시장의 지위를 달성하고 있다.Fielding & Moss, 2011: 70

한편 사람과 사람의 관계에 대한 진보주의적 해석의 중심에 있는 전인교육education of the whole person 또한 신자유주의에 의해 중히 다루어지고 있다.Fielding & Moss, 2011: 70 그러나 그 과정에서 전인교육을 훨씬 더 공리적인 것으로 대체하면서 그것의 본질을 끝없이 움츠러들게 하였다. 예를 들어, 감정지능EQ의 기술과 역량, 즉 만족스럽고 성취감을 주는 관계가 아니라 오히려 지식과 기술을 가지고 세상에서 성공할 수 있게 해주는 것, 즉 사람들이 성공적인 경제 레퍼토리의 필수적 성취로서 '관계성'을 갖도록 한다. 결국 영국 사회는 개인성이 기능을 발휘하는 데 사용되는 '학업성취도가 높은 조직'으로 구성된 학교로 되돌아갔다.

셋째, 진보주의 교육은 체제의 변혁을 추구하는 사회주의자들socialists 로부터 강한 도전을 받았다. 신자유주의가 진보주의를 동시에 전취하면서 비난한 것은 헤게모니적 지배의 친숙한 궤도를 따른다. 하지만 그것이 성취한 미묘함과 정교함에도 불구하고, 전반적으로 인간사회, 특히 교육 및 학교교육에 대한 견해에 대한 이견도 만만치 않다. 우리가 필요로 하는 관점은 근본적으로 다른 교육의 이야기, 즉 반복되는 자기이익과 영구적 소비를 초월하는 지속가능성, 돌봄과 인간 번영에 대한 설명뿐이 아니다. 또한 진보주의 교육의 창조적이고 포용적인 정신에 충실할 뿐만 아니라, 주류 사회의 사회 불의와 정신적 퇴화에 대해 단순히 개량주의적 대응을 뛰어넘는 경향을 보였다.Fielding & Moss, 2011: 70 물론 변혁적 교육 변화를 위한 이러한 열망은 다양한 형태의 진보주의가 근거를 마련하는 주장의 하나이다. 진보주의적 교육 버전은 종종 짧게 끝나고, 우리가 앞서 나가기를 원하는 곳에서는, 특히 사회주의 및 자유지상주의 전통의 교육적 논쟁에서는 일상생활과 사회적·정치적 전략 수준에서 운영되고 있는 방식으로 현상유지에 어떻게 도전하고 그것을 변화시키는지에 대한 오래된 주장과 연결된다.

물론 진보주의 교육과 사회주의 교육 프로젝트의 상호 연관된 본질을 특징화하는 많은 복잡한 유형들이 있다. 사회주의자들은 종종 전통적이고 신자유주의적인 형태의 학교교육에 대한 진보주의자들의 많은 비판들을 공유하고 있다. 이들을 분리시키는 것은 그들이 반응하고 있는 현상 유지가 어떻게 크게 문제시되고 있는지, 결국 그것이 바뀔 수 있는지에 대한 논증이다. 진보주의 교육의 개량적, 인간주의적 경향에 대한 사회주의자들의 우려는 퀸틴 호어Quintin Hoare의 말대로, 진보주의 전통은 오랜 역사를 통해 저항적 현실도피자들의 성격을 극복하지 못했으며, 체제에 의해 파괴된 소수민족을 구제하는 데 실패했다는 점이다.Hoare, 1965: 47 진보주의 교육은 아이들이 가능한 한 자유롭고 창조적으로 성장할 수 있는 환경을 제공하는 것의 중요성을 이해하였다. 하지만 인간의 번영을 파괴하는 체제와 싸우거나 그것을 파악하지 못한 것으로 보여지고, 심지어 그것의 지속성이 너무나 복잡한 것으로 간주되고 있다. 비슷한 종류의 우려는 1970년대 중반 '지식의 새로운 사회학'으로 알려진 것으로 표현되었는데, 그중 일부 지지자들은 일종의 순진무구한 '가능성주의possibilitarianism'를 옹호했다.Chitty, 1974 이들 옹호자들은 도피주의자의 경향이 아니라, 오히려 쇠약해진 순진무구한 태도, 학생들로 하여금 지식의 본질에 대항하도록 고무하고, 그리하여 사회정치적 세계가 심대한 변화의 가능성과 필요성에 개방적임을 알게 하는, 매우 야심찬 급진적 교육학radical pedagogy의 변혁적 힘으로 인해 어려움을 겪었다.

사회주의적 성향의 많은 페미니스트들이 이와 비슷한 비판 노선을 견지하였다. 이들의 견해에 따르면 지나친 열망을 가진 순진한 유토피아주의utopianism로 여겨졌던 1960년대와 1970년대의 진보주의는 여성 노동자들에게 불가능한 요구-여성들의 잦은 실패에 대해 이데올로기나 제약을 가하는 거시적 맥락에 책임을 묻지 않는-를 하였다. 따라서 발레리 워커딘Valerie Walkerdine[1992: 21]에게 진보주의란 여성 교사를 전지전능한 아이의 하인이 되게 하는 자유주의의 환상으로 보였다. 게다가 그것의 결과에 똑같이 해를 끼치는 것은 진보주의자들이 권력 관계를 부정함으로써 무력감을 보이지 않도록 하였다. 그러므로 현존의 사회질서에 대한 정치적 분석의 관점을 통해 억압의 중심성과 그것이 낳은 병리를 바로잡는 것이 매우 중요하다. 그러기에 사회주의적 주장의 오래된 초점은 학교를 변화시키는 데 있어 중요하기는 하지만, 학교 자체에 초점을 맞추는 것은 더 이상 인간적이거나 탐색적 실천을 통해서는 달성될 수 없다는 것이다. 그러므로 전통주의의 질식에서 벗어날 수 있는 종류의 변화, 신자유주의적 소외, 그리고 이 둘의 부정의는 교육을 더 넓은 사회적 투쟁과 연결시키고 있다.[Hatcher, 2007] 그래서 학교 내에서 정당화되고 지원되는 성별 및 인종 차별 철폐 운동과 교실 실천의 변화는 이것들이 연결된 1970년대와 1980년대의 광범위한 사회운동 때문에 성공적으로 이루어졌다. 또한 학교와 지역사회, 그리고 현재의 사회에서 주변화나 억압으로 인해 공동의 원인을 가진 모든 사람들과 동맹을 맺게 되었다.

넷째, 진보주의 교육은 국가의 억압적 교육체제를 거부하며 초월적 태도를 보이는 자유지상주의자들libertarianists로부터 도전을 받았다. 어떤 급진적 형태의 진보주의와 사회주의는 우리의 에너지를 전복시켜 종국적으로 현재의 교육제도를 변혁시켜야 한다고 주장하지만, 이와 달리 아나키스트 및 자유지상주의 전통에 뿌리를 둔 또 다른 급진적 접근은 교육에 대한 모든 국가제도가 불가피하게 억압적이라고 주장한다. 전자의 대안학교alternative schools 접근은 로저 데일Roger Dale이 "공동체community가 사회society를 보완할 수 있다"[Dale, 1979: 196]라는 슬로건으로 멋지게 압축한 바대로, 근본적 사회 변화를 기도하는 것보다는 더 나은 사회에 대한 자신의 견해를 매일 실천하면서 다른 곳에서 일어나는 일들은 무시해버리는 학교를 만드는 것에 더 많은 관심을 두었다.Fielding & Moss, 2011: 71-72 이와 달리 이반 일리치를 통해 가장 두드러지게 보여준 후자의 탈학교de-schooling 접근, 즉 학교를 포기하는 접근은 1970년대와 또 달리 상당한 관심을 불러일으켰다. 이들 자유지상주의자들의 핵심적 비판은 성공적인 급진적 사회 변화가 부분적으로 사람들의 성격, 구조 및 태도의 변화에 달려 있다는 견해에 중심을 두고 있다.Spring, 1975: 9 여기에서 학교에서 불가피하게 일어나는 권위주의가 개인의 독창성과 자발성을 무디게 할 뿐만 아니라, 동시에 학교교육 자체에 깊은 사회적·정치적 의존성을 동시에 창출한다는 주장이 나온다. 따라서 학교에 의존하지 않고 다른 형태의 교육을 창출해야 한다. 21세기의 활기찬 계승자들 가운데 롤런드 메이한Roland Meihan과 클라이브 하버Clive Harber는 공동으로 '지금의 교육Education Now'을 통해 1980년대 이후 국가든 다른 무엇이든 학교교육에 대한 급진적 대안을 옹호하였다. 이들은 지금 영국의 홈스쿨링 운동home education movement의 중심에 서 있다.

앞에서 살펴보았듯 사회주의와 자유지상주의 전통은 정체성과 차이를 요구하는 다원성 그리고 자유를 필요로 하는 포괄적 공동체의 맥락을 이해하는 방식이기는 하지만, 신자유주의를 넘은 활기찬 열망으로서 사회정의와 공동선의 요청을 인식하는 사회 및 교육의 변화에 대한 변혁적 접근을 개발하도록 돕는 데 많은 기여를 하고 있다. 그렇다면 진보주의, 사회주의 그리고 아나키즘 또는 자유지상주의가 우리에게 제공할 수 있는 가능성뿐만 아니라 통약불가능성을 인식하는 설득력 있는 방법을 어떻게 구체화할 것인가? 우리는 변혁적 교육radical education의 필요성을 인정하지만, 교육 자체로는 충분하지 않다. 우리

교육은 언제나 전망을 중심에 두어야 한다. 학교를 지배하려는 개연성에 대해 의심을 갖는 자유지상주의들의 생각을 함께할 수 있다. 두 가지 전통, 즉 "변혁적 사회와 변혁적 주체의 설정 없이 그전에 어떻게 변혁적 교육이 가능한가?" 아니면 "변혁적 교육을 먼저 실천하지 않고 어떻게 이런 사회와 주체를 가질 수 있는가?" 이 물음은 닭이 먼저냐 계란이 먼저냐의 딜레마와 같다. 하지만 인간의 잠재력과 민주적 삶을 구현하는 데 도움이 되는 장소로서 변혁적 교육의 추구를 포기하거나 학교의 절망을 거두어들이라고 설득할 수는 없다. 교육이 원인이 되거나 영향을 미치는 단순한 모델이라기보다는 근본적 변화의 적극적 창안자도 아니고 그러한 변화를 가져오는 다른 사람들의 수동적 수혜자도 아닌, 그 변화를 만들어가는 복잡한 과정에 관여하는 '사이에 끼어 있는' 교육과 학교를 상상해야 한다.

따라서 그러한 과정을 구상하는 변혁적 이론 – 라이트E. O. Wright의 '진정한 유토피아real utopia'[15]와 R. M. 웅거Unger의 '변혁적 개혁radical reform'[16] – 을 추구하면서, 그 과정에서 민주적 실험과 예언적 실천을

---

15. 미국 위스콘신대학의 사회학 교수인 에릭 올린 라이트Erik Olin Wright는 1991년부터 시작된 리얼 유토피아(Real Utopias) 프로젝트를 통해 급진적 사회 변화를 위한 진정한 민주주의적 이상의 실현과 평등한 사회를 가능케 하는 다양한 이론적 제안과 제도적 모델을 탐구하고 있다. 그가 주도하는 'Real Utopias Project'는 회의적 시각을 넘어서기 위해 시작되었다. 양극화를 해소하고 삶의 질을 향상시킬 수 있는 새로운 변혁적 자본주의의 가능성을 모색하고 있는데, 기본 개념은 제도 설계의 실용적 문제 분석과 다른 해방적 비전에 대한 기본 원칙과 근거의 심각한 규범적 논의를 결합하는 것이다. 프로젝트 자체는 University of Wisconsin의 A. E. Havens Center가 정기적으로 후원하는 시리즈로 구성된다. 각 회의는 급진적인 사회 변화에서 두드러진 이슈를 다루는 도발적이고 혁신적인 발표물을 중심으로 구축되었다. 세계 각국의 여러 학자들이 이 원고의 아이디어에 관심을 갖는 에세이를 작성하도록 초대받는다. 이 에세이는 참가자들 사이에 배포되며 회의에서 논의된다. 회의가 끝나면 논문을 이러한 논의에 비추어 검토하고 원본의 저자는 결론적 에세이를 쓴다. 수집된 논문은 런던의 Verso 출판사의 Real Utopias Project Series에 게재된다.

16. 브라질 출신 하버드대 로스쿨 교수인 로베르트 웅거는 신자유주의와 보수화된 사민주의 사이의 양자택일을 거부하고 민주주의의 심화와 개인의 역량 강화를 바탕으로 삼는 새로운 정치적 기획을 제안한다. 정치·경제·사회 모두를 아우르는 그의 통합적 비전은 기존 이데올로기에 갇히지 않고 냉철한 현실 인식을 바탕으로 거시적·미시적 차원을 포괄하는 실천적 프로그

통한 변혁적 교육의 역할을 옹호할 필요가 있다.Fielding & Moss, 2011: 72-73
우리는 지금 여기에 있는 인간과의 만남에서 더 나은 미래를 위한 큰 뜻을 품은 대화의 필요성을 강조하는 전략적 통찰력과 진보적이고 자유지상주의적인 요구를 하는 진보교육의 요청을 인식하고 잠재적으로 실현 가능한 실질적 방법을 구상해야 한다. 우리는 이러한 변혁적 이론뿐만 아니라 현상 유지에 도전하기 위한 민주적 실험과 예언적 실천이 가능한 공헌을 설명하고 탐구할 필요가 있다. 민주주의를 바란다면 민주사회가 건설될 때까지 그냥 참아내는 것이 아니라, 즉시 민주주의를 실천하지 않으면 안 된다. 진보주의자들은 우리가 바라는 사회를 지금 여기에서 출현시키는 실천을 하도록 촉구하고 있다.

4. 우리나라 진보주의 교육운동과 혁신교육의 향후 과제

아동 중심 진보주의와 사회개혁 중심의 진보주의는 시대 상황에 따라 비중이 달라지지만, 독일의 개혁교육학처럼 개성적 존재로서의 '인간Person'과 구조로서의 '사회Gesellschaft'라는 두 축을 구성 요소로 하여 이루어진다고 볼 수 있다. 개인/인간과 사회/구조라는 두 축은 개혁의 주체를 개인/인간으로 볼 것이냐, 아니면 사회/구조로 볼 것이냐의 문제이다. 개혁의 중심 목표를 개인/인간의 차원에 둘 것이냐,

---

램까지 제시하고 있다. '민주적 실험주의'를 지향하는 웅거에게는 뿌리 깊게 고착되어 아예 당연한 것으로 여겨지는 제도와 맥락을 그 속에 매여 있는 인간이 스스로 바꿔나갈 수 있느냐가 최대 관심사다. 때문에 주어진 체제를 당연한 것으로 여기는 보수파뿐 아니라, 재분배적인 조세 이전 방식 말고는 여기에 제대로 대응하지 못하는 진보파 역시 비판의 대상이 된다. 인간은 자신을 둘러싼 제도를 언제든 바꿔낼 수 있다는 혁명적 개혁론을 펴는 웅거는 현실을 냉정하게 해부하면서도 실천적 진보와 개인적 해방을 연결시키는 영구적 제도 혁신을 기도하고 있다.

아니면 사회/구조의 차원에 둘 것이냐의 선택 문제이기도 하다.^{최재정,} ^{2008: 45-46} 이렇게 볼 때 진보주의 교육의 새로운 방향은 양 차원의 조합을 통해 이론과 실천이 전개될 것이다.

진보주의 교육의 핵심적 원리에 속하는 아동 중심성이 억압으로부터의 자유와 해방을 지향하지만, 교육의 권위와 지식을 부정하는 것으로 이해해서는 안 된다. 즉, 반反교조주의가 반反권위, 반反지식으로 나타나서는 안 된다는 말이다.^{Kitchen, 2014: 3-7, 38-52} 가르침과 배움은 권위를 필요로 한다. 따라서 진정한 아동 중심의 교사는 자신의 학생들에게 인생에서 가장 좋은 기회를 제공하기 위해 성실성과 진실성을 지닌 자신의 습관, 실천, 전통을 지속적으로 표현하면서 모든 분야에서 훈육과 습관적 실천을 스며들게 해야 한다.^{Kitchen, 2014: 182} 진보주의 교육에서는 교사의 권위를 보호하는 것이 매우 중요하다. 권위를 가진 교사는 지식의 위대한 해방자의 역할과 그것을 전파하는 핵심적 위치에 있다. 교사는 탁월한 지식을 가지고 있어야 자신의 판단을 가르칠 수 있다.

그리고 진보주의 교육은 오늘의 삶을 시대적 맥락 속에서 파악해야 한다. 우리는 반反헤게모니적 학교, 교육과정, 그리고 가르침에 그렇게 많은 시간과 에너지를 쏟아부은 교육자들로부터 배울 것이 많다. 세상의 맥락을 파악하는 것은 물리적 세계뿐 아니라 사회적, 문화적 그리고 심리적 요인을 파악하는 일이다. 학교의 기능이란 아이들에게 단순히 처세술/요령/기법을 가르치는 것이 아니라, 세계가 무엇인지 가르치는 일이다.^{Arendt, 2005: 262} 그것은 어른 사회와 아이들 간의 높은 벽을 쌓는 것이 아니다. 이 교육 목적은 세계의 현실과 인간의 곤경을 파악하여 이에 대처하는 것이다. 부모와 교사는 교육을 통해 아이의 인생과 성장을, 그리고 세계의 존속을 책임져야 한다.^{Arendt, 2005: 259} 사회는 변화 없이 보존되는 것이 아니라, '새로운 인간의 탄생'을 통해 계속해서 갱신되어간다. 인간세계의 새내기인 아이들은 완성된 존재가 아니라 생성 과정의 미완성 존재이다. 여기에서 교육자들의 책무는 오래된 세계(과거)와 새로운 세계(미래)의 간격에 다리를 놓는 매개자의 일이다.Gordon, 2001: 5 아이들은 앞으로 나아가려는 사람을 뒤에서 잡아당기거나, 아니면 뒤에서는 막 밀지만 앞에서는 막고 있어서 어찌 해볼 수 없는, 즉 '과거와 미래 사이에' 끼여서 나아가지도 물러서지도 못하는 상황에 처해 있다. 아이는 과거와 미래의 '중간에 낀in-between' 존재, 탄생과 죽음 사이를 채우는 인간 실존의 조건에 놓여 있다. 아이들은 육체의 탄생과 함께 정신의 탄생을 경험해야 한다. 그리고 세계에 영향력을 발휘한 현명한 '힘들'의 목록은 시간의 흐름에 따라 변한다. 지지자들은 우리가 살고 있는 '세계world'를 발견하거나 창조하는 것, 세계에 거주하고 있는 것이 무엇인지, 그리고 우리들의 상황에 관한 지식에 무엇이 제한을 가하는지에 대해 어느 정도 논의할 수 있을 것이다. 그러나 이런 해석 가운데 사물을 식별하는 목적에서, 그리고 경이감이나 호기심에서 일치가 보인다. 이해에 도달하는 것은 항상 현상을 의미 있게 하는 것과 연결되어 있다.

아렌트가 강조하듯 교육에서의 권위의 위기는 전통의 위기[17], 즉 과거의 영역에 대한 우리의 태도 위기와 밀접하게 연관되어 있다. 오늘날 다시 교육에서의 권위 위기는 곧 세계의 상실로 이어질 수 있다. 아렌트는 진보주의 교육-특히 루소의 '소극교육negative education'-의 위험성을 지적하면서 교육 형식의 보수성/권위에 대한 새로운 생각을 제안하고 있다. 물론 이러한 신중한 전략은 또 다른 딜레마에 봉착

---

17. 권위, 전통, 종교는 함께 존재한다. 이 세 가지는 우리에게 안정, 의미, 덕을 부여한다.

할 가능성도 있다. 아렌트가 강조하는 판단력이란 가르쳐질 수 있는 것이 아니라 실천될 뿐이라고 했다면, 교육이 정치로부터 분리되어 보수적이 되어야 한다는 주장은 '자기당착'의 오류를 범할 수 있다.Smith, 2001: 71 그렇다면 진보주의자들이 강조하듯 부모가 아이에게 지나치게 '하지 말라'고 말하는 것도 해롭지만, 전통주의자들이 아이를 위해 너무 많은 간섭을 하는 것도 위험하다. 아이가 독립과 자립을 추구함에 있어서 적절한 자율성을 부여하면서 분별 있고 믿을 만한 확고한 권위와 질서의 틀을 제공하지 못하는 것 또한 위험하다.Carr, 1997: 173

오늘날 신자유주의 교육정책으로 인해 세계의 진보주의 교육운동은 어려움을 겪고 있다. 신자유주의는 민주적 관계 형성보다는 관리주의를 선호하기 때문이다. 동시에 아동의 생활 측면을 지나치게 부각시킨 결과, 교사의 권위를 상대적으로 손상시킨 측면이 있다는 평가도 받고 있다. 따라서 아동 존중의 진보주의와 사회변혁의 진보주의가 융합되지 않으면 안 된다. 오늘날 아무런 대안이 없다(TINA)는 절망의 증후군에 대적하는 방안으로 신자유주의 논리를 넘어 저 너머의 세상을 상상해볼 필요가 있다.[18]

우리나라의 진보주의 교육사상의 원천은 방정환(1899~1931)으로부터 찾을 수 있다. 방정환은 교육의 목적을 아동의 성장과 발달에 두었다.안경식, 1999 방정환은 "아이들이 저대로의 독특한 삶", "저희끼리의 새

---

18. 오늘날 탈상품화와 비인간화 그리고 식민화를 최소화하고, 중·장기적으로는 다양한 수준에서 더욱 민주적이고 평등적인 세상, 그리고 이에 바탕한 대안적 교육운동이 일어나고 있다. 대안적 교육운동의 주요한 흐름은 ① TINA(무-대안/대처리즘)에 대한 대응으로서의 유토피아주의(유토피아 교육학/아나키스트 교육학), ② 도구주의와 비인간화를 심화시키는 신자유주의적 세계화에 대한 대응으로서의 휴머니즘(휴머니티 교육학/돌봄의 교육학), ③ 보편주의로서의 단일한 글로벌 문화에 대한 대응인 지방주의(장소·생태기반 교육학/차이의 교육학), ④ 글로벌 자본주의에 대한 대응인 글로벌주의(혁명적 비판교육/필수교육학), ⑤ 서구 식민지화로서의 세계화에 대한 대응인 탈식민주의(원주민/토착인의 교육학)이 제창되고 있다(Seewha, 심성보 옮김, 2014: 155-184).

사회 건설"이라는 표현을 사용하면서 아동이 성인과는 다른 독자적 세계를 가지고 있고, 내적 성장력을 가지고 있으며, 교육의 방법으로 흥미와 기쁨과 활동의 원리를 우선하였고, 교육의 내용으로 아동의 성장과 발달에 도움이 되는 지·정·의의 조화가 필요하고, 교사나 기성세대의 임무는 아동의 자유로운 성장을 도와주는 것이지 자신의 생각을 주입시키는 것이 아니라고 하였다.안경식, 1999 안경식은 듀이의 아동 중심 교육보다 훨씬 이전에 조선의 자생적 아동 중심 교육으로 방정환이 있었음을 강조한다.안경식, 1990: 17 방정환은 어린이를 재래의 윤리적 압박으로부터 해방시키고 어린이에 대한 완전한 인격적 예우를 부르짖으면서 어린이를 내려다볼 것이 아니라 쳐다볼 것과 어린이에게 경어를 쓰되 항상 부드럽게 대하라고 말했다.정혜정, 2001: 471[19]

> 교육이란 그 시대를 살아가는 데 필요한 지식을 갖추어주는 것이다. 그 시대와 떨어지는 교육, 실제 생활과 관계없는 교육은 아무 고마울 것 없는 헛된 노력이다.방정환, 1931

방정환의 아동관은 소박한 동심주의가 아니라 최수운의 인내천 사상, 즉 "아이의 마음이 곧 하늘의 마음"이라는 동학사상에서 나왔다. 어린이는 한울님으로서 동심은 곧 천심이며, 모든 사람들 안에 있는 본래의 마음으로서 '아이는 스스로 자란다'는 내적 성장력을 갖고 있고, 그의 아동 중심 교육사상은 동학의 무위이화無爲而化[20]와 생명의 원

---

19. 정혜정은 방정환이 의존한 동학과 천도교의 교육론이 유심론과 유물론의 대립을 극복하면서 생명공동체 교육, 민족·역사·문화의 사회화 교육, 역사비판과 해체의 주체화 교육, 自己準的 확립의 교육, 홍익인간의 同歸─體(인간의 정신적 결합) 교육이라고 요약한다(정혜정, 2001: 486-497).

20. 원래 이 말은 노자가 한 말이다. "그대로 두어도 저절로 된다는 뜻이다." "하는 일 없이 백성

리에 입각해 있다.^{김용휘, 2017}

방정환 선생의 생각을 현대적으로 실천한 인물로는 어린이글쓰기운동을 전개한 전직 교장이었던 이오덕이다. 그는 방정환의 작품이 단순히 동심을 예찬한 것이 아니라, 어린이와 민족의 운명에 밀착된 세계에 살면서 혼이 담긴 작품을 썼다고 주장한다.^{이오덕, 1977} 1970년대 '동심 천사주의'를 내걸며 어린이 삶과 문화를 짓밟는 사람과 집단을 날카롭게 비판한 이오덕은 공부, 놀이, 그리고 놀이가 결합된 삶을 위한 교육을 제창한다. 이오덕 사상의 뿌리와 고갱이는 인간해방과 생명해방 사상이다. 인간해방과 생명해방의 길은 아이들을 지키고 교육을 살리는 길에서 시작하며, 아이들의 미래가 없다면 인류의 미래도 없다고 역설한다. "민주의 삶은 '함께 살아가기'다. 지금까지의 교육은 국토와 민족뿐 아니라 한 사람 한 사람을 갈라놓고 서로 미워하고 적이 되도록 하는 분단교육이었다. 남이야 어찌 되든 나 혼자 잘 살면 그만이라는 생각을 갖게 하는 비인간적 반민주 교육이었다. 이런 교육을 깨끗이 청산하고, 이런 교육으로 입은 해독을 풀어서 사람의 마음을 자유롭게 하고, 함께 살아가는 마음을 기르지 않으면 우리는 살아갈 수 없게 되어 있다."^{이오덕, 2010}

현재는 방정환과 이오덕 선생의 교육사상을 이어받으면서 아동해방론을 몸소 실천하고 있는 교육운동가 이주영으로 이어지고 있다.

인간 해방이 잘못된 신이 귀신이 되는 걸 막아주고, 시민 해방이 통치자를 괴물이 되는 걸 막아주고, 노동자 해방이 자본가들을 괴

올 다스리면 천하를 얻게 될 것이다." 인위적인 꾸밈이 없어야 백성들이 진심으로 따르게 된다는 말이다.

물이 되는 걸 막아주고, 여성 해방은 남성이 괴물이 되는 걸 막아주 듯이 어린이 해방은 늙은이를 괴물이 되는 걸 막아줄 것이다. 곧 참 된 해방은 해방 주체와 억압 주체가 함께 평등하고 평화로운 세상을 만들 듯이 어린이 해방은 늙은이와 함께 모든 세대가 자유와 평등과 평화로운 삶을 살 수 있는 세상을 만드는 것이다. 이에 나는 21세기 는 세대 혁명, 어린이 해방을 시작해야 한다. …… 어린이가 부모를 비롯한 어른들 소유물이나, 어른이 되기 위해 어두운 땅속에서 기다 려야 하는 애벌레가 아니라 어른과 똑같이 독립된 인간이고, 어린이 해방이 곧 모든 세대와 모든 계급과 모든 성차별, 약자와 강자를 넘 어서 사회 구성원 모두가 자유롭고 평등하고 평화로운 민주공화국 을 완성하는 길이라는 것을 깨달아야 한다.이주영, 2017

우리나라 교육운동사에서 방정환 선생 이후 진보주의 교육사상을 전개한 인물은 적지 않을 것이다. 일제 식민지 경험과 분단 상황 그리 고 오랜 권위주의 체제로 인해 진보주의 사상의 성장을 어렵게 하였지 만, 이에 저항한 진보적 교육자들은 수없이 존재한다.

분단극복의 교육, 그리고 교육 권력의 민주화를 제창하며 실천한 진 보적 교육자였던 성래운은 『분단시대의 통일교육』1984/2015에서 다음과 같이 역설한다.

평생 교육학도이고 내가 굳게 믿는 바는, 저마다 다른 아이들을 입학시켜 하나같이 똑같은 사람으로 일그러뜨리려는 교육 폭군의 제거 없이는, 우리의 아이들이 참으로 해방되는 날은 언제까지나 다가오지 않으리라는 점이다. 교육에서의 획일, 폭군으로부터의 학 생 해방, 그날을 앞당기는 데 이 책이 조금이나마 도움이 되기를 바

란다.1984/2015: 15

루소의 삶을 따르고자 한 성래운 교수는 장 자크 루소의 교육론인 『에밀』1762을 읽고 쓴 『인간 회복의 교육』1982/2015에서 사람을 사람답지 못하게, 사람을 한낱 자원으로, 사람을 돈만 아는 벌레로 만들고 있는 현실은 지금도 여전하다는 문제의식을 드러내고 있다.

우리 겨레가 일제로부터 해방되었을 때 나는 사범대학 교육학과 3학년으로 편입되었다. 내가 『에밀』을 소개받았던 것은 그 무렵이 아니었던가 한다. 지은이 장 자크 루소라면 전무후무한 대사상가로만 알았던 것이 이토록 대소설가인 것을 나는 처음 안 것이었다. 그리고 이전에는 그토록 알기 어려웠던 그의 사상이 이번엔 왜 그리도 알기 쉬웠던지, 나는 그 소설에 나오는 에밀의 선생처럼 우리 아이들을 가르쳐보고 싶기까지 했었다. 나는 대학을 나오고부터 오늘 이때까지 지금의 우리 아이들 교육을 생업으로 삼아왔다. 이제 와서 생각해보니 그게 바로 이 『에밀』에서 비롯된 것이 아닌가 한다.1982/2015

성래운은 에밀이 갓 태어나서부터 스무 살 무렵까지, 루소의 교육철학과 교육 방법을 따라가면서 우리의 교육현장을 돌아본다. 참된 교육이 나아갈 방향을 끊임없이 고민하며 교육개혁을 위해 헌신했던 성래운은 문교부 장학관과 대학교수 시절에도 기회가 되는 대로 초중등학교 현장을 꾸준히 방문하고 교사들과 교류했다. 그는 자신이 꿈꾸던 참된 교육의 씨앗을 현장에서 실천하는 수많은 이름 없는 교사들에게서 발견하고 싶어 했다.

성래운은 실천적 교사들의 교육활동을 지원하며 그들의 고통을 함께 감내한 실천적 교육학자였다. 1978년 국민교육헌장이 우리 교육과 교육자들을 독재정권의 노예로 만든다고 비판하는 '우리의 교육지표'를 발표하여 감옥에 갇히기도 하였다. '우리의 교육지표'는 국민교육헌장이 충과 효를 강조하는 봉건적 도덕이고 국가주의적 이념을 담고 있다고 비판하였다. 그는 우리 사회의 비인간화 속에서 학생들이 비인간화될 수밖에 없는 현실을 비판하면서 고난을 무릅쓰고 인간답게 살게 하는 인간교육론을 역설하였다.

김정환 교수는 『전인교육론』1983에서 전문가로서 인간화교육을 중시하였으며, 프랑크푸르트학파의 교육이론, 평화교육과 민중교육론 등 비판적 교육이론을 동시에 섭렵한 진보적이면서 중도적인 관점을 취한 학자였다. 그는 『현대의 비판적 교육이론』1988에서 교육의 비판적 기능이 먼지를 털어 본래의 모습이 드러나게 하고, 그릇된 방향을 바로잡아주고, 올바른 기준을 설정하여 빗나간 현실을 시정하려는 작업이라고 보았다. 그러기에 그것은 부정을 위한 미움에서가 아니고 사랑하기에 탓하는 것이다.김정환, 1988 비판은 교육에 대한 진정한 사랑에서 비롯된다는 것이다.

　교육은 경제성장이나 체제 발전을 위한 도구로서의 수단적 과정이 아니라, 인간이 본래의 제 모습을 찾게 도와주는 인격적 각성이란 목적적 과정이요, 동시에 각자가 역사·문화·민족 앞에 책임을 져야 할 삶의 주체라는 역사의식 제고의 과정이다.김정환, 1988

이러한 교육의 삶을 산 사람이 페스탈로치, 안창호, 김교신이라고 보았으며, 김정환은 그들을 따라 실천하는 삶을 살았다. 홍성 풀무고

등공민학교 교장이었던 홍순명은 보수와 진보로 구분하기란 쉽지 않지만, 노작교육론을 몸소 실천하며 지역사회교육운동을 벌인 실천적 민중교육자이다. 그는 『풀무학교 이야기』2006에서 대안학교의 존재 근거가 학교공동체를 통한 교육의 이상과 본질 추구에 있으며, 입시교육이 아닌 전인교육이 교육의 지향점이라고 생각하기 때문에 자기실현, 더불어 살기, 무너진 자연과 인간과의 관계를 회복하기 위한 생태교육 및 평화교육의 중요성을 역설한다. 목사직까지 버리고 미장장이로서 노동자들과 똑같은 삶을 산 허병섭은 『스스로 말하게 하라: 한국 민중교육론에 관한 성찰』2009에서 볼 수 있듯 생태교육을 실천한 대안학교를 세워 실천하는 진보적 교육활동을 하였다.

이규환 교수는 카운츠처럼 아동중심주의보다는 급진적 사회재건주의자의 관점을 견지하였다. 학문적으로는 척박한 교육 현실 속에서 공교육의 근본적 개혁을 요구하며 경제적 불평등과 인간소외를 극복하는 교육, 사회주의 교육 등을 주창하였다. 그는 『한국 교육의 비판적 이해』에서 소비에트 연방의 해체에 따른 동서냉전체제의 와해는 동서의 갈등을 종식시키고, 평화적 세계질서가 확립될 것이라는 기대감을 세상 사람들에게 안겨주었으나, 우리 사회에 평화적 세계질서가 실제로 도래하였는지에 대해서는 의문스럽다고 보았다. 그리고 신식민주의의 위협을 받고 있는 우리나라는 제3세계 국가들의 계급해방, 민족해방, 인간해방에 기초한 평화·안녕 질서가 확립되지 않는 한 참된 세계평화가 실현될 수 없다고 보았다. 한국 교육의 기본 지표가 질적으로 선진사회의 건설에 헌신적으로 참여하려는 의지를 지닌 인간의 형성에 있다고 보았다. 그는 『비판적 교육사회학』1987에서 사회의 민주화, 정의사회의 구현, 교육의 인간화를 위한 민중을 위한 교육학을 역설한다.

이 밖에 글로서 드러내지는 않았지만 묵묵히 진보적 교육철학을 실천하고 있는 일반 학교 교사들, 대안학교와 혁신학교의 수많은 교사들이 있을 것이다. 그리고 개인적 실천을 넘어 집단적 운동으로서 진보적 교육철학을 실천한 전국교직원노동조합을 빼놓을 수 없을 것이다. 민족·민주·인간화라는 '참교육론'의 주장과 '공교육의 새판 짜기' 운동을 벌이고 있는 전국교직원노동조합은 공교육 체제를 변화시키는 자양분을 형성하였고, 오늘의 '혁신학교운동'을 발현시킨 씨앗의 역할을 하였다.

지금 우리나라의 진보주의 교육 지향은 낭만주의적 진보주의에 더하여 근원적 사회변혁을 꿈꾸는 변혁적radical 진보주의를 꿈꾸고 있다. 서머힐학교, 발도르프학교, 프레네학교 등 다양한 교육 실험이 이루어지고 있다. 그리고 최근에는 서구의 진보주의 교육운동과 같은 공교육 내부에서 혁신학교운동이 일어나고 있다. 혁신학교운동은 한국의 학교교육개혁의 역사에서 르네상스에 해당할 것이다. 물론 이 운동의 원천은 작은학교운동과 대안학교운동 등으로부터 출발하였다. 지금은 학교 안의 혁신을 넘어서는 학교 밖의 교육운동을 통한 변혁적 진보주의로 나아가는 새로운 지역사회 조직화운동의 흐름도 나타나고 있다. 한국의 진보주의 교육이라고 할 수 있는 혁신학교운동은 사회개혁과 연동되지 않을 때, 그리고 지역공동체교육과 연계되지 않을 때, 학교 안의 혁신은 한계를 노정할 것이다. 현재 혁신교육지구사업과 함께 등장한 '마을교육공동체운동'의 새로운 흐름은 학교교육의 한계를 극복하고자 하는 지역공동체교육운동이라고 할 수 있다.

한국 공교육의 공고한 벽을 허물기 시작한 혁신학교운동은 오래 누적된 구악을 거두어들이는 '적폐의 청산'만큼 쉽지 않은 지난한 작업이다. 새로움을 추구하는 혁신교육이 보수의 저항과 부딪히는 것은 필연적이다. 이 일은 가치관 및 세계관의 충돌이기도 하다. 이제 인공지능의 도래 등 제4차 혁명 시대를 맞이하여 교육 패러다임의 근본적 전환을 요구하고 있다. 교육은 결국 실천과 연관된 행동이며, 현시점에서 우리에게 절실히 필요한 것은 장기적 전망의 구상과 함께 구체적 각론의 제시이다. 혁신교육에서 한 걸음 더 나아간 변혁교육의 원리를 모색해야 한다. 새로운 변혁교육은 학교의 변혁과 사회의 변혁이 맞물려야만 이루어질 수 있을 것이다. 이러한 중대한 과업을 위한 구체적 공간과 진지를 마련하고 확대해야 한다. 앞서 살펴보았듯 아동 중심적 진보주의에는 아이들이 살아가야 할 사회의 전망이 보이지 않고, 사회개조적 진보주의에는 사회 변화를 이끌어갈 주체가 보이지 않는다. 따라서 아동의 변화와 세상의 변화는 동시적으로 이루어져야 한다. 각각의 '주의ism'는 가능성/희망과 함께 한계/결함을 내포하고 있고 서로 침투하고 있는 관계이므로 양자의 관점을 극복하고자 하는 변증법적 교육운동을 절실히 필요로 한다.

따라서 개혁주의에 매몰되지 않는 개혁non-reformist reform은 사회변혁, 특히 교육을 통한 사회변혁이라는 과제를 수행하는 사람들에게는 권장할 만한 교훈이다.Apple, 2013 한국에서 지금까지 전개되어왔던 혁신학교운동은 어쩌면 개혁주의에 매몰되지 않는 개혁을 모범적으로 실천한 사례로 기록되어야 한다. 그런 의미에서 문재인 정부의 출범은 공교육 강화를 통한 세계교육개혁의 흐름을 주시해야 한다. 혁신학교로만 모든 에너지가 투입되는 것은 분명한 한계를 가질 수밖에 없다. 그 핵심에는 혁신학교운동의 기저를 이루는 공교육 정상화 담론의 한계가 도사려 있다. 따라서 '배움으로부터 도주하는 아이들'이라는 담론은 여전히 학교혁신과 관련해서 유효한 담론으로 판단되지만, 그에 대한 해결책이 곧바로 '배움'으로 치환될 수는 없다. 따라서 지금 촛불혁명 이후의 학교개혁은 '공교육체제 전반의 새판 짜기'라는 관점에서 추진되어야 한다. 물론, 이것은 학교의 울타리를 넘어서 '사회 전체의 구조 개편'에 대한 요구와도 직결되어야만 한다.

■ 참고 문헌

강희룡(2014). 「공교육 정상화 담론을 넘어서서」. 〈공교육 정상화를 위한 학교교육의 새로운 방향〉, 한국교육연구네트워크 2014년도 추계학술세미나(2014년 11월 17일).
김용휘(2017). 「방정환의 교육철학과 동학사상: 아동관과 '모심'의 교육을 중심으로」. 서울시의회, 〈방정환의 문학과 교육 유산의 계승〉, 방정환 학술포럼(2017년 10월 12일).
김정환(1983). 『전인교육론』. 서울: 세영사.
김정환(1988). 『현대의 비판적 교육이론』. 서울: 박영사.
김재만(1988). 『진보주의 교육과 생장이론』. 서울: 교육과학사.
방정환(1931). 「딸 있어도 학교에 안 보내겠소」. 『별건곤』 38, 3.
성래운(1982/2015). 『인간 회복의 교육』. 서울: 살림터.
성래운(1984/2015). 『분단시대의 통일교육』. 서울: 살림터.
심성보(2014). 「미국 공교육의 개혁 모델과 진보적 학교 운동」. 한국교육연구네트워크. 『혁신학교에 대한 교육학적 성찰』. 서울: 살림터
안경식(1999). 『소파 방정환의 아동교육운동과 사상』. 서울: 학지사.
이규환(1987). 『비판적 교육사회학』. 서울: 한울.
이규환(1993). 『한국 교육의 비판적 이해』. 서울: 한울아카데미.
이오덕(1977). 『시정신과 유희정신: 아동문학의 제 문제』, 창비신서 17. 서울: 창작과비평사.
이오덕(2010). 『민주교육으로 가는 길: 이오덕 교육철학의 뿌리』. 서울: 고인돌.
이주영(2017). 『어린이 해방』. 서울: 우리교육.
정혜정(2001). 『동학·천도교의 교육사상과 실천』. 서울: 혜안.
최재정(2008). 『개혁교육학』. 서울: 학지사.
홍순명(2003). 『들풀들이 들려주는 위대한 백성 이야기』. 서울: 부키.
홍순명(2006). 『풀무학교 이야기』. 서울: 부키.
허병섭(2009). 『스스로 말하게 하라: 한국 민중교육론에 관한 성찰』. 서울: 학이시습.

Arendt, H. 서유경 옮김(2005). 『과거와 미래 사이』. 서울: 푸른숲.
Apple, M. W.(1995). *Education and power*. New York: Routledge.
Apple, M. W. 강희룡 외 옮김(2014). 『교육은 사회를 바꿀 수 있을까』. 서울: 살림터.
Benn, M. & Downs, J. *The Truth about Our Schools: Exposing the Myths, Exploring the Evidence*. Oxon: Routledge.
Carr, D. 김해성 옮김(1997). 『인성교육론』. 서울: 교육과학사.
Cremin, L. A.(1961). *The Transformation of the School: Progressivism in American Education*. New York: Alfred A. Knopf.
Cupers, S. & Martin, C.(2017). 『피터스의 교육사상』. 파주: 서광사.
Dale, R.(1979). 'From Endorsement to Disintegration: Progressive Education from the Golden Age to the Green Paper', *British Journal of Educational Studies*, 16(3), 191-209.

Daring, J.(1994). *Child-Centred Education and its Critics*. London: P·CP.

Daring, J. & Nordenbo, S. E. 정훈 옮김(2009). 「진보주의」. 『현대 교육철학의 다양한 흐름 I』. 서울: 학지사.

Darling-Hamond, L. 심성보 외 옮김(2017). 『세계교육개혁: 민영화 우선인가 공적 투자 강화인가?』. 서울: 살림터. Garrison, Neubert & Reich.

Dearden, R. F. 박연호 옮김(2002). 『초등교육의 철학』. 서울: 교육과학사.

Dewey, J.(1916). *Democracy and Education*. 이홍우 옮김(1993). 『민주주의와 교육』. 서울: 교육과학사.

Fairfield, P.(2011). Dialogue, in the Classroom, F. Fairfield(eds.). *Education, Dialogue and Hermeneutics*. London/New York: Continuum.

Fielding, M. & Moss, P.(2011). *Radical Education and the Common School: A Democratic Alternative*. London & New York: Routledge.

Garlijng, J. *Child-Centered Education and its Critics*. London: P·C·P.

Hatcher, R.(2007). 'Yes, but, how do we get there?', Alternative Vision and the Problem of Strategy', Journal of Critical Education Studies, 5(4), (www.jceps.com /?pageID=article&articleID98.

Hamm, C. M. 김기수 외 옮김(1995). 『교육철학 탐구』. 서울: 교육과학사.

Howlett. K.(2013). *Progressive Education: A Critical Introduction*. London: Bloomsbury.

Hayes, W.(2006). *The Progressive Education Movement: Is it Still a Factor in Today's School?* Lanham: Rowman & Littlefield Education.

James, M. E.(Ed.)(1995). *Social Reconstruction through Education: The Philosophy, history, and Curricula of a Radical Ideal*. Norwood: Ablex Pub.

Kitchen, W.(2014). *Authority and the Teacher*. Lodon: Bloomsbury.

Kliebard, H.(1995). *The Struggle for the American Curriculum* (2nd ed.). New York: Routledge.

Kraftl, P.(2015). *Geographies Of Alternative Education: Diverse Learning Spaces for Children and Young People*. Bristol: Policy Press.

Levinson, N.(2001). The Paradox of Natality. M. Gordon & M. Green, eds. *Hannah Arendt and Education*. Colorado: Westview Press.

Lowe, R.(2007). *The Death of Progressive Education: How Teachers Lost Control of the Classroom*. New York: Routledge.

Matheson, C. & Matheson, D.(2000). Education Spaces and Discourses, *Educational Issues in the Learning Age*. Catherine Matheson & David Matheson(eds.), Educational Issues in the Learning Age. London & New York: Continuum.

Noddings, N. 심성보 옮김. 『21세기 교육과 민주주의: 개인적 삶, 직업적 삶, 그리고 시민적 삶을 위한 교육』. 서울: 살림터.

Norriss, N.(2004). *The Promise and Failure of Progressive Education*. Lanham: ScarecrowEducation.

Rattani, A. & Reeder, D.(1992)(eds.) *Rethinking Radical Education*. London: Lawrence & Wishart.

Röhrs, H. & Lenhart, V.(eds.)(1995). *Progressive Education and Across the*

Continents. Frankfurt & Main: Peter Lang.

Paterson.(2015). *Social Radicalism and Liberal Education.* Exeter: IA.

Peters, R. S.(1966). *Ethics and Education.* London: George Allen & Unwin Ltd.

Peters, R. S.(1969)(Ed.). *Perspectives on Plowdon.* L ondon: Routledge & Kegan Paul.

Peters, R. S. & Hirst, P. H.(1970). *The Logic of Education.* London: George Allen & Unwin Ltd.

Ornstein, A. Levine, D. & Gutek, G.(2011). *Foundation of Education.* Belmont: Wadsworth.

Sadovnik, A. & Semel, S.(1998). Durkheim, Dewey and Progressive Education: The Tension between Individualism and Community, G. Walford & W. S. F. Pickering(eds.). *Durkheim and Modern Education.* London & New York: Routledge.

Seewha, Cho. 심성보 옮김(2014). 『비판적 페다고지는 세상을 변화시킬 수 있는가?』. 서울: 살림터.

Semel, S. & Sadovnik, A.(1999). *Schools of Tomorrow, Schools of Today: What Happened to Progressive Education.* New York: Peter Lang.

Semel, S. & Sadovnik, A. Coughlan, R.(eds.)(2016). *Schools of Tomorrow, Schools of Today: Progressive Education in the 21st Century.* New York: Peter Lang.

Silcock. P.(1999). *New Progressivism.* London: Falmer Press.

Smith, S.(2001). Education for Judgement? M. Gordon & M. Green(eds.). *Hannah Arendt and Education.* Colorado: Westview Press.

Spring, J.(1975). *A Primer of Libertarian Education.* Montreal: Black Rose Booke. 심성보 옮김, 『교육과 인간해방』. 서울: 살림터.

Tanner, D.(2015). *Crusade for Democracy: Progressive Education at the Crossroads.* Albany: Suny.

Walkerdine, V.(1992). 'Progressive Pedagogy and Political Struggle', Luke, C. & Gore, J. eds. *Feminisms and Critical Pedagogy.* New York: Routledge.

2장

스웨덴에서의 진보주의 교육 :
종합학교 개혁 이전과 이후의 전개[1]

이윤미

1. 진보주의 교육과 스웨덴

이 글에서는 19세기 말과 20세기에 걸쳐 전 세계적으로 대중교육체제에 큰 영향을 미쳐온 '진보주의 교육'의 흐름[2]이 종합학교 개혁 이전과 이후의 스웨덴에서 전개된 과정을 다룬다. 진보주의 교육은 'Progressive education'을 번역하여 지칭하는 용어로서 19세기 말 이후 개혁 시기Progressive Era의 미국을 중심으로 전개된 아동 중심적이고 사회개혁적인 교육운동과 관련된다. 이 용어는 기존의 엘리트주의적이고 권위적인 전통적 교육에 대립하는 교육을 지칭하는 의미로 다양하게 사용되어왔으며, 미국의 진보주의교육협회Progressive

---

1. 이 글은 본인이 쓴 다음의 글들에 기초하여 쓴 것임을 밝혀둔다. 이윤미(2011). 「북유럽에서의 교육 평가와 선발: 한국 교육에의 시사점」. 『교육연구와 실천』 77; 이윤미(2015a). 「종합학교제도화 이전 스웨덴에서의 진보주의 교육」. 『스칸디나비아 교육』 16; 이윤미·손지희(2010). 「스웨덴 교육에서의 학력관 및 국가수준학업성취도평가: 사회적 함의와 시사점」. 『교육문제연구』 38; 이윤미·장신미(2011). 「스웨덴의 통합형 후기중등학교 개혁: 전개과정 및 쟁점」. 『한국교육사학』 33(2).

2. 진보적 교육을 보다 일반적 의미로 사용할 경우 그 포괄 범위가 다양할 수 있다. 그러나 이 글에서는 소위 진보주의 교육이라고 번역된 'progressive education'이 19세기 말과 20세기 초 유럽과 미국에서 전통교육에 대립되는 양상을 띠면서 일정한 흐름을 통해 전개되어왔기 때문에 이를 기초로 논의를 전개하고자 한다.

Education Association, 유럽을 중심으로 한 국제적 단위의 협의체(예: New Education Fellowship 등) 등을 통해 확산된 바 있다. 유럽에는 진보주의적 교육이라는 영어 번역어에 대응하는 용어로 신교육운동New Education Movement이 있는데, 프랑스의 신교육Education Nouvelle이나 독일의 개혁교육학Reformpädagogik 등이 이러한 흐름을 대표한다.

이 글에서는 용어 사용상의 혼란을 줄이기 위해 진보주의 교육을 미국과 유럽에서의 흐름을 포괄하는 의미로 사용하고자 하며 진보주의 국제 동향을 정리한 뢰어스Röhrs와 렌하트Lenhart[1995: 11-14]의 분석에 따라 다음과 같은 의미들을 포함하는 것으로 다루고자 한다. 1) 1890년 전후에 발흥한 교육개혁운동, 2) 아동 중심적이고 인간학적인 운동, 3) 학습자중심주의에 따른 교사의 전통적 역할 변화, 4) 학습자의 자기주도적이고 독립적 활동과정 중시, 5) 발달심리학과 소아의학 분야 연구 성과 반영, 6) 사회적 맥락 내의 전인(whole man)에 관심, 7) 획일적 학교 공간을 벗어나 자유로운 학습을 위한 교육 공간의 변화, 8) 기성의 교육과정으로부터 탐구적 프로그램으로 변화, 9) 학교 밖의 삶이 지니는 교육적 의미에 관심, 10) 학교를 넘어선 교육적 실재와 다양하게 관련(평생교육, 도서관 등), 11) 국가 경계를 넘어선 국제성에 대한 관심(개방성, 새로운 변화에 대한 추구, 소통 등).

1890년대부터 1920년대까지는 진보주의 교육이 전 세계적으로 가장 활발하게 전개된 시기이다. 이 기간 동안 기존의 전통적 교육에 대립된 새로운 교육 요소들이 많은 관심을 받게 되었고, 여러 나라들에서 교육적 실험의 형태로 시도되어 공교육체제에 영향을 주기도 했다.

이러한 맥락에서 진보주의적 교육 흐름이 다양한 사회와 국가들에서 어떤 영향을 미쳤으며, 오늘날 어떤 의미가 있는가를 생각해볼 필요가 있다. 큰 틀에서 볼 때 진보주의 교육은 20세기 대중교육체제에 큰 영향을 미쳤다. 학교교육에 대한 관점, 학습자 혹은 아동에 대한 관점, 교육과정 구성과 운영에 대한 관점, 교사의 역할과 권위에 대한 관점 등 지금의 교육적 상식은 분명히 19세기와는 다르며 그 변화의 계기 형성에서 진보주의 교육이 지니는 의의는 절대적이라고 할 수 있다. 오히려 20세기 들어 대부분의 국가들이 대중교육체제를 확대하면서 진보주의 교육의 제도적 수용이 일반화되었기 때문에 '진보주의 교육의 영향이 무엇인가'라는 질문은 어색할 수도 있다.

하지만 1990년대 이후 신자유주의 국제화의 영향으로 표준화된 교육과정과 학력에 대한 측정, 비교 등이 교육적 책무성accountability과 연계되어 강조됨에 따라 아동의 자유와 민주주의를 중시한 진보주의 교육의 영향과 그 현재적 의미에 대한 재검토는 새로운 문제의식을 기반으로 제기되고 있다.Hayes, 2007

스웨덴도 19세기 이래 진보주의 교육의 흐름에서 중요한 변화를 경험한 국가이다. 특히 1940년대부터 추진되고 1960년대 이후 본격적으로 제도화된 종합학교체제는 진보주의 교육 관점에 의해 형성된 것이다. 20세기 초 유럽에서 가장 급진적 교육개혁을 추진한 스웨덴의 제도개혁에 대한 관심에도 불구하고 그 배경을 형성하는 사상이나 교육원리는 제대로 알려지지 못했다고 할 수 있다.

따라서 이 글에서는 스웨덴 사민당 정권의 주도에 의한 종합학교 개혁 이전부터 진보적 교육이 어떻게 등장했으며, 종합학교 개혁 이후의 제도화 과정에 어떻게 반영되었는지에 대해 논의하는 방식을 취하고자 한다.

2. 20세기 초 진보주의 교육의 국제적 흐름과 스웨덴

진보주의 교육은 유럽과 미국을 중심으로 19세기 말 이후 본격화된 새로운 교육관의 실천을 총체적으로 지칭하며, 세부적으로는 다양한 교육관이 포괄되어 있다. 진보주의 교육은 전통적 교육관에 대립하는 경향을 지녔기 때문에 교사의 권위에 의한 교육, 중세 후기 이래의 라틴어 중심 교육과정, 비지적 영역이나 신체활동에 대한 천시 등을 비판했고, 아동 중심적이고 활동 중심적이며 실제적인 교육을 중시했다. 또한 인간의 자유와 평등, 민주주의와 같은 가치들도 강하게 결합시키고 있었다.

영국 학자인 하울렛Howlett[2013]은 진보주의 교육의 계보를 비교적 포괄적으로 정리하면서, 17세기 자연주의 사상부터 현대 비판적 교육학에 이르기까지의 계보를 연결하고 있어 주목할 만하다. 그는 코메니우스Comenius, 로크Locke 등을 선구적 사상으로 보고, 루소Rousseau(낭만주의), 울스턴크래프트Wollstonecraft(페미니즘), 19세기 말 심리학의 발달을 주요 배경으로 다룬다. 진보주의 교육 그 자체는 영국을 중심으로 전개된 New Education Fellowship과 미국의 파커스Parkers, 듀이Dewey 등을 핵심적으로 다루고 있는데, 이들의 입장을 '민주주의 교육'이라는 흐름 속에 묶고 있다. 또한 로버트 오언Robert Owen 등을 위시한 사회개혁적 흐름과 20세기 후반 이후 프레이리Freire, 네오마르크스주의 등에 의한 비판적 페다고지Critical pedagogy를 진보주의 교육의 계보를 잇는 흐름으로 간주하고 있다.

진보주의 교육은 진화론에 기반을 둔 19세기 과학에 강한 영향을 받았기 때문에 아동 발달에 대한 이해와 관련하여 심리학이 중요한 의의를 지녔다고 할 수 있다. 대부분의 진보주의 교육자들은 발달심리학 등 심리학적 원리를 중요한 기반으로 삼았다. 이러한 심리학이나 아동중심주의는 진보주의 교육의 또 다른 축인 민주주의 교육이라는 문제와 기본적으로 결합되어 20세기 초 대중교육 발달에 기여했다. 따라서 심리학을 기반으로 한 지능검사나 표준화시험 등도 초기에는 진보주의의 흐름과 배치되었다기보다 과학주의적 맥락에서 전통주의에 대응하는 공통적 흐름 속에 있었다고 할 수 있다. 그러나 주지하다시피 인간 능력에 대한 계량과 측정, 표준화 등에 관심을 둔 심리학적 경향은 효율성을 중시하는 사회공학적, 도구적 관점에 포섭되어 20세기 중후반 이후에는 민주주의나 사회개혁을 지향하는 관점과 대립하게 된다.

아동중심주의, 심리학주의 등이 민주주의나 사회개혁적 요구와 더욱 본격적으로 구분되는 상징적 계기는 1930년대 초 미국의 급진적 교육학자인 조지 카운츠George Counts의 문제 제기 이후였다. 카운츠는 세계공황 직후인 1932년 미국 진보주의교육협회 연차대회에서 진보주의 교육이 부르주아적 자유주의 학부모들의 취향을 만족시키는 교육으로 전락하고 자본주의사회의 근본적 문제들에 대해서는 무관심하다고 신랄하게 비판한 바 있다. 그의 연설집인 "학교는 과연 새로운 사회질서를 건설할 수 있는가?Dare the school build a new social order?"에서 카운츠는 학교는 사회 변화를 위한 매개가 될 수 있지만 많은 제도 중의 하나일 뿐이며, 변화에 실질적으로 기여하기 위해서는 교육자들이 낭만적 가정들을 버리고 보다 진지하게 고민해야 한다고 주장했다.Counts, 1978 당시 대공황 상황에서 진정한 민주주의는 자본주의적 경제조직을 평등하게 재조직하고 사회복지를 제도화하는 것이어야 한다고 보았다. 카운츠는 당시 진보주의 교육을 지배하던 아동중심주의가 탈정치화하고 지나치게 자유주의적인 이념에 의해 지배되는 것을 비판하며, 진정으로 진보적 교육을 하기 위해서는 사회불평등 문제를 해결하는 데 적극적으로 기여해야 한다고 말했다. 학교와 사회의 간극을 메우는 역할은 피고용자적 예속성을 극복하고 독립적인 마인드를 가진 교사들의 몫이며, 실천적 교사들은 대중의 지지를 얻기 위해 노력해야 한다고 주장했다. 당시 카운츠의 비판으로 인해 미국 진보주의 교육협회는 큰 위기에 직면했고 결국은 내부적 이질성을 극복하지 못하고 해체하는 계기를 맞게 된다.^{이윤미, 2015c}

New Education Fellowship(NEF)은 영국을 중심으로 형성된 진보주의 교육운동의 국제 조직으로 국가별 지회를 두어 교류를 했고 World Education Fellowship(WEF)으로 개칭되어 전개되었다. NEF는 1920년 영국의 학교감독관인 비어트리스 엔소르Beatrice Ensor를 중심으로 설립되어 핵심적인 교육자들을 조직화했다. 참가자 중에는 오비드 드크롤리Ovide Decroly, 알렉산더 닐Alexander S. Neill, 아돌프 페리에르 Adolphe Ferrière, 마리아 몬테소리Maria Montessori, 헬렌 파크허스트Helen Parkhurst, 칼턴 워시번Carleton Washburne 등 잘 알려진 교육자들이 포함되어 있었다. 페리에르가 진보주의 교육기관의 표준을 설정한 이래 공식 기준에 의해 회원기관들을 정해왔다. 1922년 현재 44개의 기관이 참여했으며 이 중 독일 13개, 프랑스 6개, 영국 15개, 미국 10개 학교가 포함되었다.^{Röhrs, 1995}

1932년에는 미국의 진보주의교육협회Progressive Education Association가 공식적으로 기관 연계를 통해 미국 지부로 참가하게 되었다. 특히 스탠리 홀Stanley Hall의 발달심리학이 매개가 되어 상호 교류의 계기가 강화된 것으로 보인다.^{Röhrs, 1995: 182} 사회주의혁명 이후 듀이, 워시번, 카운츠 등은 직접 소비에트연방을 방문하여 (사립학교가 아닌) 공교육 체제를 통한 진보주의 교육의 실현 가능성에 대해 긍정적 신념을 갖게 되었고, 앞서 말했듯이 카운츠는 1930년대에 진보주의 교육이 보다 근본적인 사회 변화를 위한 동력이 되어야 한다고 촉구함으로써 논쟁을 촉발했다.

이로써 진보주의 교육운동 내부에 아동 중심 교육 지지자들과 사회개혁 교육 지지자들을 구분하게 되어 내부 분화를 야기하는 계기가 되기도 했다. 이후 세계대전의 전개로 국제 활동의 범위가 축소되어 1950년대 들어서야 활동이 본격적으로 재개되었는데, 1958년에는 World Education Fellowship(WEF)으로 재건되어 활동해오고 있다.

스웨덴에서의 진보주의 교육은 이러한 국제적 흐름과의 관계 속에서도 이루어졌다. NEF에 공식적 지부로 참여하기 전부터 스웨덴에서는 일부 교육자들을 중심으로 1920년대에 *Pedagogiska Spörsmal(Educational Topics)*이라는 잡지를 만들어 새로운 아이디어들을 확산하는 데 기여했다. NEF의 취지는 스웨덴 독자들에게 다음과 같이 제시되었다.Hörner, 1995: 111

- 교사와 학부모들에게 심리학적 정보를 알림
- 다양한 학교의 교사, 학부모, 의사들 간의 협력 독려
- 여러 국가에서의 개혁 및 실험에 대한 보고 및 연구 성과의 공지
- 자기훈육, 노작, 예술, 리듬 등의 주제에 대한 논의
- 아동의 개인 발달과 활동적이고 혁신적 활동을 위한 자유

1926년 5월호부터 NEF 스웨덴 지부 창설의 필요성이 메이블 홀름-맷슨Mabel Holm-Mattson에 의해 제기된 이래 1927년 1월 22일에 스웨덴 지부(Internationella Förbundet För Ny Uppforstran, 1928년 이후 Förbundet För Ny Uppforstran)를 시작하게 되었다.

1934년에 학교감독관이자 NEF 회원이었던 닐스 헤닝에르Nils Häninger[1887-1968]는 저서Ny skola och gammal에서 새로운 학교의 특징을 다음과 같이 제시한 바 있다. 헤닝에르의 책은 일반 학교에서도 진보주의 교육이 적용될 수 있음을 알게 해주었고 많은 교사들에게 영감을 주었던 것으로 알려진다.Hörner, 1995: 113, 재인용

- 진보주의 교육을 하는 학교는 실험학교들이다(교육적 실험).
- 진보주의 교육을 하는 학교들은 기숙학교이거나 전일제학교이다.
- 남녀공학이 기본이다.
- 실제적이고 지적인 활동은 항상 긴밀히 연관되어 있다.
- 지식은 개인적 학습을 통해 획득된다.
- 학생의 활동은 독립성의 원리에 의해 규정된다.
- 교육과정상으로 큰 자유를 지니고 있고 학생의 관심 분야가 학습 프로그램을 결정한다.
- 주제 중심적 프로젝트 학습이 가능한 한 많이 실천된다.
- 학생은 학교 규율, 훈육, 자기결정 등의 문제에 참여한다.
- 벌은 잘못과 직접 연관된다(식사에 늦게 온 사람이 남은 음식을 모두 먹어야 한다).
- 학생은 자기 자신하고만 경쟁한다.
- 개혁 학교들은 높은 예술적 기준을 갖는다(가구, 건물의 건축 등).

스웨덴에서 NEF 활동은 덴마크, 노르웨이, 핀란드 등과 함께 이루어졌다. 새로운 교육적 실험으로 기존의 교육과정으로부터 자유로운 프로그램들이 시도되었는데 활동 중심 교육learning by doing, aktivitätspädagogik 등이 대표적이다. 이는 NEF 회원이자 헬싱키 지역 학

교감독관으로 파견되었던 아르비드 기로우Arvid Gierow가 교육과정을 자유롭게 운영하는 사례들을 지원함으로써 크게 확산된 것으로 알려져 있다.Hörner, 1995: 114

1943년에는 스칸디나비아 국가 교육자들이 회합하여 '북유럽 교육의 이상'에 대한 논의를 했다. 이 회합 보고서의 서문에서 닐스 헤닝 에르는 북유럽 국가들이 독립적이면서도 공동체적 정신으로 교육의 장에서 자유와 정의를 실현하고자 하는 이상을 공유해왔다고 서술하였다. 회르너Hörner는 이에 대해 북유럽의 교육적 이상과 진보주의 교육이 상당히 접맥되어 있고 개혁이 본격화된 제2차 대전 이전에 이미 의미 있게 공유되고 있음을 주목할 필요가 있다고 지적한다.Hörner, 1995: 118-119

3. 종합학교 개혁 이전의 전개

1) 19세기 말 이후 스웨덴의 교육개혁 관점: 반전통주의, 민주주의, 표준화

이 장에서는 스웨덴에서 진보주의 교육의 전개를 역사적인 관점에서 살펴보기 위해 19세기 말 이후 스웨덴 교육사에서 주요하게 언급되는 교육적 관점들을 반전통주의, 민주주의, 표준화 등의 흐름을 중심으로 검토하고자 한다.

스웨덴의 교육에 대해서는 1940년대까지의 교육과 개혁 이후의 교육이 판이하게 달라져 그 어떤 요소도 남아 있는 것이 없다고 평가되기도 한다. 제도적인 부분은 물론이고, 교수학습 분야가 가장 더디게 변화했지만 그 조차도 기존의 것과는 완전히 다르다고 본다.Boucher, 1982: 21 이러한 평가가 가능할 정도로 스웨덴의 교육은 1960~1970년대 이후의 제도개혁을 통해 크게 변화되었음을 알 수 있고, 이러한 변화는 1940년대부터 추진되기 시작한 것이다. 20세기 초 스웨덴의 제도개혁 과정에 대해서는 상당한 학문적 논의들이 이루어져 있지만 스웨덴 교육개혁의 밑바탕에 있는 교육사상이나 이념의 변화에 대해서는 많은 연구들이 없는 편이다.

회르너1995에 의하면 스웨덴에서 진보주의 교육은 교육의 목표 변화, 삶과 연관된 교육과정, 학생의 발달 적합성, 자유와 책임을 강조하는 학습자의 자기교육self-education 등이 중시되었으며 활동을 통한 학습Aktivitätspädagogik을 중심으로 교수와 학습활동이 조직되는 것을 목적으로 한다. 교사의 역할은 교육의 과정을 세부적으로 결정하는 것이 아니라 학습의 매개자로서 학습자의 학습과 이해를 돕는 것으로 규정된다. 학교생활에서 민주주의적 원리와 협력 능력 제고가 중시되고 학습자 개인은 책임 있는 민주시민이 될 수 있도록 자기주도성을 키워나가도록 기대된다.Hörner, 1995: 105-106)

스웨덴의 진보주의 교육은 20세기에 본격적으로 발전했지만 스웨덴의 전통에 뿌리 깊게 기인했다고 보기도 한다.Boucher, 1982: 7 펄스턴 Paulston에 의하면, 1842년에서 1950년까지의 스웨덴 교육사는 크게 네 시기로 구분이 가능하다. 첫 번째는 1842년에서 1918년까지로, 보수주의자들이 지배적인 가운데 자유주의적 이상주의자들과 사회적 유토피안들에 의해 개혁 제안이 이루어진 시기이다. 두 번째는 1918년에서 1932년까지로 보편참정권 등과 관련하여 정치적 갈등과 타협이 이루어진 시기이다. 세 번째는 1932년에서 1946년까지로 사회민주주의자들이 우세한 가운데 사회경제적 복지국가개혁이 우선시된 시기이다.

네 번째는 1946년에서 1950년까지 시기로 종합학교 개혁안이 형성되고 의회에서 통과되는 시기이다.Paulston, 1968; Boucher, 1982: 9

특히 제1시기에 스웨덴 진보주의 교육의 흐름에서 중요하게 간주되는 인물로 스웨덴 근대 교육의 선구자로 인정되고 있는 오가드Ägardh가 있다.Hörner, 1995; Boucher, 1982; Marklund, 1995 1825년 교육위원회의 위원으로, 룬드Lund대학 신학 교수이자 칼스타드Karlstad 지역의 감독을 역임한 성직자이기도 한 오가드(1782~1859)는 다른 보수적인 종교계 인사들과 달리 피상적인 전통교육과정을 비판하고 보다 철저한 교육을 행해야 한다고 주장했다. 그는 신학자이면서도 식물학, 경제학 등에도 조예가 있는 박학자로, 페스탈로치Pestalozzi의 영향을 받아 교육에서 급진적 변화를 주장했다. 그는 학교에서 즐거움을 자극하는 교육이 이루어져야 하며 학습자 개인의 재능을 발달시키는 교육을 해야 한다고 주장했다. 또한 자발적 학습이나 교과목 선택에서의 자유 등을 옹호했고, 당시 인문교과 일변도 교육에서 자연과학 과목을 중시했다.Hörner, 1995: 106

오가드의 생각은 스톡홀름에 소재한 국립실험초등학교Nya Elementarskolan in Stockholm 설립에 반영되었으며Marklund, 357-358; Hörner, 106, 실제 제도 변화에 반영되기도 했다. 당시 보수적 지도자들인 예이예르Geijer, 발린Wallin 등은 그의 아이디어를 수용하여 1840년에 교육 및 교회 담당 행정부서ecklesiastikdepartmentet를 설립하고 1842년 의무초등학교Folkskola 및 사범학교(스톡홀름과 12개 지역)에 관한 법령을 제정하였다.Boucher, 1982: 8-9

1870년대와 1880년대에는 청년들을 중심으로 한 비판적 사회운동이 전개되었는데 희곡작가인 아우구스트 스트린드베리August Strindberg 등이 대표적이며 비국교성직자, 노동조합주의자, 사회주의자, 교사, 의회에서 자유주의 세력 등이 이에 합류했다. 교육과 관련하여 아돌프 헤딘Adolf Hedin과 프리드주프 베리Fridtjuv Berg의 활동은 교육개혁에 상당한 영향을 미친 것으로 알려진다. 헤딘은 전통적 라틴어 중심 교육과 엘리트들의 실용지식에 대한 천시를 국익에 위배된다고 비판했다. 그의 주장은 언론과 의회 등에서 논쟁을 촉발했는데, 문화적 전통을 중시하는 비판자들은 이러한 주장을 강하게 반박했고 특히 전통적 성직자층의 반대가 심했다.^{Boucher, 1982}

프리드주프 베리(1851~1916)는 보편교육의 확대와 모든 사람을 위한 기초교육을 주장한 인물로 스웨덴 진보주의 교육에서 기여도를 인정받는다.^{Hörner, 1995; Boucher, 1982} 베리는 초등 교사 출신으로 스웨덴 자유당의 국회의원으로 활동하였다. 그는 초등 단계에서의 보통보편교육을 강조했고 지식 자체를 위한 심화된 언어교육보다는 이해 가능한 교육 내용으로 교육과정을 개혁해야 한다고 보았다. 또한 상공계급의 요구처럼 6년간의 실제적이고 직업적 내용의 전기중등교육realskola과 3~4년간의 후기중등학교gymnasium 제도화를 주장하는 것에 대해서도 대다수 대중을 배제한 특정 계급의 요구라는 점에서 반대했다.^{Boucher, 1982: 11}

베리는 코메니우스 학교론, 특히 모든 학생이 함께 교육받아야 한다는 관점에 감화를 받았다. 그는 몽테뉴, 코메니우스, 라트케Latke, 로크, 바제도Basedow, 페스탈로치, 프뢰벨 등의 사상을 중시했고, 자연주의적 교육을 강조하여 교육이 자연법칙과 심리 발달에 근거하여 이루어져야 한다고 보았다. 새로운 교수법의 필요성을 역설하고 실제 교재를 제작했는데, 이 중 일부 책들은 국제적으로도 알려져 있다.^{Nils Holgerson's wonderous journey through Sweden; From pole to pole} 등 민주주의와 공동체를 형성하기 위해서는 전체 대중이 깊이 있는 교육을 받아야 하고,

그를 위해서는 타고난 계급의 영향을 받지 않고 개인들이 독립적으로 사고하는 자유와 공동체 실천이 이루어져야 한다고 보았다.Hörner, 1995: 106-10

　이러한 헤딘과 베리의 관점은 19세기 말 사회민주주의자들의 관점과 공유되고 있었다. 1889년 창당한 사회민주노동당(SAP, 이하 사민당)에서는 창당 이전의 노동자회합에서 학교교육의 내용에 대한 의제들이 전개되었다. 이때 당시 연계되어 있던 교육과 교회의 분리가 협의되고 일반적인 시민교육의 필요성이 논의되었다. 1897년 회합에서 사민당은 보편적 시민학교를 설립하고 학교와 교회를 분리하는 안을 공식 채택했다. 제안서 초안 작성자는 악셀 다니엘손Axel Danielsson으로 알려졌는데, 1891년에 공상적 소설을 통해 20세기 중반의 학교 모습을 이상적으로 구상한 인물이기도 하다. 그의 소설에서는 사회계급에 의해 이원화된 학교체제가 사라지고 8~18세까지 공통교육을 받는 모습을 그려냈다.Boucher, 1982: 11-12 1894년에 처음으로 초등교육과 중등교육 간의 학제 연계가 이루어지게 되는데, 이는 중등학교läroverk 입학을 위해 3년간의 초등교육을 입학조건으로 규정한 것이다. 그러나 여러 정치적 제약으로 인해 제도화가 용이하지는 못했다.

　1917년 자유당과의 연정으로 사민당은 처음으로 정권을 갖게 되었고, 1920년에는 국가교육위원회Skolöverstyrelsen, SÖ가 설치되었다. 사민당의 뤼덴Rydén이 교육부 장관을 지내면서 당시 경쟁하던 세력 간의 갈등을 조정하고자 했다. 당시에는 보수전통세력(우파), 중간계급, 급진파 등이 각각 다른 교육체제를 지지했다. 우파는 문법 학교교육을 일찍부터 실시해야 한다는 입장을 견지했고, 중간계급은 다양한 전기중등학교들과 학문적 후기중등교육 간의 구분을 원했고, 급진파는 베리의 관점을 계승하여 보편교육과 종합학교 모델을 지향했다. 급진파는 독일 및 프랑스 등에서 논의되어온 종합학교, 소련의 종합기술교육, 미국의 단선제학제 등을 이상적으로 보았다. 그러나 보수파의 반대와 갈등으로 학교제도가 통일되지 않고 병치되었다. 이후 1930년대의 경제위기와 1932년부터 이어진 40여 년간의 사민당의 단독집권은 교육개혁에 대한 요구와 가능성을 높여줬으며, 이는 1940년대 이후 교육개혁이 본격적으로 추진되는 데 기여했다.Boucher, 1982

한편, 스웨덴에서의 초기 진보주의 교육에서 주목되는 것 중 하나는 표준화standardization의 도입이다. 앞서 언급한 NEF 활동에 참여한 1930년대 진보적 교사들의 주도로 인해 표준화시험은 개별 학습을 지원하고 교사 전문성을 강화한다는 취지로 도입되었다. 스웨덴에서는 교육개혁 과정인 1944년에 국가수준에서 심리학 및 교육을 연구하는 기관(The State Psychological and Pedagogical Institute, 이하 SPPI)을 설립하게 된다.Lundahl, 2006; Lundahl & Waldow, 2009

이러한 표준화는 개혁 과정에서 능력주의의 실현과 관련하여 지지되었던 것으로 보인다. 룬달Lundahl과 발도프Waldow2009에 의하면 진보적 교육자들은 "듀이Dewey와 유사한" 관점에 따라 교육개혁을 시도하였는데 주된 방향은 민주주의 사회 건설을 위한 교육이다. 이를 위해 한편으로는 학교를 계급 계층과 무관하게 단일하게 통합하고자 했으며 다른 한편으로 '능력'에 기반을 둔 기회를 제공하고자 했다. 후자를 위해 학생에 대한 정확한 평가가 요구되었으며 이를 기반으로 학생의 개인의 능력과 요구에 맞게 개별화individualized되고 능력주의적인 meritocratic 교육을 하고자 했다. SPPI는 의학, 심리학, 교육적 실천이 결합될 수 있도록 고안되었으며, 이러한 필요는 당시 초등 교사들, 교육학 및 심리학 연구자들, 중도/좌파적 정치가들에 의해 일종의 담론연합discourse coalition 차원에서 지지되었다.Lundahl & Waldow, 2009: 368-369

당시 도입된 표준화검사standardprov는 교사들의 평가를 대체하기보다는 돕기 위한 것이었다고 보고된다. 실제로 조기 선발의 폐지와 종합학교 개혁의 성과나 정당성에 대한 각종 '개혁 정당화' 논의들이 학생들의 사회경제적 지위와 지능검사 결과를 토대로 이루어지고 있었음을 볼 때 표준화검사의 유용성을 확인할 수 있다.Husén, 1960

그러나 결과적으로 진보주의 교육자들의 의도와 달리 표준화시험의 도입은 심리학이 교육을 식민화하도록 했고 교육과정철학이 사회공학적 색채를 띠도록 했다.Lundahl & Waldow, 2009: 369 룬달과 발도프2009: 367가 지적하듯이 이러한 취지는 교실 수준에서 행정 수준으로 옮겨 가면서 그 형식과 기능이 크게 바뀌게 된다. 즉 교실수업을 보조하는 기능을 넘어 종합학교체제를 효과적으로 운영하기 위한 관료적이고 정치적인 도구가 되는 것이다.

룬달과 발도프2009: 370는 이러한 경향이 스웨덴에서 자리 잡을 수 있었던 배경에 다음과 같은 것들이 있었다고 본다. 첫째는 초등 교사들을 중심으로 전개된 진보주의 교육운동이 전통적 교과 중심의 중등교육에 대한 개혁을 요구할 때 계량심리학이 유용했다는 것이다. 즉 계량심리학이 경험적 증거에 기초한 논의를 하기 때문에 '과학적 합리성의 신화'를 통한 설득력이 확보되었다는 것이다. 둘째는 전통과 관습을 극복하기 위한 언어로서는 계량심리학의 언어가 더 단순하고 명확했다는 점이다. 즉 세밀한 언어thick language보다는 빠른 언어quick language의 전달력이 높을 뿐 아니라, 보다 '근대적인 것으로' 보임으로써 진보와 사회정의의 요구에 더 부합한 것처럼 보인 측면이 있었다는 것이다.

2) 종합학교 실험학교에서의 개혁 시도

스웨덴에서 1940년대부터 1972년까지 이루어진 일련의 교육개혁은 기존 교육을 전면적으로 변화시켰다. 1946년에 구성된 학교위원회에 의해 1948년에 학교개혁에 대한 제안이 발표되었고, 1950년 스웨덴의 회는 새로운 체제에 따른 시범 운영을 10년간 결정했다. 1962년에는 의무교육 단계, 1972년에는 후기중등교육을 포함한 전체 체계에 대한 개혁이 완성되었다.장신미, 2012; 이윤미·장신미, 2011 이 장에서는 종합학교제도 가 완성되기 전에 제도 내부 개혁을 위해 시도되었던 활동들을 검토 하고자 한다. 특히 1946년 학교위원회가 추진한 노동학교 계획working school pedagogy, arbetsskola은 기존의 체제 내에서 실험적 학교들을 대상 으로 한 활동의 단면을 드러내는데, 현실 적합한 교육 방식을 도출하 기 위한 당시의 제도적 절차는 주목할 만하다.

다른 유럽 국가들과 마찬가지로, 1960년대 이전의 스웨덴의 중등교 육체제는 복선제의 형태를 취하고 있었다. 전기 중등교육기관인 문법 학교/중학교와 후기 중등교육기관인 김나지움으로 이어지는 대학진학 예비학교들과 공립 직업학교 및 사립 기술학교들이 계급·계층별로 분 화되어 병렬적으로 공존하였다. 스웨덴에서 종합학교 개혁은 복선제 에 대한 문제 제기로부터 1920년대 이래 본격적으로 논의되다가 대공 황으로 인한 잠복기를 거쳐 1930년대 말 이후 다시 관심이 불거졌다. 특히 산업화의 진전에 따라 증대하는 교육 요구에 대응하여 중등교 육 기회를 확대해야 하는 상황에서 기존의 복선제가 국가적·사회적 통합에 대한 요구와 맞지 않다는 여론이 형성되었다.Boucher, 1982: 16-23; Paulston, 1968: 77-87

1945년 사민당이 단독 집권하게 되면서 복선제를 옹호하던 친독일적 성향의 보수적 학문 진영의 리더십이 약화되고 취약해진 보수당 등 정치적 우파가 대항적인 교육 담론을 내세우지 못하는 가운데, 사민당이 주창한 평등과 통합의 민주주의의 원리에 따라 교육체제를 개편하게 되었다. 1946년에 의무교육 개혁을 위한 학교위원회가 새롭게 구성되었고 이 위원회는 기존의 모든 초등학교와 전기중등학교들을 9년제 종합학교로 통합하는 개혁안을 제출하였다. 보고서가 발표되자 이의 교육적·사회적 효과성에 대한 논쟁이 대중적으로 전개되어 찬반양론을 형성했다.[3]

1948년에 사민당은 10년의 시범 운영을 제안하였고, 시범 운영의 결과를 본 후 종합학교 도입을 결정한다는 수정된 법안이 의회를 통과하였다.Lindensjö, 1992: 321-322; Paulston, 1968: 136-138 1950년부터 시작된 종합학교 시범 운영은 1950년대 중반부터 급속하게 확산되었다.Husén, 1965: 187, Norinder, 1957: 259-260 1956년에 의회는 종합학교 도입을 사실상 확정했다.Boucher, 1982: 37 이 결과 12년에 걸친 시범 운영 끝에 1962년 9년제 종합학교가 시작되면서 후기중등교육체제 개혁도 본격화되었다. 1968년에 교육과정상 계열 분리를 폐지한 완전 통합학교체제로 변화하면서 1969년 종합학교 개혁이 완료되었다. 9학년 계열 분리를 폐지하고 공통 교과의 이수 단위를 늘린 새로운 교육과정이 시행되었고, 여학교가 폐지되면서 모든 종합학교가 공학화했다. 이로써 전기중등교육의 통합이 완성되었고 의무교육 단계에서 복선제는 완전히 사라졌다.Boucher, 1982: 31 표는 1940년대 후반부터 1957년까지 종합학교를 채택한 지역구의 확대 추이를 보여준다. 1958/59년에는 142개 지역,

---

3. 9년제 종합학교안에 대하여 LO, 초등교사노조, 협동조합운동, 인민고등학교운동 등 대중운동을 전개해온 단체들이 찬성 진영을, 중등교사노조, 교수 등의 교육 전문가, 보수적인 언론들이 반대 진영을 형성하였다.

1959/60년에는 217개 지역으로 급속히 확대된다.^{Husén, 1965: 187; 장신미,}
2012: 53-54

9년제 종합학교 증가 추이(지역구 수와 유형, 교사 수, 학생 수)

종합학교 시작 연도	지역구(district)의 수와 유형				교사 수	학생 수
	농촌	혼합	도시	총계		
1949~1950	4	4	6	14	172	2500
1950~1951	5	5	10	20	379	7500
1951~1952	5	6	14	25	682	14600
1952~1953	5	7	18	30	1009	22700
1953~1954	8	8	21	37	1525	35800
1954~1955	9	10	27	46	2516	61500
1955~1956	9	14	36	59	3394	85000
1956~1957	16	18	37	71	4393	110500

출처: Norinder, 1957, p. 260

이러한 실험학교들은 어떤 교육을 했는가? 제도개혁 과정만큼 교수
학습과 관련한 개혁에 대해서는 알려진 바가 많지 않다. 1946년 학교
위원회의 가장 큰 관심은 노동과 학습을 결합하는 교육working school
pedagogy, arbetsskola이었다. 이원론의 극복을 위해 노동학교 등 학습과
노동을 결합하는 문제가 중요했는데 유럽과 미국의 다양한 이론적, 실
천적 교육 흐름들이 당시 스웨덴 교육계에 영향을 주었다.^{Marklund, 1995:}
257-360

노동교육자들은 전통적 교과 중심, 지성 중심의 교육을 거부하
고 감성 등의 비지적 측면을 강조하며 손노동과 실제적이고 심미
적 교과들을 중시했다. 1950년대에 예테보리대학의 존 엘그렌John
Elmgren(1904~1990) 교수는 이러한 교육관을 다음과 같은 원리로 정리

했다.Marklund, 1995: 360-361, 재인용

- 아동의 발달이 중심적 주제가 되어야 한다.
- 동기유발 요인이 상이나 벌이 아니라 과제 자체에 대한 진정한 흥미에 기초해야 한다.
- 학교는 아동을 아동으로서 허용해줘야 하며 아동의 권리를 존중해야 한다.
- 아동교육의 목표는 지식뿐 아니라 노동 및 학습 습관, 독립성, 주도성, 용기, 협력 등이다
- 자기주도적 활동은 신체적이고 지성적인 측면을 모두 충족시켜야 한다.
- 자기주도적 활동의 요구는 집단 활동, 경쟁과 협력 등의 사회적 가치들과 연관되어야 한다.
- 교육자들의 우선적인 과제는 숙제를 부과하는 대신 흥미를 자극하고 활동을 독려하며 학생이 자신의 활동을 스스로 계획할 수 있도록 하는 것이다.
- 개별화 원리는 학생의 지적 발달, 재능과 천부적 능력 등에 대한 철저한 지식을 전제해야 하며 각 학생의 필요에 맞는 교수 방법과 과제를 적용하는 것이다.
- 교수는 학생의 특징에 맞추어 차별화되고 개별화되어야 한다(이는 1950년에서 1962년 사이 새로운 학교체제의 예비 교육과정 구성 과정에서 핵심적 문제가 되었던 원리이다).

이러한 노동교육 아이디어는 개별 교과로서 다루어지는 것이 아니라 교육 전반에 걸쳐 적용되어야 하는 것이기 때문에 현장에서의 실

행이 쉽지 않은 문제였다. 1946년 학교위원회는 이를 보편적으로 적용하기 위한 방안으로 실험학교 교사들을 참여시키는 정책적 절차들을 시행했다. 위원회에서는 당시 학교현장에서 교육적 실험들이 어떻게 이루어지고 있고 이루어질 수 있는지를 확인하기 위해 교원단체와 각급학교에 공문을 보내 교육 사례 보고서를 제출하도록 요청했다.

이 결과 총 850개의 보고서가 수합되었다. 이 중 1/3은 전기중등남녀학교의 보고였고, 2/3는 초등학교로부터 보고되었다. 이들 보고서의 내용은 상당히 부분적이고 개별적 사례들에 기초하고 있어서 교육 방법적으로 일반화하여 끌어낼 수 있는 것들이 많지 않았던 것으로 평가된다. 개별 사례 중심이어서 보고서 간에 직접적 연관을 찾기 어려웠고, 전통적 관점에서 본다면 보편적으로 적용하거나 일반화할 수 있는 내용이 거의 없다고 할 수도 있었다.

그러나 이들 보고서에 대한 분석을 수행한 마르클룬드Marklund[1995: 362]에 의하면, 보고서 작성 과정에서 교사들이 방법론적인 메타적 태도educational methodological meta attitude를 갖게 되었음을 확인할 수 있다. 즉 기술적 절차 자체보다도 보고자들의 관심과 관여, 탐구에 대한 개방성과 의지, 학교에서 실현가능한 것과 그렇지 않은 것에 대한 감수성 등이 나타나고 있는 점이 중요하다는 것이다. 또한 이들의 실험 중 재현 가능한 것이 있다면 교사들의 교과협의회subject conferences for teachers였다고 평가되는데, 이러한 협의가 학교들에서 주기적으로 이루어지고 있었다. 마르클룬드[1995: 363]는 1940년대만 해도 이러한 교사협의회는 새로운 현상이었다고 지적하면서 비록 당시의 실험들이 현대적 관점에서 볼 때 그 수준이 높지 않지만 새로운 교육개선을 위한 해결방법들이 교사 스스로에 의해 제시되고 있는 점을 주시하고 있다.[4]

개혁 과정에서 가장 중요한 변수는 교사라고 해도 과언이 아니다.

스웨덴에서도 전반적인 학교개혁의 과정에서 가장 문제가 된 것은 교사교육이었다. 1940년대 이후 베이비붐으로 인해 취학생 수가 급증함에 따라 대중교육 확대의 필요성에 대한 인식은 높아졌지만, 교사부족과 교사교육이 문제시되었다. 1950년대 실험학교 운영시기에 이러한 양상은 두드러져 1953년에는 교사 부족 문제가 가시화되었다. 교육개혁의 진행에 따라, 1950년대 중반 이후 교사교육체계가 스톡홀름1956, 말뫼1959, 예테보리1962, 웁살라1964 등 주요 도시를 중심으로 구축되었고, 1968년에는 새롭게 통합된 의무교육체제에서 교사교육이 본격적으로 개편되었다. 교육체제의 변화가 이루어진 속도나 폭에 비해 볼 때 교사교육 개혁은 상당히 더디게 추진된 점을 확인할 수 있다. 현직교사 교육의 경우도 1962년에 들어서야 전국 규모의 교육체계가 갖추어졌다.Marklund, 1995: 367

1950년대에 실험학교에 재직 중인 교사들은 새로운 시도를 하도록 기대되었다. 이들은 자문단의 컨설팅을 받았으며, 연수에 참여하고 교사협의회에 참가했다. 교실 수준에서 이루어지는 개별적 실험들을 보고하도록 요청되었고 설문조사에 응해야 했다. 이러한 행정적 요구는 교사들이 스스로의 일상적 교육활동을 실험적으로 유지하는 데에 기

---

4. 이러한 초기 개혁노력에도 불구하고, 결과적으로 노동학교 계획은 그 이후의 개혁 과정에서 크게 반영되지 않았다. 노동학교안이 종합학교를 위한 실험학교 운영 과정에서 크게 반영되지 못한 것은 다음과 같은 이유라고 분석된다. 첫째는 노동학교 계획이 아이디어 수준에서 논의되고 실제로 적용된 것은 매우 제한적이기 때문이다. 둘째는 노동학교를 위한 실험들이 기존의 복선제적 체제에서 이루어졌기 때문에 새로운 통합학교 모델과 맞지 않았고, 따라서 850개교의 실험이 이루어진 맥락과 매우 달랐기 때문이다. 셋째는 노동학교 계획이 실제 운영자인 교사들에게 많은 부담을 주었기 때문이다. 넷째는 통합학교에서 교사들에게 요구될 많은 부담에 대한 관심이 약했는데 특히 재정 지원에 대한 고려가 적어서, 교사 선발 및 훈련, 교사 근무조건과 임금 등에 대해 무관심함으로써 기존 복선제 체제와 크게 다르지 않은 구조가 유지되었다는 것이다. 마르클룬드에 의하면 교육개혁은 정치적 지원을 필요로 하는데, 학교 내부의 개혁을 위한 재정적, 행정적 변화에 대한 고려가 약했다고 지적한다(Marklund, 1995: 364-365).

여한 것으로 평가된다. 그러나 1957년 이후 실험의 규모가 커지자 국가교육위원회의 방침이 바뀌게 되는데, 1958년 이후에는 개인에게 요구하는 보고서를 없애고 전체적인 경향만 파악하는 방향으로 나아갔다. 이에 따라 교사들 내부에서는 실험의 의지가 희석되고 복선제 학교 제도에서의 문제들이 다시 불거진 것으로 지적된다. 이런 가운데 1962년 종합학교 전면 도입 과정에서 이론 교과와 실제 교과 간의 계열 분화를 수용하는 타협안에 동의하게 되었다.^{장신미, 2012: Marklund, 1995: 367}[5]

이상의 과정을 볼 때 실험학교에서의 개혁은 이전까지 일부 교육자들을 중심으로 이론적으로 논의되거나 부분적으로 도입되었던 진보주의 교육을 확대 보급하는 과정이었다고 볼 수 있고, 그 과정은 순탄하지만은 않았음을 알 수 있다. 마르클룬드^{1995: 368}는 외부적 학교조직개혁(복선제 폐지)에 비해 내부적 교수학습과정(진보주의 교육)에 대한 관심이 낮았던 점을 지적하는데, 이는 개혁 과정이 지니는 특성을 잘 드러내주는 평가라고 할 수 있다.

스웨덴 종합학교 실험학교 운영 과정에서 드러나는 특징은 다음과 같이 정리해볼 수 있을 것이다. 첫째는 교육개혁을 위해 10년간의 실험 기간을 설정하고 현장 적합성과 교육계의 동의를 이끌어내고 있는 점이다. 둘째는 노동학교 계획 등 운영의 철학과 방향이 현장 안에서 도출될 수 있도록 기성의 모델을 하향식으로 제시하기보다 현장으로부터 개별 실천 사례들을 수집하고 참고한 점이다. 셋째는 개혁의 방향을 위원회가 관리하면서도 교사들을 실험의 주체로 세움으로써 개

---

5. 이후 이론 교과에 대한 쏠림 현상을 극복하기 위해 계열폐지 및 완전 통합이 이루어짐으로써 국가교육과정은 1969년과 1980년에 재차 개편되게 된다(장신미, 2012).

혁 과정에 대한 전문적 협력체제(교사협의회)가 자발적으로 구축되도록 하고 교사들이 교육 주체로서의 메타적 관점을 형성하도록 했다는 점이다. 넷째는 취학자 수 급증과 교사 부족에 의한 교육 여건 악화로 실험 운영이 순조롭게 이루어지지 못하고, 제도개혁이 '정치적으로' 결정됨으로써 현장 교육을 이끌 교사진이 충분히 준비되지 않은 상태에서 개혁의 과정이 이어진 점이다.

4. 종합학교 개혁 이후의 전개

1) 복지국가로서의 스웨덴과 사회민주주의

스웨덴의 종합학교 개혁은 집권 정당인 사회민주당 주도에 의해 이루어진 중등학교 개혁으로 전통적 복선제를 통합형으로 전환한 매우 중요한 변화이다. 유럽에서 최초로 성공했을 뿐 아니라 고교 단계까지 12년간의 통합을 이루어냄으로써 핀란드 등 북유럽의 유사 국가들과도 차별성을 드러낸다. 이러한 개혁의 배경에는 19세기 말 이래의 진보주의 교육의 흐름이 그 바탕이 되고 있다. 스웨덴은 1990년대까지도 사립학교의 비중이 극히 낮은 국가로 소수 사례를 제외하고는 학령기 제도교육 밖의 대안적 교육체제의 발달이 활발히 이루어졌다고 보기 어렵고 주로 국가 시스템에 의한 교육운영이 이루어져왔다고 할 수 있다.

이러한 스웨덴의 개혁 배경에는 북유럽 복지국가적 특성이 있다. 주지하다시피, 스웨덴은 북유럽의 대표적 국가로 소위 스칸디나비아형 복지국가 모델의 전형으로 인식되어왔다. 소위 '스웨덴 모델'은 덴마크, 노르웨이, 핀란드, 아이슬란드 등 여타 북유럽 국가의 모델이 되었다.[6]Esping-Andersen, 1992; Esping-Andersen, 1998; Telhaug et al.; 2006; Steinmo, 2010

스웨덴식 사회민주주의의 사회 운영 원리는 계급투쟁보다는 '인민의 집(Folkhem 혹은 People's Home)'으로 상징되는[7] '계급연대' 정책이라고 할 수 있으며, 강력한 실용노선에 의해 지배되어왔다.Misgeld et al., 1992 성장과 분배의 균형, 효율과 평등의 균형, 그리고 이를 이루기 위한 정치적 타협compromise과 합의consensus의 창출 과정은 스웨덴의 정치철학을 표현해주는 핵심적 용어들이다.김인춘, 2007

교육은 사회전체 노동력 재생산의 매우 중요한 기제가 될 뿐 아니라 개인의 복지 실현에 중요한 기반이다. 스웨덴에서의 교육은 초등교육에서부터 고등교육까지의 전면 무상교육을 특징으로 한다. 의무교육은 9년이지만 무상교육의 연한은 대학원 박사과정 교육까지 포괄한다. 이는 교육의 기회나 효과가 개인의 사유물이 아니라 사회적 공유물임을 의미한다. 교육은 사회적 권리이자 공적 자산의 일부이지 개인적 특권이 아니다. 특히 사회민주당 정권에 의해서 1962년부터 실시된 종합학교 개혁은 스웨덴 사회를 지탱해온 '연대(solidarity; 스웨덴어로는 solidaritet)'의 철학을 반영하는 것이다. 스웨덴에서의 연대는 약자

---

6. 에스핑 앤더슨(G. Esping-Andersen)은 구미 국가들에서의 복지국가의 성격을 크게 자유주의(미국, 영국), 보수(조합)주의(유럽대륙 국가), 사회민주주의(스칸디나비아 국가)의 세 가지 전형으로 나누고, 스웨덴을 대표로 한 사회민주주의적 복지국가를 타 유형과 구분한 바 있다. 이 구분에 의하면 탈상품화(사회권으로서의 복지), 계층화(보편주의), 국가/가족주의 등을 기준으로 볼 때 북유럽 사회민주주의 복지국가들은 자산조사(means-test)에 근거한 잔여적 복지를 중심으로 한 영미 자유주의나 직업이나 소득을 기반으로 복지제도를 운영해온 유럽 대륙 국가들과는 다른 특징을 보여왔다. 직종이나 기여도와 무관하게 보편주의 원리에 의해 복지를 제공하고 가족에 대한 복지 의존을 최소화했다. 완전고용을 통하여 생산적 복지를 추구해왔고 보편주의를 기반으로 연금이나 의료보험을 제공해왔으며 탁아보육 등 모성보호정책을 통해 고용상의 남녀평등을 실현해왔다.

7. 1930년대 이후(Per Albin Hansson 수상 시기) 스웨덴 사민당의 정책철학을 대표해온 용어이다.

와 함께 하는 것을 의미한다.Miron, 1998 경쟁보다는 협동을 중시하고 평등과 민주주의적 가치를 중시하는 교육을 해왔다.

요컨대, 스웨덴에서는 국가에 의한 높은 교육투자가 유지되어 세계 최고 수준에 이르며, 교원의 조직화를 기반으로 한 높은 지위 유지, 의무교육의 탈복선화(종합학교), 평생학습 사회 구축(고등교육 무상화, 개방적 성인 정규교육 기회) 등이 특징적이다. 이러한 교육제도 운영의 철학도 사회제도 운영 원리와 동일하게 경제적 목적과 사회적 목적을 동시 기반으로 한다. 즉 교육은 한편으로는 경제성장의 기초로 인식됨과 동시에 사회적으로는 모든 인간의 성장 기회를 제공하는 것으로, 경쟁의식보다는 평등과 공동체/연대를 기반으로 해야 함을 기본 가치로 추구되어왔다고 할 수 있다.

2) 종합학교 개혁의 완성과 진보주의 교육의 제도화-갈등과 도전

종합학교 개혁이 사민당에 의해 주도되면서 다른 나라들에 비해 진보주의 교육의 제도화가 용이하고 효과적으로 이루어진 측면이 있지만 이 과정이 순탄하게 이루어졌던 것만은 아니며 당시의 정치적, 경제적, 사회적 제반 조건들이 맞물려서 이루어진 것이라고 봐야 할 것이다.[8]

종합학교 추진과정에서 중등교육 개혁의 가장 강력한 반대 집단은 중등 교사들이었다. 1948년 전기 중등학교의 통합안을 담은 시범적 계획안이 제시되었을 때와 1950년에 9년제 의무 종합학교 시범 운영 법안이 통과될 때부터 압도적 다수의 중등 교사들이 이를 반대했고, 1962년에 각 당이 종합학교 법안을 최종 통과시키기로 원내 합의를

---

8. 장신미(2012), 「스웨덴 후기중등교육체제의 형성」, 홍익대학교 박사학위논문 참조.

이루었을 때에도 이 합의를 강력하게 비판했다. 반대의 이유는 종합화로 인해 중등 교사들의 근무 여건과 처우가 악화될 것에 대한 우려였다. 초등 교사에 비해 우월적 지위와 보수를 누리며 엘리트 교육을 담당하던 중등 교사들은 통합화 과정을 지위하락으로 이해했다. 하지만 1962년 9년제 의무 종합학교 법안이 사민당, 자유당, 보수당 간의 합의로 통과되고 종합학교에 대한 여론의 지지가 높아지자 중등 교사들도 이어질 후기 중등교육체제 개혁 계획에 협조하기로 방침을 정했다. 그러나 곧이어 우려했던 보수 삭감이 진행되면서 중등 교사들의 격렬한 저항이 전개되었다. 개혁을 추진하면서 사민당 정부는 중등학교 취학률을 85%까지 끌어 올리는 것을 목표로 삼았는데 이는 학급 증설과 교사 증원 등에 막대한 예산이 투입되는 일이었다. 소요 예산을 줄이기 위해 정부는 중등 교사의 보수를 삭감하였다. 당시 중등 교사는 초등 교사와 다른 직종에 비해 높은 보수를 받고 있었는데 초등 교사와의 격차 해소라는 명분으로 이들의 보수가 삭감된 것이다.

이에 대해 중등교사노조(Lärarnas Riskförbund, 이하 LR)는 1966년과 1971년 두 번의 격렬한 파업으로 저항하였다. 그러나 1966년의 파업에서 LR은 여론의 지지를 받지 못하고 고립되었다. 초등 교사와의 보수 일원화를 통해 교사 간 차별을 해소하겠다는 정부의 제안은 이후 사민당 총선 캠페인 주제인 '평등화' 이데올로기에 대한 인기로 연결되어 대중적 지지를 얻었고, 이 과정에서 LR의 파업은 고립되었다. 전반적 지지 속에 사민당 정부는 1971년의 스웨덴전문직조합연맹 SACO(The Swedish Confederation of Professional Associations) 파업을 강력하게 막았고 결국 중등 교사들은 자신들의 우월적 기득권을 상실하게 되었다.Heidenheimer, 1976 현재까지도 스웨덴의 교사노조는 초등교사중심노조(Lärarförbundet, LF)와 중등교사중심노조(Lärarnas Riskförbund,

LR)로 구분되어 있으며 전자는 유·보육 교사, 직업계 교사 등도 포괄하여 규모가 크다.

후기중등학교에서의 통합과정은 지속되어 1991년에 후기중등교육 개편안이 의회에서 통과되었다. 변화의 핵심은 공통 일반 교과의 확대를 통한 이론교육과 직업교육의 통합 강화와 3년제로의 교육 기간 통일이었다. 이로써 직업계열 학생들에게도 졸업과 동시에 대학 입학 자격이 부여되었다.Lundahl et al., 2010: 49-50: Lundgren, 2007: 14-15[9] 보수당과 자유당은 반대했지만 사민당과 LO는 변화하는 환경에서 생애 학습 능력을 제고하기 위해서는 모든 사람에게 폭넓은 지식이 제공되어야 한다고 보았다. 개혁안은 의회에서 통과되어 1994년에 새로운 후기중등교육과정이 시작되었다. 후기중등교육의 개혁은 1970년대에 고입 및 대입시험의 폐지(학교성적으로 진학), 성인 입학 기회의 확대 등 고등교육 개혁으로 이어졌다.

3) 도전과 쟁점-1990년대 이후의 변화

가. 사민당 헤게모니 약화와 사회문화적 변화

1970년대 급진적 사회운동의 영향과 신중간층의 성장, 그리고 1980년대의 신자유주의적 세계화의 영향으로 사회민주주의의 전통적 헤게모니가 약화되었다. 1930년대 이래 지배 정당이었던 사회민주당은 선거에서의 패배로 1976~1978년, 1979~1981년, 1991~1994년, 그리고 2006년 이후 2014년까지, 보수연합(보수당 중심)에게 정권을 넘겨준 바

---

9. 최근(2011년), 통합형 후기중등학교 내 일반계열과 직업계열의 교육과정 및 대학입학 자격 부여가 차등화되는 방향으로 개편이 이루어진 바 있다(Skolverket, 2013).

있다. 1970~1980년대의 사회문화 변화로 인해 개인의 자유와 자아실현 등이 연대와 통합의 이념을 대체하기 시작하였고 선택의 자유가 부각되었다. 사회민주당에 비해 미약했던 계급정당인 보수당(귀족, 자산계급 등 구보수세력)과 자유당(중간계급 및 신중간계급)의 세력이 커지는 한편, 인권, 환경, 평화 등 신좌파적 정책을 표방하는 환경당(녹색당)이 성장하여 새로운 정치적 지형을 형성하게 되었다.^{이윤미·손지희, 2010}

사민당을 중심으로 한 소위 '스웨덴 모델'은 1970년대 전성기를 지난 후 여러 차례의 도전에 직면해왔다. 1932년 이후 사민당 지배와 연동되어 있던 스웨덴 모델의 도전과 위기와 관련해서는 세 가지 계기를 주목할 수 있다. 첫째는 사민당이 44년 만에 처음으로 선거 패배를 통해 실권(1976년)을 한 1970년대의 위기이며, 두 번째는 총선에서 1928년 이래 가장 낮은 지지율인 37.7%를 기록한 1990년대 초(1991년) 이후이다. 세 번째는 중도보수연합정권(Center-Right, 이하 우파연합정권)에 의한 네 번째 집권인 2000년대 중반 이후(2006년)를 언급할 수 있다. 1970년대의 경우 전 세계적 경제위기와 스웨덴 사회 내부 변화로 인한 사회문화적 도전이 계기가 되었다면, 1990년대 이후는 우파연합정권의 집권과 신자유주의영향, 그리고 EU 가입으로 인한 국제적 압력이 중요한 배경이 되었다고 볼 수 있다. 스웨덴 모델은 1970년대 유가파동 이후 경제적 위기에 직면하여 도전받기 시작했고, 신중간계급의 등장으로 기존의 노조체제와 협상 방식 등에 변화가 요구되었다. 경제위기로 인해 스웨덴 사회 운영의 기반이 되어온 성장과 분배의 동시 추진에 재생산 위기가 왔다. 이를 산업사회적 토대에서 발전해온 스웨덴식 복지국가 모델이 후기산업사회에 맞게 재적응하는 과정이라고 보는 시각도 있다.^{Esping-Andersen, 1992; Aasen, 2003}

한편, 1970년대 유럽 신좌파New left 운동의 영향으로 전통적 사민주의에 대한 비판이 제기되었다. 중앙집권화한 강력한 국가체제에 대한 비판이 제기되고, 분권화와 민주화, 개인의 자유와 선택권 등이 강조되었다. 특히 사회민주당의 기반 세력이었던 산업노동자들과 달리 후기산업사회로 들어서면서 다양한 직종들을 중심으로 신중간계급이 형성되고, 탈산업사회적 가치들(환경 등)이 부각되는 것도 사민당의 세력을 사회문화적 차원에서 상대적으로 약화시키는 배경이 되었다.

스웨덴에서의 신좌파 또한 유럽의 68혁명세대와 같은 흐름 속에서 급진적 문화변혁에 대한 요구를 피력했다. 특히 서구적 이성주의와 산업사회적 합리성에 대해 의문시하고 개인의 자유와 참여적 민주주의를 주장했다. 1940년대부터 시작된 스웨덴사민당 교육개혁의 기본 배경은 (당시로서는 선진적 제도였던) 미국식 진보주의였다. 이때의 진보주의는 전통주의에 대응한 것으로 과학주의를 기반으로 한 것이었다. 인문주의를 기반으로 한 유럽의 전통성에 대응할 '과학주의'가 계량심리학pyschometrics의 발달과 함께 크게 영향을 주었다. 스웨덴에서 진보주의 이념은 전통적 복선제를 해체하고 단선제적 종합학교체제를 구축하는 이념적 기반이 되었음과 동시에 사회에서의 '과학주의적' 기획-경영을 중시하는 사회적 공학social engineering으로 나타나기도 했다. 뿐만 아니라 과학적 합리성을 기반으로 한 계량심리학의 영향을 크게 받아 주관적이고 철학적 지식보다는 객관적이고 표준화된 지식에 대한 선호도 강해졌다.Lundahl & Waldow, 2009[10]

1970년대 이후에 나타난 새로운 학문적 경향은 과학적 합리성과 표

---

10. 미국에서도 '진보=과학'이라는 등식이 한편으로는 탈전통/권위주의적인 진보주의 교육사상을 낳음과 동시에, 사회적 효율성 원리(social efficiency)를 기반으로 한 산업경영논리와 결합되었던 것과 유사하다. 이는 정신과학적이고 해석적 경향이 강한 독일에서 계량심리학적 학문이 유사하게 도입되었지만 뿌리내리지 못한 것과는 비교되는데, 스웨덴은 사회조직 운영 원리뿐 아니라 학문적으로도 상당히 실용적이다.

준화를 비판하는 흐름으로 나타났다. 프랑크푸르트학파의 문화주의적 마르크시즘이나 페미니즘 등의 영향이 두드러졌다. 이러한 개혁 요구는 1980년대 이후 스웨덴 정치체제에 대한 변화를 이끌어내는 데 주요 요인이 되었다. 특히 중앙집권화된 체제를 분권화된 체제로 바꾸는 과정에서 이러한 요구는 매우 크게 작용했다고 할 수 있다.

1970년대에 제기된 이러한 경제적, 사회문화적 도전들은 스웨덴 모델의 근간이 된 사민당 정권의 정책이 전환되는 데 영향을 주었다고 할 수 있다. 이러한 도전을 통해 스웨덴 사회는 장기 여당인 사회민주당의 강력한 영향력을 다소 벗어나게 되었다. 기존에 미약했던 계급 정당인 보수당(귀족, 자산계급 등 구보수세력), 자유당(중간계급 및 신중간계급)이 상대적으로 득세하고, 다른 한편으로는 신좌파적 정책(인권, 환경, 평화 등)을 표방하는 환경당(녹색당)이 성장하여 새로운 정치적 지형을 형성하게 되었다. 이러한 변화를 기반으로 하여 1990년대 이후에는 교육정책을 포함한 사회정책에 대한 활발한 개혁 논의가 전개되었다.

나. 1990년대 이후 신자유주의와 자율, 분권화, 선택의 양면성

1990년대 초부터 시작된 개혁으로 인해 스웨덴에서의 교육정책 기조는 기존과는 다른 방식으로 전환되었다. 소위 평가적 국가evaluative state가 강화되었다고 볼 수 있다. 평가적 국가는 1980년대 이후 영미를 위시로 하여 서구 국가들에서 나타난 국가개입 방식의 변화를 반영하는 것으로, 법령에 근거한 전통적인 중앙집권적 국가통제 방식으로 벗어나 기획·투입 부문에서의 분권화가 이루어지는 대신 결과에 대한 평가기능이 강화되는 것을 의미한다. 평가적 국가의 강화는 국가별로 다양한 요인과 메커니즘에 의해 이루어져왔다.Neave, 1998

1990년대 이후 스웨덴에서 국가의 역할은 기획과 과정의 통제로부터 결과에 대한 평가를 통한 통제, 규칙에 의한 통치로부터 목표에 의한 통치, 조종과 감독으로부터 모니터링과 평가를 통한 거버넌스 방식으로 전환되었다.Aasen, 2003; Miron, 1998; Papadopoulos, 1993; Björklund et al., 2005 즉, 국가의 역할이 목표를 설정하고 결과를 평가하는 것으로 전환되었다고 할 수 있다. 이 과정에서 스웨덴의 중앙집권적 의사결정 방식이 바뀌고 상당한 정도의 분권화가 진행되었다.

스웨덴에서 이루어진 분권화는 양면성을 가지고 있다. 1970년대 신좌파운동 이래 아래로부터의 참여와 민주주의에 대한 요구가 신자유주의적 자율화 논리와 결합되는 점이 그것이다. 분권화decentralization 문제는 이런 점에서 스웨덴에서는 매우 미묘한 문제로 다루어지는 경향이 있다. 분권화를 민주화와 동일하게 보고자 했던 세력에게 최근의 신자유주의적 통제논리는 다소 다른 기원을 가진 것으로 보이기 때문이다.Forsberg & Lundgren, 2004

즉, 한편으로 분권화는 민주화를 의미하는 것이었고, 다른 한편으로는 신자유주의적 자율/통제의 틀을 갖고 있다. 이미 사민당 정권 아래에서 분권화는 탈규제와 민주화라는 맥락에서 1970년대와 1980년대에 논의되어왔다. 1990년대 이전, 사민당은 분권화를 통치전략으로 강조하면서 학교들이 평등화(계급, 젠더, 지역차이)를 보다 효과적으로 실현하기 위해서는 지역 단위의 행정권한 위임이 필요하다고 보았는데, 이는 기본적으로 참여적 민주주의를 확대하고자 하는 것이었다. 그런데 이러한 분권화가 추진되는 과정에서 신자유주의적 논리가 영향을 미치기 시작했다. 특히 교육 외적 세력들인 경제학자, 정치인, 언론인 등을 중심으로 기존의 학교들이 효율적이지 못하고 너무 비싸고 너무 획일적이라는 비판이 일었다.

넓게 보면, 이러한 변화의 배경에는 1980년대 이후의 국제사회 변화가 크게 작용했다고 할 수 있다. 특히 냉전체제 종식과 동구권 몰락은 시장의 위력을 강화시켰고 참여적 민주주의와 자유에 대한 논의도 활성화시켰다. 특히 공교육에 대한 비판과 교육에서의 민주적 참여 문제는 스웨덴에 영향을 주어 학부모와 지역정치인들의 교육적 영향력 제고와 중앙정부의 지나친 규제와 획일성에 대한 비판이 이루어졌다.^{Miron, 1998: 155} 공교육의 효과성에 대한 비판과 복지국가체제에 대한 비판이 제기되면서 기존의 시스템에 대한 개혁 논의가 전개되었고, 이는 분권화와 민영화 논의로 나타났다. 정책 목표 또한 평등, 민주주의, 연대에 대한 강조로부터 효율성, 질, 개인의 자유의 문제로 전환되었는데, 세계적 추세가 스웨덴에 영향을 준 것이라고 할 수 있다. 분권화와 민영화(시장화)에 대해서는 찬성과 반대 입장이 팽팽하게 맞서 왔다. 효율성과 질 제고에 기여할 것이라는 입장과 사회 불평등을 심화할 것이라는 입장 사이의 갈등이 그것이다.^{Miron, 1998: 169} 이러한 분권화의 결과로 교육에서 자율에 대한 강조가 확대되었고, 이에 따른 책무성 문제도 학교평가나 국가수준학업성취도평가 등을 통해 부각되게 되었다.¹¹

---

11. 1990년대 이후 스웨덴에서는 행정체제 및 교육체제 운영상의 변화(분권화, 민영화)와 국가기능의 변화(평가)가 함께 나타났다. 스웨덴 교육에서 분권화 및 자율성 강화에 따른 책무성 점검 체제는 크게 학교평가와 국가수준학업성취도평가로 나타나고 있다. 스웨덴에서 학교평가는 학교평가청(Skolinspektionen)이라는 별도의 기구에서 질 관리와 관련한 제반 사항들을 관장하고, 국가학업성취도평가는 국가교육청(National Agency of Education: 스웨덴어로는 Skolverket)에서 출제와 시행을 담당하고 있다. 학교평가청은 2009년에 설립된 신설 기구(그 이전에는 국가교육청 혹은 Skolverket의 일부)로서 여기서 담당하는 정기적 학교평가 업무에는 공사립학교에 대한 정기 장학/감사(사립학교에 대한 인가 취소 포함)와 국가수준 학업성취도평가의 결과 관리 등이 모두 포함된다. 정기 학교평가에서는 학교장이 법과 규칙에 근거하여 학교를 운영하는지를 중심적으로 파악한다. 학교평가에서는 학생들이 안전한 환경에서 동등한 권리를 가지고 좋은 교육을 받는지를 확인하며, 모든 과목에서 최소 기준점(통과, G)을 받을 수 있도록 점검하고자 한다. 학교평가는 교육법과 각종 규정, 교육과정 및 교수요목에 근거하며 평가에서 주안점을 두는 사항은 결과의 효과성, 행정관리, 학습 환경, 개별 학생의 교육권

1980년대 후반과 1990년대 초에 걸쳐 이루어진 분권화와 선택의 자유 등에 기초한 개혁은 결국 스웨덴 사회의 핵심적 가치인 통합과 평등에 대한 도전이었다고 평가되기도 한다.^{Daun, 2003; Skolverket, 2003} 1970년대 개혁이 사회적 연대를 강조하며 교육 기회를 확대하고 평등화하려는 것에 초점을 두었다면, 보편취학 단계인 1990년대 이후 교육계의 화두는 선택의 자유를 중심으로 한 것이었다.

선택의 자유는 한편으로는 민주주의의 이름으로 주장되었지만, 다른 한편으로는 경제위기, EU 가입, 보수당 집권 등과 결합한 신자유주의 세계화의 영향이 정책담론화한 것으로도 볼 수 있다. '선택의 자유'는 학부모의 학교 선택권school choice에 대한 보장 요구로 구체화되었고, 결국 1992년 사립자율학교independent school에 대해 공립과 동등하게 학생당 공교육비를 지원하는 법안이 통과되었다. 이후 자율학교는 빠르게 증가하여, 1992년에 90개 정도이던 의무교육 단계의 자율학교는 2002년에 539개교로 늘어났고 학생 수 비율 또한 1%에서 5.7%로 증가하였다.

특히 후기중등 단계에서의 증가 속도가 현저해서 2009년 현재 22%의 학생들이 자율학교에 다니고 있고 대도시의 경우 그 비율은 45%를 넘고 있다. 자율학교는 주로 대도시에 설립되는 경향이 있어 도농 지역 간 격차가 크다. 45% 이상의 학생이 자율학교에 다니는 대도시에 비해 농촌지역에서는 단지 2%에 그치고 있다.^{이윤미 · 손지희, 2010}

에 대한 것이다. 또한 학부모나 학생이 민원을 제시하면 (수시로) 감사를 시행할 수 있다(이윤미 · 손지희, 2010).

5. 스웨덴 교육체제의 특징과 시사점

스웨덴의 교육은 종합학교 개혁을 완성한 1970년대에 이미 안정적 궤도에 진입하였고 가장 성공적 제도 중 하나로 세계적 이목을 받은 바 있다.Lindensjö, 1992 스웨덴에서도 현재 교육개혁을 위한 여러 시도들이 나타나고 있는데, 이는 평등성과 성장을 기반으로 하여 이루어져 온 기존의 교육을 보다 질 높고 유연한 시스템으로 전환시키기 위한 노력이라고 할 수 있다.

스웨덴은 9년간의 의무취학과 그에 따른 제반 비용의 공적 부담을 원칙으로 한다. 무상급식 외에도 각종 교구, 교재비용 등이 공적으로 제공된다. 의무교육 단계뿐 아니라 후기중등(고등학교), 고등교육(대학), 성인교육기관 등에서의 교육도 공적으로 지원되며 학업과 관련한 기회를 균등하게 하기 위해 주거비용 등 학업을 방해할 수 있는 요인들을 제도적으로 차단하기 위한 지원 시스템을 갖추고 있다. 이러한 제도의 역사와 안정적 인프라 자체가 스웨덴 교육으로부터 시사받아야 할 점일 것이다. 최근 경기 악화로 실업률이 증가하자 대학 정원을 늘린 사례는 국가사회가 인력 교육과 활용을 합리적으로 하고 있음을 보여주는 것이라고 하겠다.

스웨덴 교육의 시사점을 찾으려면 무엇보다 교육을 바라보는 그들의 기본적 관점을 이해해야 한다. 즉 스웨덴 교육의 기반이 되어온 교육 기회의 평등이라는 정신을 확인해야 하며 한 개인의 평생학습적 관점에서 교육체제가 공적으로 운용되고 있음을 살펴보아야 할 것이다. 스웨덴은 전체 국민을 대상으로 한 보편적 복지를 추구해온 나라이다.

복지수혜가 전 국민의 권리가 아니라 '결핍된 일부'에 해당하는 것으로 인식해온 사회들과 근본적 철학의 차이가 있다고 하겠다. 결핍된 일부에 대해 공적 재원을 지출해야 할 경우 사회는 그 비용을 최소화하고자 하며 복지를 기본권이 아닌 시혜의 대상으로 보게 한다. 그러나 스웨덴에서는 국가 전체가 하나의 가정처럼 약자와 강자가 함께 가는 연대solidarity의 정신을 기반으로 해왔고 국민 모두가 능력만큼 기여하여(세금) 전체 국민의 복지를 높은 수준에서 추구하도록 제도화해왔다. 교육은 개인이 이후에 어떤 삶을 살든 제2, 제3의 기회를 갖도록 하는 데 필수적 기초가 되기 때문에 전체 사회의 발전을 위해서도 적극적으로 제공되어야 한다고 본다. 뿐만 아니라 사회경제적 요인으로 인한 제약이 없도록 무상 지원되어야 하고 필요한 경우 재정 보조가 이루어져야 한다. 이는 교육복지 수혜 대상 아동들에 대해 '거지근성'이 길러진다고 우려하는 한국 교육계 일부의 복지관에 비추어 볼 때 쉽게 이해되기 어려운 차이일 수 있을 것이다. 스웨덴에서 안정화되어 있는 의무무상교육제도는 교육의 '공공성'이 무엇인지에 대해 성찰하도록 하는 제도인 것이다.

19세기 이래 진보주의가 표방해온 반전통주의, 민주주의, 표준화의 관점에 비추어 볼 때 스웨덴에서는 여전히 이러한 요소들이 나름의 균형을 이루고 있는 측면을 보여준다. 미국의 경우 표준화운동이 진보주의로부터 태어났지만 민주주의와 대립되면서 상업주의와 관료주의의 영향 아래 있다면 스웨덴에서는 각종 표준화 기제들을 개인의 발달, 민주주의 등과 긴밀하게 연결하고자 하는 관점이 여전히 작동하고 있다고 하겠다. 이러한 특징은 몇몇 제도들의 운용에서 나타난다.

첫째, 스웨덴 교사들의 교육과정 운영 및 평가 자율성은 높지만, 국가수준학력평가의 실시 과목 수와 학년이 확대되고 있다. 이는 자율적 체제하에서 전국적 공정성 확보를 위한 것이고, 교사들의 평가를 대체하는 효과를 지녀서는 안 된다고 강하게 명시된다. 시험문항 등에도 서술형과 구술형이 포함되어 있어 객관식 일변도의 시험과는 성격이 다르다.^{Skolverket, 2005; 이윤미, 2011}

둘째, 스웨덴에서 1990년대부터 운영해온 개인별발달계획IDP은 학생의 지적, 사회적 발달을 책임지면서 동시에 교사와 학교의 책무성을 강화하려는 취지에서 도입되어 실시되고 있다. 한편으로는 교사들의 업무를 통제하고 표준화하려는 맥락과 연결되어 있지만 학생 개개인의 성장과 발달을 교육의 3주체가 중심이 되어 진단, 공유, 지원하고자 하는 교육적 관심이 반영되어 있다고 할 수 있다.^{심성보 외, 2015}

이러한 표준화 기제들의 적용에도 불구하고 스웨덴의 교육과정 운영은 초기 진보주의가 표방한 특징을 여전히 극대화하여 반영하고 있다고 할 수 있다. 학교 내 학생의 자율 활동이나 자치가 발달해 있으며, 프로젝트 수업, 체험학습 등 학생 경험을 중시하는 교육과정이 운영되고 있다. 수공 및 목공을 포함한 노작교육을 통한 활동 중심적이고 노동 존중적 교육을 강조하고 있으며, 사회성 발달을 매우 중요하게 다룬다.

한편, 스웨덴은 공립학교체제가 강한 북유럽 국가들 중 사립자율학교들의 인가와 학교 선택제 도입을 통해 가장 '시장화'된 체제를 갖추고 있는 나라이다. 학부모와 학생이 선택을 하고, 학교들은 선택되기 위한 프로파일 경쟁을 하고 있다. 도입 초기인 1990년대에 극소수에 불과하던 사립학교들이 지난 20년간 스톡홀름, 말뫼, 예테보리 등 대도시지역을 중심으로 학생 수와 학교 수에서 큰 비중을 차지하며 증가해왔다. 이들 중 일부는 학력 신장 위주의 교육을 통해 기존 공립학교들과 경쟁하고 있어 사회적으로 그 효과와 관련해 논란이 되고 있으며, 수익 창출이 가능한 구조로 되어 있어 거대 학교기업들에 의한 학교 체인점들이 늘어나고 있는 것도 특징이다.

그러나 학생의 입장에서 볼 때 이들 학교에서 별도의 등록금이나 교육비가 들지 않기 때문에 여느 공립학교와 다르지 않은 것이 특징이다. 또한 사립자율학교들은 공립학교들에 비해 더 강력하고 빈번한 정례 감사를 통해 그들의 교육활동을 엄격하게 평가받도록 하고 있으며 그 결과에 따라 국가는 이들 학교에 대해 교육비 지원을 전면 중단할 수 있다. 이때의 기준은 학력만이 아니라 학교가 안전한 환경에서 좋은 교육을 하고 있는지, 사회통합(다양성 존중)에 기여하는지 등을 매우 중시한다. 즉 교육에 자율과 경쟁의 요소를 도입하면서도 학생들을 경쟁시키거나 사회경제적 배경에 의해 분리시키는 (비싼 등록금 등) 학교들 간의 '가격경쟁'은 제한하고 있는 것이다. 즉, 한편으로 학교 선택제와 자율학교의 증가가 평등성을 저해한다는 내부 비판을 받고 있지만, 다른 한편으로 이들 학교에 대한 강력한 감사를 통해 사적 부문에 대해서도 강한 교육 공공성을 요구하고 있음을 알 수 있다.

요컨대, 스웨덴에서 교육은 사회 구성원으로서 개인들이 지닌 기본적 권리로 유아교육 단계에서 성인교육까지를 아우르는 전체 제도 맥락 안에서 안정적으로 정착되어왔으며, 이는 국가사회적 차원에서는 복지임과 동시에 투자이기도 한 것이다. 교육은 개인 삶의 기회를 결정하는 기초적 요소로서 매우 존중되고 있으며, 개인의 발전과 사회의 발전이 연계되어 있다는 인식에 강하게 기반을 두고 있다. 또한 최근 교육개혁의 필요에 따라 거버넌스와 시스템의 변화를 시도하면서도, 개인의 교육기본권과 교육의 공공성을 존중하는 사회적 철학을 견지하고 있음에 주목해야 한다.

■ 참고 문헌

김인춘(2007). 「스웨덴 모델-독점자본과 복지국가의 공존」. 서울: 삼성경제연구소.

심성보외(2015). 「학생성장발달 책임교육제 연구」. 충청남도교육청 연구용역 보고서.

이윤미(2011). 「북유럽에서의 교육평가와 선발: 한국 교육에의 시사점」. 『교육연구와 실천』 77, 133-157.

이윤미(2015a). 「종합학교제도화 이전 스웨덴에서의 진보주의 교육」. 『스칸디나비아교육』 16, 255-288.

이윤미(2015b). 「교육에서 평가정책의 역사와 미래: 표준화시험을 중심으로」. 『정책연구보고서』. 교육을 바꾸는 사람들.

이윤미(2015c). 「교육으로 사회를 변화시킬 수 있는가?: 마이클 애플과 비판적 교육학」. 『교육비평』 35호, 151-179.

이윤미·손지희(2010). 「스웨덴 교육에서의 학력관 및 국가수준학업성취도평가: 사회적 함의와 시사점」. 『교육문제연구』 38, 25-57.

이윤미·장신미(2011). 「스웨덴의 통합형 후기중등학교 개혁: 전개과정 및 쟁점」. 『한국교육사학』 33(2), 97-123.

장신미(2012). 「스웨덴 후기중등교육의 형성」. 홍익대학교 대학원 박사학위논문.

Aasen, Petter(2003). What happened to social-democratic progressivism in Scandinavia? Restructuring education in Sweden and Norway in the 1990s, in Michael W. Apple(ed.), *The state and the politics of knowledge*. New York: Routledge/Falmer.

Björklund, A., Clark, M. A., Edin, P., Fredriksson, P. & Krueger, A. B.(2005). *The market comes to education in Sweden: an evaluation of Sweden's surprising school reforms*. New York: Russell Sage Foundation.

Boucher, Leon(1982). *Tradition and change in Swedish education*. Oxford: Pergamon Press.

Counts, George. S.(1978). *Dare the school build a new social order?*. Carbondale & Edwardsville: Southern Illinois University Press(원저 1932).

Daun, H.(2003). Market forces and decentralization in Sweden: Impetus for school development or threat to comprehensiveness and equity, in Plank, David Nathan & Sykes, Gary(eds.), *Choosing choice: school choice in international perspective*. New York: Teachers College Press, Columbia University.

Esping-Andersen, Gøsta(1992). The making of a social democratic state, in Misgeld et al. (eds.), *Creating social democracy: A century of the social democratic labor party in Sweden*. University Park: The Pennsylvania State University Press.

Esping-Andersen, Gøsta(1998). *The three worlds of welfare capitalism*. Princeton: Princeton University Press.

Forsberg, Eva & Lundgren, Ulf P.(2004). Restructuring the educational system: School reform policies in Sweden during the end of the 20th century and the beginning of the 21st century, in I. C. Rotberg, *Change and tradition in global education reform*. Lanham, Maryland: Scarecrow Education.

Hayes, William(2007). *The progressive education movement: Is it still a factor in today's schools?*. New York: Rowman & Littlefield Education.

Hörner, Horst(1995). Origin and development of progressive education in Scandinavia, in Hermann Röhrs & Volker Lenhart(eds.). *Progressive education across continents: a handbook*. Frankfurt am Main: Peter Lang.

Howlett, John(2013). *Progressive education: a critical introduction*. New York: Bloomsbury.

Husén, Torsten(1960). Loss of talent in selective school systems: the case of Sweden, *Comparative Education Review, 4*(2), pp. 70-74.

Husén, Torsten(1965). Educational change in Sweden. *Comparative Education, 1*(3), pp. 181-191.

Lindensjö, Bo(1992). From liberal common school to state primary school: a main line in social democratic educational policy, in Klaus Misgeld et al.(eds), *Creating social democracy: a century of the social democratic labor party in Sweden*. University Park: The Pennsylvania State University Press.

Lundahl, Christian & Waldow, Florian(2009). Standardisation and 'quick languages': the shape-shifting of standardised measurement of pupil achievement in Sweden and Germany, *Comparative Education*, vol. 45, no. 3, August, pp. 365-385.

Lundahl, Christian(2006). *Viljan att veta vad andra vet: kunskapsbedömning i tidigmodern, modern och senmodern skola*. Stockholm: Arbetslivsinstitutet.

Lundahl, Lisbeth, Inger Erixon Arreman, Ulf Lundström & Linda Rönnberg(2010). Setting things right? Swedish upper secondary school reform in a 40-year perspective, *European Journal of Education, 45*(1), pp. 46-59.

Lundgren, U. P.(2007). *Vocational education: the case of Sweden in a historical and international context*. Department of Education, Uppsala University.

Marklund, Sixten(1978). Differentiation and integration in the Swedish upper secondary school. *International Review of Education, 24*(2), pp. 197-206.

Marklund, Sixten(1995). The influence of pedagogical reforms on the Swedish school, in Hermann Röhrs & Volker Lenhart(eds.). *Progressive education across continents: a handbook*. Frankfurt am Main: Peter Lang, 1995.

Miron, Gary(1996). Free choice and vouchers transform schools, *Educational Leadership*, vol. 54, no. 2, Oct., pp. 77-80.

Neave, Guy(1998). The Evaluative state reconsidered. *European Journal of Education, 33*(3), pp. 265-284.

Norinder, Yngve(1957). The evolving comprehensive school in Sweden, *International Review of Education, 3*(3), pp. 257-274.

Papadopoulos, George(1993). Radical reform for Swedish education, *The OECD*

OBSERVER, no. 181, April/May.

Paulston, Rolland G.(1968). *Educational change in Sweden: planning and accepting the comprehensive school reforms*. New York: Teachers College, Columbia University.

Röhrs, Hermann(1995). The New Education Fellowship: An International Forum for Progressive Education, in Hermann Röhrs & Volker Lenhart(eds.). *Progressive education across continents: a handbook*. Frankfurt am Main: Peter Lang, 1995.

Röhrs, Hermann & Lenhart, Volker(eds.)(1995). *Progressive education across continents: a handbook*. Frankfurt am Main: Peter Lang.

Skolverket(2003). *School choice and its effects in Sweden*. Stockholm: Skolverket.

Skolverket(2005). *National assessment and grading in the Swedish school system*. Stockholm: Skolverket.

Skolverket(2013). *Curriculum for the upper secondary school*. Stockholm: Skolverket.

Steinmo, Sven(2010). *The evolution of modern states: Sweden, Japan, and the United States*. New York: Cambridge University Press.

Telhaug, A. O., Mediås, O. A. & Aasen, P.(2006). The Nordic model in education: education as part of the political system in the last 50years, *Scandinavian Journal of Educational Research, 50*(3), pp. 245-283.

3장

독일의 개혁교육학:
영원한 교육개혁운동

정기섭

1. 개혁교육학

개혁교육학Reformpädagogik은 특정한 학문적 방향에 토대를 둔 고유한 교육이론이 아니라, 교육 현실에 대한 비판적인 시각에서 교육 현실을 개선하려는 다양한 교육 실천적 시도들을 하나의 운동으로 묶는 대표개념Sammelbegriff이다. 이 개념은 개별적인 교육 실천적 시도들을 연관성에서 파악한다는 의미에서는 체계개념Systembegriff이라고도 할 수 있다. 개혁교육학은 그 근원을 학문적 교육학에 두고 있는 것이 아니라, 교육 실천에 두고 있다는 점에서 인간 삶의 표현들로부터 일반적인 정신을 해석해내려는 딜타이의 정신과학 전통을 계승하고 있는 교육학자들의 발명품이다. 즉, 개혁교육학은 1920년대 정신과학적 교육학의 대표학자인 놀H. Nohl과 그의 제자들이 새로운 교육적 시도라고 불릴 수 있는 다양한 형태의 실천적 활동들을 연대기적으로 정리하고, 그들을 관통하고 있는 공통적인 것을 밝힘으로써 개별적인 시도들을 하나의 고유성을 갖는 운동으로 정리한 개념이다. 그러므로 개혁교육학은 내적으로 서로 맞물린 공통적인 요소를 갖고 있는 교육개혁을 위한 시도들을 포괄하는 고유명사이다.

개혁교육학은 처음부터 조직적으로 시작된 것이 아니라, 19세기에서 20세기로 전환되는 시기에 전통적인 학교교육을 교사 중심의 수직적 교육, 교과서 중심의 암기식 교육이라고 비판하고 대안적인 학교교육 모델을 찾으려는 개인들의 다양한 교육 실천들로부터 시작되었다. 이러한 개별적 교육 실천들이 유사한 운동들로 분류되고, 그러한 운동들을 포괄하는 개념으로 개혁교육학이 등장한 것이다. 개혁교육학은 세계적인 맥락에서는 New Education, Progressive Education으로 언급되는 새로운 교육운동이며, 이러한 운동이 독일에서는 개혁교육학의 개념 아래서 정리된다고 할 수 있다. 개혁교육학의 범주에는 청소년운동, 시민대학운동, 예술교육운동, 노작학교운동, 전원학사운동, 아동으로부터의 교육학 그리고 종합학교 운동 등이 속한다. 이러한 복수형의 운동들을 대표하는 개념이 개혁교육학이며, 단수형의 개혁교육운동Reformpädagogische Bewegung으로 사용되기도 한다. 독일 내의 운동으로 국한했을 때는 오토B. Otto, 케르셴슈타이너G. Kerschensteiner, 게헵P. Geheeb, 페테르젠P. Petersen, 리츠H. Lietz, 하안K. Hahn, 비네켄G. v. Wyneken, 가우디히H. Gaudig, 리히트바르크A. Lichtwark 등이 이 범주에서 언급되며, 세계적인 운동으로 확대하면 레디C. Reddie, 몬테소리M. Montessori, 듀이J. Dewey, 닐A. S. Neill, 파크허스트H. Parkhurst, 드크롤리O. Decroly, 프레네C. Freinet, 코르착J. Korczak 등이 이 범주에 속한다.

새로운 교육을 위한 다양한 교육적 시도들 중에서 어떤 것들을 개혁교육학의 범주에 포함시킬 것인지의 기준은 개혁교육학의 핵심 사상과 관계한다. 다양한 교육적 시도들을 하나의 운동으로 묶는 개혁교육학의 핵심 사상은 기존의 학교교육에 대한 비판과 아동의 자기활동성과 자발성에 기초하고 있다. 주체적 존재로서 아동의 자기활동성과 자발성은 자기결정과 책임을 전제로 한다. 개혁교육운동가들이 교육에서 실천적인 활동을 강조하는 것은 아동이 직접 행하면서 사고하고 사고하면서 행하는 주체적이고 능동적인 참여활동이 개인의 인격 형성에 절대적으로 중요하다고 보기 때문이다. '개혁'이란 기존의 학교 교육에 대한 비판으로부터 시도되는 '새로움'이고, 이 새로움은 생활과 분리되지 않는 교육, 아동(학생) 중심 교육이라는 데 있다. 아동 스스로의 활동을 중시하는 교육은 성인세대와 성장세대의 관계에 대한 근원적인 변화를 요청하기 때문에, 개혁교육학은 그 변화된 교육적 관계를 토대로 한 아동의 새로운 경험으로부터 생활개혁이 가능하다는 루소, 페스탈로치의 교육사상을 계승하고 있다.

개혁교육학에 대한 논쟁점 중 하나는 개혁교육학을 '시기'로 볼 것이냐 '운동'으로 볼 것이냐 하는 것이다. 이 견해에 따라서 개혁교육학이 독일의 교육운동으로 제한될 수도 있고, 세계적인 교육운동으로 확대될 수도 있다. '시기'로 보는 학자들은 개혁교육학을 대략 『교육자로서의 렘브란트』*Rembrandt als Erzieher*라는 책이 출판된 1890년부터, 혹은 독일에 첫 전원기숙사학교가 세워진 1898년, 함부르크에서 예술교육운동이 시작된 1896년부터 나치 정권이 들어서는 1933년까지의 시기로 제한한다. '운동'으로 보는 학자들은 개혁교육학이 중단 없이 오늘날까지도 진행되고 있다고 주장한다. 즉, 코메니우스, 루소, 페스탈로치, 프뢰벨과 같은 위대한 교육사상가들의 개혁교육사상이 개혁교육학의 "이상적인 원동력"으로 시대마다 공간을 초월해서 실천적인 모습을 달리하면서 개혁교육자들에 의해서 실현되고 있다는 것이다.Röhrs, 1987: 43 이러한 관점에서 1890~1933년 시기의 개혁교육학은 '고전적' 혹은 '역사적' 개혁교육학이라고 구분되기도 한다.

개혁교육학을 중단 없는 운동으로 보는 견해는 다음과 같은 점에서 정당성을 확보할 수 있다. 첫째, 19세기 말에 시작된 전원기숙사학교운동이 갖는 국제적인 성격과 독일 전원기숙사학교운동을 주도했던 게헵P. Geheeb이 나치 시기에 스위스로 옮겨서 '인간의 학교École d' Humanité'를 설립하고 운영한 사실, 그리고 잘렘성 학교Schule Schloss Salem의 설립자인 하안K. Hahn이 나치 정권에 반기를 들고 영국으로 망명하여 그곳에서 새로운 교육운동을 전개한 사실은 개혁교육학이 지역적으로 국한되지 않음을 보여준다. 그 외에도 나치 시기에 덴마크, 프랑스 등으로 활동 장소를 옮겨 새로운 교육운동을 전개한 사례들을 확인할 수 있다. 둘째, 1921년에 프랑스의 칼레Calais에서 설립된 새로운 교육을 위한 국제기구 NEF(New Education Fellowship)에 참여한 교육학자와 교육 실천가들의 계속된 경험의 교환은 개혁교육학이 국제적인 교류를 통하여 지속되었다는 것을 보여준다.

개혁교육학의 다양한 방향들(운동들, 시도들)이 물려준 학교교육개혁을 위한 유산은 여러 세대를 거치면서 교사들에게 동기를 유발하였고, 오늘날에도 그 매력이 완전히 상실되지 않고 있다. 개혁교육학은 학교 및 교육개혁의 근원으로서 가치를 갖고 있고, '이상적인 학교 및 교육'에 대한 성찰의 토대를 제공하면서 여전히 진행되고 있다. 이러한 이해에서 안드레아스 플리트너A. Flitner는 개혁교육학이 특정한 시기로 제한되어서는 안 되고 현대 교육학으로 이해되어야 한다고 주장한다.Koerrenz, 1994: 552 즉, 개혁교육학은 사회 변화과정의 맥락에서 계속해서 새롭게 작업이 되어야 한다는 것이다. 그때 개혁교육학적인 구상은 기존의 수업과 학교, 교육에 대하여 '대안적'이어야 하고 동시에 '더 나은 것'이어야 한다는 것을 의미한다.

2. 1945년 이후부터 1990년 이전까지의 개혁교육학

1) 1945~1950년대

제2차 세계대전이 끝난 1945년부터 1948년까지 '독일교육 재건Re-education, Umerziehung' 기간에 개혁교육학은 나치 교육의 잔재를 청산하는 대안으로 가치가 있었다. 소련군이 주둔하고 있던 동독 지역에서도 잠시였지만 이 시기가 "풍부한 개혁교육학 사상의 르네상스였다"라고 언급될 정도로 개혁교육학이 배제되지는 않았다.Pehnke, 1994: 433 개혁학교인 페테르젠학교(예나), 발도르프학교(드레스덴), 훔볼트학교(켐니츠)가 존재하고 있었고, 많은 교육 재건 담당자들이 1920년대의 개혁교육운동과 밀접한 관련이 있었다. 1948년 동서냉전이 시작되어 교사의 주도적 역할을 강조하는 통제와 훈련 위주의 일방적인 수업이 지배하게 되면서 개혁교육학은 동독에서 추방되었다. 1990년 재통일이 되기까지 동독 지역에서 개혁교육학에 대한 논의는 1980년대 말을 제외하고는 없었던 것으로 보인다.Pehnke, 1994: 439 동독 지역에서 개혁교육학으로부터 수용한 것이 있었다면 1920년대에 전통적인 세 갈래 학교 시스템의 대안으로 제시되었던 '단일학교운동Einheitsschulbewegung'의 변형된 모습이라고 할 수 있다.

프랑스, 미국, 영국 서방연합국이 주둔하고 있던 서독 지역에서 교육 재건의 주된 방향은 민주주의의 기초를 튼튼히 하고 평화에 대한 의지를 확고히 하는 것이었다. 민주시민 양성을 위하여 서방연합국 교육 재건 책임자들은 전통적인 세 갈래 학교 시스템의 대안으로 전일제 수업과 다양한 코스 수업을 제공하는 미국과 영국식의 종합학교 모형comprehensive school을 도입하는 교육개혁을 시도하고자 하였다. 그러나 이러한 교육개혁 구상은 큰 반향을 얻지 못하였는데, 독일 측 교육 책임자들 사이에서 전통적인 세 갈래 학교 시스템을 고수하자는 입장과 개혁교육학의 전통에서 '단호한 학교개혁가들Entschiedene Schulreformer'이 시도하였던 단일학교를 세 갈래의 원리를 포기하지 않는 선에서 도입하자는 입장이 대립하였기 때문이다.Röhrs, 1990: 155

또한 보수 진영에서 종합학교 모형 도입에 맞서는 다음과 같은 세 가지 교육정책을 내세웠기 때문이다. 첫째, 청소년을 가정으로부터 분리시키는 전체주의적인 공동체 교육의 경향을 지닌 나치-교육 시스템과 거리를 둘 것, 둘째, 소련 점령 지역에서 시행되는 교육정책과 거리를 둘 것, 셋째, 서방연합국의 교육 재건과 그들에 의하여 추진되는 교육개혁과 거리를 둘 것. 보수 진영에서는 서방연합국에 의해 추진되는 교육개혁은 독일의 본질에 낯선 것이라고 거부하였다. 세 가지 정책의 공통점은 동독 지역에 구축되는 단선형 교육제도와 나치 시대의 획일적 공동체 교육 형태에 반대한다는 것이었다.Hagemann/Mattes, 2009: 10-11

이러한 상황에서 개혁은 기대하기 어려웠고, 교육정책은 주州의 고유 권한이었으므로 결국 세 갈래 학교 시스템이 재확립되었다. 이것은 이 시기의 학교가 바이마르공화국의 전통에 기대어 재건되었다는 것을 의미한다. 2차 대전 이후 새로운 교육체제를 수립하면서 교육의 인간화를 지향하는 개혁교육학이 모범이 될 수 있었음에도 불구하고, 연합국 측과 독일 측 교육 책임자들 간 논의에서 크게 부각되지 않은 이유는 다음과 같다. 첫째, 교실 부족, 교사 부족, 정치적 이해관계의 충돌 등 학교가 처한 내외적인 어려움 때문이었다. 둘째, 개혁교육학의 전통에 재접속하려는 시도에 교육 책임자들의 지원과 관심은 많았지만 그들 중 개혁교육학에 대한 경험을 가지고 있었던 사람들이 소수였기 때문이었다.Röhrs, 1990: 150; Röhrs, 1987: 15

이 시기에는 개혁교육학이 교육정책에서 전적으로 실현되지는 못했지만, 실제 학교교육 현장에는 많은 영향을 미치고 있었다. 1955년 수행된 "서독의 시험적인 학교"(H. Chiout)에 관한 첫 대규모 연구는 314개 학교(1953년 기준)를 수집하고 분석하였는데, 수업 방법과 학교 운영 조직에서 개혁교육학의 영향을 받지 않은 학교는 거의 없는 것으로 나타났다. 즉, 내적 분화[1], 학교공동체, 모둠작업, 부모와 공동작업, 개성화, 자기주도적 학습을 위한 학습도구, 학교 운영에 학생 참여 등과 같은 개혁교육학적인 요소들이 학교현장에서 실천되고 있는 것으로 나타났다. 그 밖에도 몬테소리(5개교), 프레네(5개교), 슈타이너(24개교), 페테르젠의 학교(47개교) 전통이 이어지고 있는 것으로 확인되었다.Skiera, 1994: 423/424 이렇게 볼 때 1945~1950년대 학교교육 현장에 전통적인 개혁교육학의 유산이 영향을 미치고 있었음을 알 수 있다.

2) 1960년대

1960년대와 1970년대의 독일 학교개혁의 특징은 학교구조와 교육과정을 개혁하는 데 있었다. 이 시기의 학교개혁은 독일 전역에 통일적인 학교제도를 도입하려는 구상을 가지고 진행되었다. 1964년 주문화부장관협의회KMK: Kultusministerkonferenz에서 연방 차원의 학교구조

---

1. 연령이나 능력에 따라 학생들을 각기 다른 교실로 분리하는 것(외적 분화)이 아니라, 하나의 학급 내에서 능력과 발달 가능성, 요구에 맞는 개별적이고 차별화된 수업이 이루어지는 것을 말한다.

표준화에 합의한 '함부르크 협정'과 1960년대 말과 1970년대 초에 발표된 각종 〈권고〉와 〈계획〉은 이러한 구상에서 이루어진 것이라고 할 수 있다. 이 시기의 교육개혁은 불만족스러운 교육제도에 대한 비판으로부터 시작되었다. 교육제도 개혁의 필요성은 크게 경제적인 차원과 사회적인 차원에서 제기되었다. 경제적인 차원에서는 1950년대부터 이루어온 경제성장을 계속해서 이끌어갈 우수한 인재가 부족하여 경제성장이 저하될 것이라는 위기의식이 작용하였다. 이러한 관점에서 1964년 하이델베르크 대학교의 교육학자였던 피히트G. Picht 교수는 교육통계의 국제 비교를 통하여 독일이 비교 국가 중 최하위에 있음을 확인하고, 그러한 교육 상황을 "교육의 대참사"라고 표현하였다. 사회적 차원에서는 부모의 사회경제적 지위와 자녀의 상급학교 진학 및 학업성취가 밀접한 관련이 있다는 인식으로부터 제기되었다. 독일 교육제도에 대한 이와 같은 문제 제기는 적은 수의 김나지움 졸업생, 교육 기회의 불평등, 개인의 특성에 맞는 교육 지원 부족, 교사의 부족, 너무 이른 시기의 성급한 학생의 재능 진단과 분류 등과 관련하여 이루어졌으며, 사회적 반향을 불러일으켰다. 이러한 주제들에 대한 일반적인 합의는 연방정부와 주정부가 1965년에 독일의 교육을 설계하기 위하여 설립한 독일교육자문위원회Deutscher Bildungsrat의 1969년 〈권고〉안으로 수렴되었다.정기섭, 2015

1960년대 교육개혁에서 주요 쟁점은 종합학교 도입에 관한 것이었다. 우리나라의 초등학교에 해당되는 기초학교Grundschule 졸업 후에 중등교육 단계에서 하우프트슐레Hauptschule, 레알슐레Realschule, 김나지움Gymnasium으로 진로가 갈라지고, 이때의 결정이 훗날 직업과 연계되는 것이 문제가 있다는 비판으로부터 새로운 학교 모형의 필요성이 제기되었다. 중등교육 단계 세 갈래 학교구조의 문제는 초등학교에서의 학업성취수준을 기준으로 이른 시기에 학교가 배정되어 학교 간의 수직적인 위계가 결정된다는 것과 세 갈래 학교로의 진입이 학생의 사회적 배경과 밀접한 연관성이 있다는 것이었다. 따라서 이른 시기에 갈라지는 기존의 학교구조는 교육의 기회균등과 개인의 잠재적인 능력 촉진을 방해한다는 인식을 확대시켰고, 이를 극복하기 위한 시도로서 종합학교Gesamtschule가 등장하게 되었다. 즉, 종합학교는 출신 배경과 성취수준에 관계없이 모든 학생들이 동등하게 함께 공부하면서, 좀 더 오랜 시간에 걸쳐 자신의 잠재적인 능력을 발견할 수 있도록 지원한다는 관점에서 세 갈래의 진로를 하나의 학교에서 가능하게 하는 단일학교 모형으로 설계되었다. 종합학교 도입은 진보정당SPD에서 1963년부터 추진하였지만, 보수정당의 반대에 부딪쳐 1970년대에 시험적인 학교Versuchsschule 형태로 도입되었다. 종합학교가 오늘날 독일 학교구조 개혁에 적지 않은 영향을 미쳤음에도 불구하고, 보수정당CDU, CSU이 지배하는 주에서는 여전히 적극적으로 수용하지 않고 있다.정기섭, 2015

　1960년대에서 1970년대에 이르는 시기의 학교개혁은 전통적인 개혁교육학에서 발견할 수 있는 교육 실천으로부터의, 내부로부터의, 아래로부터의 개혁이라기보다는 교육의 기회균등과 사회통합 등과 같은 사회적 요구에 따른 정치적 현안을 해결하려는 시도였다고 할 수 있다. 이 시기의 학교개혁에 개혁교육사상이나 개혁교육운동에 토대를 둔 학교이론들은 폭넓은 영향을 미치지 못하였다. 학교 및 교육개혁에 관한 논의에서 개혁교육학의 영향이 쇠퇴한 중요한 이유 중 하나는 1960년대 중반에 "개혁교육학이 '비합리적인 특징들' 또는 '전체적-유기적인' 사고를 애호"한다는 인식에서 "의식적으로 개혁교육학의 전통으로부터 벗어나려 했기 때문이다."Skiera, 425 이러한 경향은 1960년대 초반 실증주의 논쟁으로부터 "실제로의 전환"이 교육학에서 큰 세력을 형성하면서 과학적 연구에 기초한 학교개혁으로 무게중심이 옮겨간 것과 무관하지 않다고 볼 수 있다.

3) 1970년대

(1) 종합학교의 실험적 도입

1970년대 학교교육 개혁과 관련된 주요 흐름으로는 1960년대 말부터 논쟁의 중심이 된 종합학교의 실험적 도입, 주정부의 실험적인 개혁학교 설립, 그리고 학부모 주도의 대안교육운동 전개를 들 수 있다. 빌리 브란트Willy Brandt는 1969년 독일 수상으로 취임하면서 교육개혁을 "개혁의 우선순위"로 공포하였고Wunder/Rave, 2011: 7, 이러한 정책 방향의 표명에 따라 독일교육자문위원회를 중심으로 다양한 교육 개선안들이 발표되었다. 특히, 1969년 독일 교육자문위원회의 〈권고〉안으로 수렴된 종합학교 도입 문제는 1970년 발표된 연방정부의 학교개혁 구상에 포함되었고, 1973년 연방정부-주-교육계획연구위원회BLK: Bund-Länder-Kommission für Bildungsplanung und Forschungsförderung에서 통과된 〈교육종합계획〉에서도 관심 주제로 다루었다. 이러한 관심에서 알 수 있듯이 종합학교 도입 문제는 1970년대 교육정책의 최대 이슈였고, 그런 점에서 1970년대의 교육개혁은 주로 중등교육 I단계의 일반 학교 영역에서 이루어졌다고 할 수 있다. 학교개혁의 핵심은 세 갈래의 학교제도를 하나의 종합학교 시스템으로 전환하는 것으로, 〈권고〉와 〈종합계획〉에서는 종합학교를 10년간 시험적인 학교로 도입하여 운영하고, 학문적인 연구 결과를 토대로 계속해서 도입할 것인지 여부를 결정하기로 하였다. 1970년대 말 여러 주에서 출간된 종합학교에 대한 평가보고서들의 결과는 서로 엇갈렸고, 종합학교 도입을 둘러싼 보수와 진보 진영 간의 갈등은 반대 서명운동과 대규모 집회를 개최할 정도로 심화되었다. 이러한 결과는 이미 종합학교를 시험적인 학교로 도입할 때부터 합의에 이르지 못하고 정당과 단체, 학교운영재단, 주의회와 주문화부장관의 관심에 따라 종합학교 설치 유무가 좌우될 수 있는 가능성을 열어두고 있었기 때문이다. 계속되는 찬반논란에도 불구하고 종합학교를 시험적으로 운영하는 기간 동안 학교와 학생의 숫자가 점점 늘어났기 때문에 현실을 감안하여 1982년 주문화부장관협의회는 종합학교를 시험적인 학교가 아닌 정규학교로 인정하였다.정기섭, 2015: 5-7

종합학교는 바이마르공화국 시기인 1920년대 개혁교육학의 한 지류로 전개되었던 단일학교운동Einheitsschulbewegung의 이상이 어느 정도 현실화된 것이라고 할 수 있다. 단일학교운동은 출생 신분과 경제적 차이, 부모의 직업 등에 따라 아이가 입학할 학교를 구별 짓지 말고 같은 단계의 학교들을 통합하여 아이들이 자신의 능력과 소질, 재능에 따라 공정하게 교육을 받을 수 있는 기회를 갖도록 하자는 운동이다. 단일학교를 도입하자는 주장은 이 시기에 처음 등장한 것은 아니다. 이미 19세기부터 초등교육 단계에서 아이의 재능과 능력이 드러나기도 전에 종파와 사회 계층에 따라 구별되는 학교에 입학시키는 것을 철폐해야 한다는 주장들이 교원단체와 교육자들에 의하여 제기되어왔다.Scheibe, 1999: 257-262 단일학교Einheitsschule는 바이마르공화국 교육정책의 최우선 순위로 1920년 6월 개최된 제국학교회의Reichschulkonferenz에서 핵심 논제로 다루어졌고, 이러한 논의의 결과가 바이마르 헌법Verfassung과 기초학교법Grundschulgesetz을 통하여 초등 단계의 학교들을 모든 아이들이 동등하게 입학하는 의무적인 4년제 기초학교로 통일하는 것으로 규정되었다. 그러나 초등교육 이후 중등교육 단계는 지금까지 유지되고 있는 세 갈래 학교 시스템으로 규정되었다.

1920년대에 단일학교운동을 주도했던 그룹은 '단호한 학교개혁가들 연합Der Bund Entschiedener Schulreformer'으로 '단호한entschieden'이란 표현에는 그들의 제안들을 실현시키고자 하는 결연한 의지가 담겨 있다.Choi, 2004 참조 이들은 모든 아이들이 오랫동안 함께 학교에 다닐 수 있도록 기초학교 4년 의무 교육 기간을 6년이나 8년으로 연장할 것을 요구하였다.Scheibe, 1999: 263 이러한 요구는 그 당시 실현되지 못하였지만, 오늘날 독일의 종합학교가 학생의 진로결정 시기를 늦추어 중등교육 I단계인 9학년 또는 10학년까지 학생들이 함께 학교생활을 할 수 있도록 조직된 데서 그 지속성과 영향을 발견할 수 있다. 또한 단호한 학교개혁가들 연합은 외스트라이히Paul Oestreich의 주도로 아이들이 자신의 다양한 잠재적 재능을 오랜 시간에 걸쳐 발견하고 계발시킬 수 있는 '탄력적 단일학교Elastische Einheitsschule' 모형을 제안하였다. 이 모형은 이른 시기에 지적 능력이라는 단일 재능 척도에 따라 아이들을 분류하는 기존의 학교구조에 대한 비판적 관점에서 설계된 것이다. 즉, 아이들의 잠재적 능력들은 오랜 기간에 걸쳐 다양한 자극들과 도전을 통하여 드러날 수 있기 때문에, 학교는 학생에게서 보여지는 재능과 관심에 적합하게 그리고 그것을 촉진할 수 있도록 지원하는 탄력적인 구조를 가져야 한다는 것이다.Fischer, Ludwig, 2009: 15 이러한 아이디어는 오늘날 원칙적으로 학생의 능력에 따라 중등교육 I단계의 세 갈래 교육과정 중 하나를 선택할 수 있고, 이후에 변경도 가능하도록 한 종합학교의 구조와 종합학교 수업활동에서의 '외적 분화'와 '내적 분화'를 통해 지속되고 있음을 발견할 수 있다.

(2) 실험학교의 설립

1970년대 학교개혁을 위한 시도에서 특징적인 것은 오늘날 성공적인 사례로 평가받고 있는 개혁교육학의 전통에 서 있는 새로운 모델의 개혁학교로서 '실험학교Versuchsschule'가 설립된 것이다. 1974년 설립된 빌레펠트 실험실학교Laborschule Bielefeld가 대표적인 실험학교이다. 일반적으로 실험학교는 주정부가 직접 설립하거나 기존의 학교와 계약을 맺어 실험학교의 지위를 부여한다. 실험학교는 주정부의 지원을 받는 학교로서 '실험'이라는 단어가 암시하는 것처럼 기존 학교에서의 교수법, 지도방법, 학교조직 등을 변화시키거나 보완하여 실험적으로 실천하고, 검토·평가하면서 더 나은 교육적 모델을 발전시키는 학교이다. 실험학교는 실험의 결과들을 공개하여야 하며, 그를 통하여 일반 학교의 발전에 기여하는 학교이다. 실험학교에 관해서는 주의 학교법에서 규정하고 있다. 실험학교는 학생이 주체적으로 참여하는 '생활 공간', '경험 공간'으로서의 학교를 표방한다는 점에서 개혁교육학의 전통에 서 있지만, 이전의 개혁학교와 다른 점은 교육적인 실험을 해나가는 과정에서 학문적인 연구가 동반된다는 데 있다. 헤센주의 학교법에서도 실험학교는 학문적인 연구와 평가를 동반해야 한다고 규정하고 있다. 오늘날 성공적인 학교로 평가받고 있는 빌레펠트 실험실학교 사례는 교육개혁이 "단지 강한 이념적 지향이나 확고한 교육적 확신에 입각해서가 아니라 경험적이고 객관적인 현장 연구와 맞물릴 때 힘을 얻을 수 있음을 보여주고 있다."정창호, 2012: 73 현재 실험학교는 빌레펠트 실험학교 이외에도 비스바덴 헬레네-랑에-학교, 예나 롭데베르크-학교, 켐니츠 훔볼트-실험학교, 개혁학교 카셀, 카셀-발다우 실험학교 등이 있다.

(3) 자유대안학교운동

1970년대 종합학교, 실험학교 이외에 새로운 학교운동으로는 자유 (대안)학교운동을 들 수 있다. 자유(대안)학교운동은 1970년대 초반 암기 중심, 어른(교사) 중심의 교육에 대립하는 반권위적 교육운동과 밀접하게 결속되어 학부모들에 의하여 전개되었다. 자유학교운동의 뿌리는 프랑크푸르트에서 학부모들에 의해 시작된 '아이들의 가게 Kinderladen'라 불리는 대안유치원 운동에 있다. 1967년 프랑크푸르트의 부모공동체가 '아이들의 가게'인 '아이들의 학교Kinderschule'를 운영하면서 이 운동이 시작되었다. '자유'라는 단어가 암시하듯이 자유와 자기책임이 학교의 중심원리이다. '아이들의 가게'에서는 어른들이 아이들을 감독하는 대신에 아이들끼리 스스로 정하고 실천하는 반권위적 교육이 실험되었다. 초기에는 일주일에 두 번 모이는 다섯 명의 아이들로 시작하여 1969년에는 20명의 아이들과 4명의 돌보미가 있는 규모로 커졌다.

1969년 자유학교에 참여했던 아이들이 의무교육인 초등학교에 입학할 나이가 되자 부모들은 반권위적인 교육을 계속 이어가고자 다른 부모들과 함께 '학교를 바꾸자-지금!'이라는 자발적 시민단체 Bürgerinitiative를 결성하였다. 이 자발적 시민단체의 영향력은 전국적으로 파급되어 유사한 단체들이 곳곳에 결성되었으며, 프랑크푸르트-뢰델하임Frankfurt-Rödelheim 지역에 있는 초등학교에 시험학급이 운영되는 결과로 이어져 22명의 학생들이 이 학급에 입학하였다. 이 학급은 아이들이 상급학교에 진학하기까지 4년 동안 운영되었다. 이 시험학급은 수요를 감안하여 점차적으로 모든 신입생들로 확대하는 것으로 계획되었으나 1972년 독일 국회의원 선거를 앞둔 시점에서 프랑크푸르트시가 소속되어 있는 헤센주의 보수정당인 기민당CDU의 반대로 종료되고 말았다. '뢰델하임 모형'의 경험으로부터 대안학교 또는 자유학교를 정규학교로 설립하자는 움직임이 일어났다. 1972년 견해를 같이 하는 부모와 교사집단은 '열린 초등학교Offene Grundschule'를 구상하고, 연구를 거쳐 헤센주 문화부에 설립요청서를 제출하였다. 이 시기에 니더작센주에서는 글록제학교Glocksee Schule 설립 신청서가 제출되었기 때문에 독일 최초의 대안학교로 프랑크푸르트 자유학교와 글록제학교가 언급된다. 이 제안서는 1973년 부모들이 제안서를 제출할 수 없다는 법률적 이유로 거부되었고, 자식들의 의무교육을 거부하면 벌금형부터 징역형을 받을 수 있다는 법적 조치가 취해졌다. 결과적으로 '열린 초등학교' 계획은 좌초되었다. 그럼에도 불구하고 아이들의 가게 프로젝트인 '아이들의 학교'는 초기에 자유학교에 아이들을 보냈던 부모들과 기존의 학교에 실망한 학부모, 교사 등이 발의하여 1974년 '프랑크푸르트 자유학교Freie Schule Frankfurt'라는 구상으로 독일 기본법에 의거하여 '대체학교로서 사립학교 허가 신청서'를 제출하였다.van Dick, 1979: 175-180

독일 기본법 제4조 제7항에 의하면 사립학교가 "교수목표와 교사교육이 공립학교에 뒤지지 않는다면 공립학교를 대체하는 학교로서 설립될 수 있다"라고 규정하고 있다. 이 신청 역시 1975년 거절되어, 이의신청을 제기했으나 이마저 거부되었다. 그러자 1976년 9월부터 법정 다툼을 벌여 1986년 정규학교인 국가가 인정하는 대체학교Ersatzschule로 승인되었다. 결과적으로 독일의 자유대안학교는 '아이들의 학교'로부터 시작되었다고 할 수 있다. 1982년 2월 기준으로 독일 전역에 국가가 인정하는 대체학교가 800개 이상 존재하고 있었으며, 그중 378개가 노르트라인-베스트팔렌주에 있었다. 노르트라인-베스트팔렌주의 대체학교 중 약 130개가 개혁교육학적인 사상을 실천하는 것으로 나타났다. 이 시기에 개혁교육학의 전통에서 합법적으로 암기 위주의 기존 학교에 대응하고 있는 대체학교는 전원기숙사학교, 발도르프학교, 몬테소리학교가 있었다. 이와 더불어 대안학교로서 자유학교가 프랑크푸르트¹⁹⁷⁴, 베를린¹⁹⁷⁹, 브레멘¹⁹⁸¹에서 대체학교로 허가받기 위한 노력을 전개하고 있었다.www.spiegel.de/spiegel/print/d-14343959.html 독일에서 대체학교가 개혁교육학의 전통을 따를 수 있는 여건은 주가 제시하는 최소한의 교육과정을 따르면서 학교의 고유한 교육이념, 교육이론, 교육 방법에 기초한 학교의 여건에 따른 수업운영이 가능하기 때문이다. 이러한 맥락에서 노르트라인-베스트팔렌주 학교법(2015년 8월 15일 현재) 제100조 제6항은 "특별한 교육개혁 사상을 실현하는 사립학교는 고유한 유형의 대체학교로 설립될 수 있다"라고 규정하고 있다.Schulgesetz für das Land Nordrhein-Westfalen(Schulgesetz NRW-SchulG) vom 15. Februar 2005: www.schulministerium.nrw

독일 자유대안학교 연합Bundesverband der Freien Alternativschulen e.V.의 설립 서류철에 의하면 자유대안학교는 "모든 참여자들이 민주적인 방식에서 함께 영향을 미치고 있음이 경험되고 합의되고 계속 발전되는 삶의 장소"이며, 역사적인 뿌리를 루소에 두고 톨스토이, 닐, 몬테소리, 프레네, 듀이의 선구적인 학교 및 사상을 취하고 있다고 밝히고 있다.[2] 독일 자유대안학교 연합은 1978년부터 연 2회 '자유대안학교 전국 모임'을 개최하여 오다가 1988년 공식적으로 창설되었으며, 2015년 9월 현재 100여 개의 학교가 회원으로 참여하고 있다.http://www.freie-alternativschulen.de/

---

2. http://www.freie-alternativschulen.de/attachments/article/71/Gr%C3%BCndungs mappe2013kurz.pdf

4) 1980년대

1980년대 들어 1960년대와 1970년대에 추진된 학교구조와 교육과정개혁('외적' 개혁)의 결과에 대해서 회의적인 평가가 등장한다. 전통적인 세 갈래 학교가 갖고 있는 문제점을 극복하기 위해 추진되었던 학교제도개혁은 외적인 학교구조의 변화를 가져왔지만, 학교를 교육적으로 조직하는 것과 수업 방식에서 의도하였던 혁신을 가져오지 못하였다는 평가가 제기되었다.Wenzel, 2004: 392 이러한 사회적 분위기는 1980년 7월 14일 독일의 슈피겔Der Spiegel지가 1969년부터 1974년까지 헤센주의 문화부장관을 지낸 프리덴부르크Ludwig Friedenburg 교수와 종합학교에 대한 인터뷰에서 "새로운 학교개혁의 미래가 어두워 보인다"라고 진단하면서 "학교는 우리 사회의 논쟁적 주제Kampfthema"라는 제목으로 보도한 것에서 읽혀질 수 있다.www.spiegel.de/spiegel/print/d-14331729.html

외적 개혁에 대한 비판적 평가로부터 개혁교육학이 학교교육을 개혁하고자 하는 개혁교육자들의 자발적인 교육적 실험, 즉 교육 실천으로부터(아래로부터) 교육개혁('내적' 개혁)을 시도하였던 것처럼, 개혁교육학의 전통에서 기존 학교수업의 방법적-교수학적 대안을 찾으려는 시도들이 활발해지는 것이 1980년대의 특징이다. 1960년대와 1970년대의 학교수업이 교사 중심적이고 언어 중심적이었다면, 1980년대는 학생이 참여하는 다양한 활동 중심의 수업 방법이 시도된다. 1980년대 초반부터 전통적인 개혁교육학 사상을 수용한 수업 방법에 관한 논의가 풍성하게 전개되었다. 이러한 맥락에서 '열린 수업'은 학교교육학 논의에서 주요 주제였고, "거의 모든 초등학교에 확산되었다."Jürgens, 2000: 11 독일에서 열린 수업 개념은 영국에서 1960년대 말에 등장한 정형화된 학교교육의 대안적 교육을 의미하는 정형화되지 않은 교육informal education운동의 아이디어를 1970년대 초반부터 논의하기 시작하여 1970년대 후반에 차용한 것이다. 영국의 정형화되지 않은 교육운동은 미국에서 열린 교육open education운동으로 전개되었다. 독일에서 열린 수업에 관한 출판물이 1980년대 초반부터 초등학교 교육학 분야에서 급증하기 시작하였고, 1990년대에는 개혁교육학의 호황에 따라 이전까지 영국의 '정형화되지 않은 교육'과 미국의 '열린 교육'과의 관계에서 논의되었던 열린 수업을 개혁교육학적인 요소로 간주하려는 움직임이 커졌다.Göhlich, 1997: 34

1980년대에 열린 수업 운동이 확산된 이유는 다음과 같이 들 수 있다.http://www.auer-verlag.de/media/ntx/auer/sample/06526_Musterseite.pdf 첫째, 곳곳에서 새롭게 발견된 개혁교육운동의 학교 구상 내지는 교육 구상(특히, 마리아 몬테소리, 페터 페테르젠, 프레네, 케르셴슈타이너, 가우디히, 듀이)에 적합하였다. 둘째, 변화된 아이들의 조건들과 많은 가정에서 교육 결손으로 인하여 아동청소년들이 점점 더 일찍 스스로 결정해야만 하는 상황에 적합하였다. 셋째, 학습자의 자기활동성과 자기책임을 요구하는 학습의 새로운 관점에 적합하였다. 넷째, 민주적인 사회에서의 학습에 적합하였다. 1980년대 후반부터 1990년대에 대조적인 6개 주의 학교를 대상으로 수업 경향을 연구한 결과에서도 이 시기에 "교육적인 것을 강화"하고 "교육적인 관점에 충실Pädagogisierung"하자는 경향이 강조되어 개혁교육학적인 수업의 형태들이 주를 이루고 있음을 확인할 수 있다.Ohlhaber, 2007: 39

열린 수업에 대한 관심은 자연적으로 교사의 전문성에 대한 논의로 이어졌다. 아동청소년들이 이전과 비교하여 달라졌기 때문에 학교에서 교사의 역할도 교육자보다는 학습 도우미로 변화해야 한다는 견해와 개혁교육학의 구상을 현대적으로 해석하여 교사의 역할을 의사와 치료사 같은 고전적인 방향으로 전환해야 한다는 견해가 제기되었다. 교직의 전문성 향상과 관련하여 첫째, 학교와 사회현실 사이의 간극을 성찰할 수 있는 교육학적 및 교육 전문지식의 함양, 둘째, 수업 내용뿐만 아니라 학급과 학생을 고려한 교사의 진단 능력과 교육학적 능력의 개선, 셋째, 교육 행위에서 형성되는 긴장들, 대립과 어처구니없음을 견뎌내거나 극복하는 능력 내지는 균형을 이루거나 피하는 능력의 개선, 넷째, 치료적-예방적 그리고 산파술과 같은 능력 내지는 교육적 관대함 또는 의사소통 능력의 개발 등이 구체적으로 제기되었다.Ohlhaber, 2007: 36

이 외에도 학교에서의 일방적인 지식전달 수업을 비판하고 학교 학습의 생활 연관성을 강화하고자 하는 "실천적인 학습"을 확산시키려는 노력이 1980년대 초반 '보쉬 재단Robert-Bosch-Stiftung'과 '교육개혁아카데미Akademie der Bildungsreform'에 의해서 시도되었고 지금까지 이어지고 있다.www.pl-jena.de/grund.html

3. 1990년 이후의 개혁교육학

1) 1990년대

1990년대에 들어 '개혁교육학'을 주제로 한 논문들과 저서들이 빈번하게 등장한다. 이러한 현상은 바이마르공화국부터 알려지게 된 개혁교육학이 "지금 새롭게 호황을 맞고 있다"라고 표현된다.Tenorth, 1994: 585 이 시기에 학문적으로 혹은 실천적으로 학교개혁에 종사하거나 학교개혁을 유념하고 있는 사람들은 '개혁교육학'의 전통에 기대어 새로운 것을 발견하거나 수용하면서 비판적으로 새롭게 해석하고 발전시키려는 시도를 한다. 그 배경에는 독일 통일이라는 사회적 변화가 자리하고 있다. 통일 후 구동독 지역에 새로운 교육체계를 구축해야 한다는 시대적인 요청이 '개혁교육학'에 대한 높은 관심을 불러일으켰고, 그런 연유에서 개혁교육학에 기대어 학교개혁에 관한 의견 교환이 활발하게 전개되었다고 할 수 있다. 개혁교육학은 구동독 지역에 새롭게 구축하고자 하는 교육이 지향해야 하는 "근본적인 가치의 방향"으로까지 언급된다.^{Pehnke, 1992: 19} 왜냐하면 40년 이상을 지배하였던 획일적, 억압적, 권위적, 기계적, 명령하달식인 구동독 교육의 대안으로 민주적이고 아동 중심적인 개혁교육학의 요소들이 구동독 학교와 수업의 개혁을 위한 동인과 동기가 될 수 있다고 보았기 때문이다.

독일 통일 이후 개혁교육학이 새롭게 조명을 받게 된 또 다른 이유는 통일 후 초기에 구동독과 구서독 주민들의 불안과 갈등을 해소하고 사회통합을 위하여 서로 공유할 수 있는 경험들을 분단 이전에서 찾으려고 했던 노력과 관련성이 있어 보인다. 1933년 나치 정권이 들어서기 이전의 바이마르공화국 시기에 '개혁교육학'은 동독 지역에서도 활발하게 다양한 교육적 실험들로 존재하였으므로 구동서독 주민들에게 공동의 교육적 경험이 될 수 있었다.^{Scheuerl, 1997} 구동독 지역에서 개혁교육운동과 관련이 있는 도시, 개혁교육가, 그리고 그에 의해 시도되었던 모형들이 소개되고, 이러한 개혁교육학의 흔적에 기대어 학교개혁에 대한 제안이 이루어졌다.

통일 이후 동독 지역에서 개인의 소질과 능력을 고려하는 "아동에 적합한 교육"은 사회 전체의 "엄청난 관심"이었다.^{Pehnke, 1994: 311} 그로 인해 국가가 학교를 독점하고 조종했던 동독 시기에는 존재하지 않았던 사립학교가 아동 개인의 소질을 촉진하는 '다른 학교'로서 많은 주목을 끌었고[Ullich, Struck, 2009: 234], 사립학교 설립을 통하여 학교개혁을 추구하는 학부모 단체들이 많았다. 거의 모든 도시에 아동의 자발성과 자기활동성을 중시하는 개혁교육학의 전통이 있는 발도르프학교, 페테르젠학교, 몬테소리학교, 프레네학교를 모델로 하는 학교를 설립하려는 자발적 단체들이 결성되었다. 1990년대 초반에 사립학교 설립 신청이 봇물처럼 이루어졌으나 대부분은 승인되지 않았다. 그럼에도 불구하고 튀링겐주의 예나, 작센주의 라이프치히 같은 도시에는 발도르프학교, 몬테소리학교, 종합학교, 글록제학교를 모델로 하는 자유학교 등 개혁교육학의 전통에 서 있는 학교들이 설립되었다.[Pehnke, 1994: 308, 313; Ullich, Struck, 2009: 234] 구동독 지역에 사립학교 설립이 가능해진 1990년 이후 생겨난 사립학교들은 주로 '아동에게 적합한 교육'을 표방하는 개혁교육학의 교육 프로그램을 수용한 학교였다.

이 시기에 동독 지역 주민들의 높은 관심에도 불구하고 사립학교 설립 신청이 반려된 이유는 아마도 서독의 세 갈래 학교 시스템을 안정적으로 정착시키려는 노력과 그러한 학교교육을 실천할 수 있는 교사의 부재에서 찾을 수 있을 것이다. 통일 이후 구동독 지역에서 교육개혁을 위한 거대한 실험이 시작되었지만, 서독의 법과 경제 시스템에 구동독이 흡수되었기 때문에 학교구조와 교사 양성도 서독의 세 갈래 학교 시스템과 3단계(대학-실습-계속교육) 교사 양성 과정이 이식되었다. 이런 연유에서 새로운 유형의 학교 설립보다는 새로 도입된 학교구조에 적합한 잘 준비된 교사가 더 절실하였을 것이다. '외적' 개혁보다는 교사 역할의 변화를 요청하는 '내적' 개혁으로 자연스럽게 개혁의 중심이 옮겨 갈 수밖에 없었을 것이다.

문제가 있는 구동독 시기의 교사들을 많이 퇴출시켰다 하더라도, 학교현장에서는 여전히 구동독 시기의 교사들이 학생들을 가르치고 있었기 때문에 이들이 변화된 교사의 역할에 의식적으로 동참하는 것이 내적 개혁을 위하여 매우 중요하였다. 구동독 교사들이 학생을 위하는 관점보다는 학생에게 전달하는 관점에 익숙하였다면, 이제는 이러한 수동적 역할에서 벗어나 능동적으로 수업을 구성하고 학교를 학생들의 다양한 생활을 위한 공간으로 형성할 수 있는 능력이 요청되었다. 특히, 통일 초기 동독 지역에는 학교 밖의 동아리나 기관에 의한 다양한 프로그램 제공을 기대할 수 있는 여건이 되지 못했기 때문에 학교 안에서의 다양한 활동들을 개발하고 운영할 수 있는 교사 인력이 요청되었다.Wenzel, 1994: 212 이러한 맥락에서 개혁교육학의 풍성한 교수학적-방법적 모형들에 대한 관심이 증가될 수밖에 없었다.

1990년대부터 개혁교육학의 전통을 수용하여 교육개혁운동을 전개하고 있는 단체는 '울타리를 넘어서는 시야Blick über den Zaun'라는 학교연합이다. 이 단체는 1989년 11월 9일 오덴발트학교에 모인 개혁교육학에 영향을 받은 20개 학교 42명의 교사와 교장에 의하여 설립되었다. 이 단체의 회원 학교는 2013년 5월 기준으로 129개교이며, 홈페이지[3]와 발간하는 보고서의 첫머리에 이 단체의 성격을 "개혁교육학적인 방향을 추구하는" 학교들의 연합이라고 명시하고 있다. 이 단체는 정기적인 상호 방문과 학술대회를 통하여 개혁교육학의 이상을 실현하고자 노력하고 있다.

---

3. www.sichtuberdenzaun.de

2) 2000년 이후

2000년 이후의 개혁교육학은 시련과 도약을 동시에 경험하였다. 2010년에 터진 오덴발트학교 교장과 교사의 학생 성추행 스캔들은 사립학교와 개혁교육학에 대한 이미지를 크게 훼손시켰다. 고전적인 개혁교육학의 대표적인 현존 모델 학교이면서 UNESCO-모델 학교이고 독일의 민주적인 학교로 널리 알려져 있던 100년 역사의 전통 있는 학교였기 때문에 그 충격은 더 컸다. 1910년 게헵에 의하여 설립된 오덴발트학교는 1922년에 새로운 교육을 실천하는 학교로 선정된 세계 44개교 중 최고의 점수를 받기도 하였고, 설립자인 게헵은 나치 정권이 들어서자 1934년 스위스로 망명하여 그곳에 '인간의 학교'를 설립하였다. 남녀공학의 가정원리가 특징인 이 학교에서 저명한 개혁교육자이면서 오랜 기간 교장으로 근무하였고, 빌레펠트 실험실학교 설립에 주도적인 역할을 한 폰 헨티히Helmut von Hentig의 친구이기도 한 베커Gerold Becker(1936~2010)와 교사들이 1971년~1985년까지 132건의 성추행을 저질렀다는 사실이 세상에 알려진 것이다. 이 사건으로 인해 개혁교육학이 남긴 것이 무엇인지에 대한 공적 논쟁이 야기되었다._{2011년 9월 10일 자와 9월 16일 자 'Frankfurter Rundschau' 참조} 특히 개혁교육학에서 강조하였던 "아동에 대한 친밀"과 "교육적 사랑"이 에로스로 표현되어 비아냥거림의 대상이 되기도 하였다. 개혁학교로서 명성이 높았던 이 학교는 학생과 학부모들의 반대에도 불구하고 2015년 재단이 폐쇄하기로 결정함으로써 "개혁학교의 종말Ende einer Reformschule"을 고했다._{www.taz.de/!5009983/}

2000년대에 들어서면서 독일 교육정책의 주요 이슈는 PISA 2000 쇼크의 극복이라고 할 수 있다. 이러한 상황에서 교육정책 논의는 개혁교육학보다는 어떻게 언어 능력, 수학 능력, 읽기 능력을 향상시킬 수 있는지, 그리고 특히 이주 배경을 가진 자녀들을 어떻게 지원할 것인지에 더욱 관심을 갖게 된다. 유치원부터 교사교육에 이르는 독일 교육제도 전반에 대한 검토가 이루어지는 사회적 분위기 속에서도 개혁교육학은 아동청소년, 학교, 교육 목적, 수업의 질, 교육 스타일에 대해서는 국가마다 다른 이해를 갖고 있다는 견해를 고수하면서, '좋은 학교란 무엇인가?'라는 고전적인 질문을 통해 학교의 본질에 대한 고민을 촉구한다. 2008년 3월 함부르크에서 개최되었던 학술대회에서는 "학교는 PISA 그 이상이다"라는 주제로 현재의 학교에 대한 개혁교육학의 의미가 무엇인지가 논의되었다. 개혁교육학의 방향을 추구하는 단체인 '울타리를 넘어서는 시야'는 2002년 11월 카셀 개혁학교 Reformschule Kassel에서 개최한 학술대회에서 확산되고 있는 PISA 논쟁에 직면해서 '우리를 서로 결속하는 것이 무엇인가?'라는 물음에 대하여 다음과 같은 답을 내놓았다.

"우리 모두는 우리가 행하는 작업에서 개혁교육학에 의무를 지고 있다는 것을 알고 있다. 우리는 독일에서 모든 특징적인 좋은 학교는 개혁교육학적으로 각인되어 있다고 생각한다. 우리는 PISA에서의 패배에 대한 적합하고 시대적인 답을 개혁교육학에서 구한다."[4]

PISA 결과가 발표된 이후 독일의 교육문제를 진단하고 원인을 분석하는 연구가 줄을 이었고, 각종 매체들은 그러한 연구 결과를 앞다투어 쏟아내면서 독일 학교제도에 대한 개혁의 요구가 높아지는 가운

---

4. www.blickueberdenzaun.de/ images/stories/page/texte_aus_dem_buez

데서도 오히려 개혁교육학의 방향을 추구하는 몇몇 학교들이 주목을 받게 된다. 시선을 집중시킨 학교로는 헬레네-랑에-학교Helene-Lange-Schule를 들 수 있다. 시선이 집중된 이유는 첫째, 이 학교의 PISA 참가 학생들의 점수가 독일학교의 평균보다 훨씬 높은 최상위권이었고, 최상위권 국가들의 참가 학생들 점수보다 높거나 비슷한 수준으로 나타났기 때문이다. 둘째, 그러한 결과가 소위 공부만 시키는 학교가 아닌 '학생들이 행복해하는 학교'에서 가능했다는 점 때문이다. 이와 관련하여 독일 슈피겔Der Spiegel지는 "비스바덴의 한 개혁학교(필자)에서 거의 모든 것을 정규학교와 반대로 하더니 국제학업성취도 평가에서 최상위권을 차지하다"라고 보도하였다.송순재 옮김, 2012: 276 헬레네-랑에-학교는 1995년부터 실험학교의 지위를 가지고 있으며, 2012년 4월부터 세 번째 연장된 실험학교의 임무를 수행하고 있다. 중점 과제 중 하나는 학생 중심 및 역량 중심의 수업 형태를 시험하고 발전시키는 것이다. 헤센주에는 헬레네-랑에-학교 이외에 3개의 실험학교가 더 있다. 카셀-발다우 열린학교Offene Schule Kassel-Waldau, 카셀 개혁학교 Reformschule Kassel, 슈타인발트슐레 노이키르헨Steinwadlschule Neukirchen 등이다. 헬레네-랑에-학교는 이 실험학교들과 밀접한 관계에서 협력하고 있다.정기섭, 2013

　　2000년 이후 독일 학교교육에서 두드러진 특징 중 하나는 '좋은 학교'로서 종합학교가 도약하고 있다는 점과 전일제학교가 확산되고 있다는 점이다.이하 정기섭, 2015 참조 위에서 언급한 헬레네-랑에-학교나 빌레펠트 실험실학교는 개혁교육학의 이념을 실현하고 있는 종합학교이면서 전일제학교이다. 종합학교의 도약과 전일제학교 확산의 이유로는 다음을 들 수 있다.

　　첫째, 종합학교에 대한 인식 변화에는 2006년에 제정된 '독일학교상

Deutscher Schulpreis'이 어느 정도 기여한 것으로 보인다. 2007년, 2011년, 2015년 독일학교상 대상은 종합학교들이 수상하였다. 다양한 학교급과 유형을 감안한다면 대상 수상은 결코 쉬운 일이 아니다. 시상식은 생방송으로 독일 전역에 중계되고, 다른 언론매체도 이 소식을 보도하면서 학교의 특징을 소개한다. 대상은 아니지만 학교상을 받은 종합학교는 헬레네-랑에-학교를 비롯하여 몇몇의 학교가 더 있다. 종합학교가 언론매체에 자주 등장하면서 '좋은 학교'의 이미지가 확산되었다고 할 수 있다. 2000년 이후 종합학교의 양적 증가와 대외적으로 비쳐진 성공적인 모습은 "종합학교의 작은 붐"[5]이라고 진단될 정도의 도약이라고 할 수 있다.

둘째, 다양한 진로선택의 가능성을 제공하는 종합학교의 교육적 성과에 대한 암묵적 인정이라고 할 수 있다. PISA 2009, 2012의 결과는 PISA 2000과 비교할 수 없을 정도의 큰 성과를 보이고 있다. PISA 2009의 결과는 지난 10년간의 독일 학교개혁에 대한 평가라고도 할 수 있는데, 독일은 읽기, 수학, 자연과학 영역에서 모두 OECD 평균 점수보다 높은 16위, 10위, 9위를 차지하였다. 2012년에는 13위, 10위, 7위로 두 개의 영역에서 상승하였다. 학교별 성취도 수준은 여전히 김나지움-레알슐레-종합학교-하우프트슐레의 순서이지만, 세 영역별로 취득한 점수는 세 학교 모두 상승하였다. 학교개혁이 본격화된 2003년 이후부터 학업성취도가 점진적으로 향상되고 있다는 점에서 지난 10년간의 학교개혁이 어느 정도 성과를 거두고 있는 것으로 평가된다. PISA 2009 결과 이후 2010년 12월 9일 차이트Zeit지의 온라인

---

5. http://www.spiegel.de/schulspiegel/schulpreis-alle-lieben-die-gesamtschule-fuer-einen-tag-a-767452.html 2011년 6월 9일 슈피겔 온라인은 "모두가 하루는 종합학교를 사랑한다"는 제목으로 독일학교대상 수상을 소개하였다.

판은 "PISA가 즐겁게 한다"라는 기사를 내면서[6] 2001년 'PISA 쇼크' 이후 독일의 학교들이 노력한 결과가 이제 결실을 맺게 되었다고 평가하고 있다. PISA 2000 이후 전개된 학교개혁의 하나는 학교구조를 개선하는 것이었다. 학교구조의 개선은 주로 중등교육 단계에 집중되어 기존의 학교를 보완하거나 대체하는 다양한 형태의 새로운 학교들을 도입하는 것이었다. 그동안 시도된 새로운 학교 형태는 큰 틀에서 보면 종합학교가 시도하였던 것처럼 기존의 학교 유형을 통합하여 동일한 학교에서 다양한 갈래의 진로 선택이 가능하도록 한 데 그 특징이 있다. 이와 같은 특징은 학생들의 진로결정 시기를 늦추면서 세 갈래의 진로선택을 가능하게 한 종합학교 도입 취지와 크게 다를 것이 없어 보인다. 이런 관점에서 종합학교는 주의 사정에 따라 명칭과 갈래를 달리하는 '다양한 교육 진로를 가진 학교'의 선구적 모형이라고 할 수 있다.

셋째, 2000년 이후 전일제학교의 활성화를 들 수 있다. 독일의 경우 많은 논의가 있었음에도 불구하고 19세기 말부터 오전에만 학교를 운영하는 반일제학교가 존속해왔다. 전일제학교는 개혁교육학의 전통에서 학생의 전인적인 발달을 위해 소수가 유지되어오고 있었다. 그러나 PISA 2000의 결과에 의한 쇼크 이후 독일 교육정책 논의에서 "교육과 보살핌"이 주요한 관심사가 되면서 전일제학교에 대한 관심이 증대하였다.정기섭, 2008 연방정부는 사회적 배경으로 인한 교육 격차를 해소하기 위하여 '미래 교육과 보살핌을 위한 투자 프로그램(IZBB: Investitionsprogramm "Zunkunft Bildudng und Betreuung")'을 주정부와 합의하에 2003년부터 실행하였는데, 이는 2009년까지 40억 유로(약

6. http://www.zeit.de/2010/50/01-Pisa-Studie

50조 원)를 투입하여 전일제학교를 신설하고 확산시키는 것이 주목적이었다. 이 기간 동안 독일 전역에서 8,262개 학교가 IZBB의 지원을 받았다. 종합학교는 설립 초기부터 전일제학교로 계획되었기 때문에 2000년 이후 전일제학교에 대한 사회적 수요가 증가하면서 그 수요가 늘어났을 것으로 추측할 수 있다. 주문화부장관협의회에서 2006년부터 발표하고 있는 전일제학교 통계에 의하면 독일에서 전일제학교가 빠른 속도로 확산되고 있음을 알 수 있다. 2014/2015학년도를 기준으로 독일의 전일제학교는 초등교육과 중등교육 단계의 학교 중 59.5%(2002년 16.3%), 전일제 프로그램에 참여하는 학생은 전체 학생의 37.7%(2002년 9.8%)인 것으로 나타났다. 통합형 종합학교는 86.9%가 전일제학교인 것으로 확인되었다.KMK, 2016 종합학교의 유형은 협력형Kooperative Gesamtschule과 통합형Integrierte Gesamtschule으로 구분되지만, 일반적으로 종합학교는 통합형 종합학교를 지칭한다. 대부분의 주는 통합형 종합학교를 운영하고 있으며, 두 유형의 종합학교를 모두 운영되는 주는 극히 드물다.

1982년 주문화부장관협의회에서 상호 인정하는 정규학교로 합의한 학교는 통합형 종합학교이다. 협력형 종합학교는 고유한 학교의 유형들이 학교 시설의 공동 이용, 교원의 교류, 수업의 공동 개설 등 협력적 관계를 유지하는 학교이다. 즉, 하나의 울타리에 세 개의 학교가 있는 형태이다. 교장은 공동으로 한 명이 될 수도 있고 학교 유형마다 한 명씩일 수 있다. 통합형 종합학교는 하우프트슐레, 레알슐레, 김나지움 과정의 학생들이 각자 다른 트랙을 가는 것이 아니라, 함께 수업을 받는 것이 특징이다. 동일한 과목의 수준을 달리하면서 개인적인 능력수준에 맞는 수업을 선택하도록 하고 있다.

헤센주의 〈학교법〉 제27조는 통합형 종합학교에 대하여 다음과 같이 규정하고 있다. 첫째, 종합학교에서는 통합된 학교 형태들의 교육 내용이 통합된다. 김나지움 과정의 중간 단계(중등교육 I단계)에서의 교육적인 제공은 5학년에서 10학년까지이다. 둘째, 학생들의 교육과정은 개인의 결정에 따라 내적으로 분화되어 있는 길을 따라가는 것을 가능하도록 한다. 셋째, 수업의 조직은 학생들의 요구, 재능, 기호에 따라 분화된 코스 수업을 통하여 학생들의 성취 능력과 관심에 맞는 중점적인 교육이 가능하도록 한다. 넷째, 교과의 성취수준에 따른 분화는 두 개 또는 세 개의 요구수준에서 이루어지고, 이 분화는 독일어와 수학에서 먼저 시작한다. 그리고 제1외국어는 7학년에서, 물리와 화학은 9학년에서 분화가 이루어진다. 이러한 분화는 학교 전체회의를 통하여 조정될 수 있다. 통합형 종합학교에 관한 규정은 주마다 세부 사항에서 조금씩 다르기도 하지만 기본골격은 같다.정기섭, 2015: 11-12

독일에서 2000년 이후 전일제학교가 활성화된 배경에는 학교 중도 탈락 방지, 어려운 가정환경에 처한 아동청소년의 보호, 이주 배경을 가진 아동청소년에 대한 교육 지원, 학생의 개별적인 지원이라는 사회적 합의가 자리하고 있다. 사회적인 변화와 요구를 반영한 종합학교와 전일제학교의 확산은 산업화와 도시화로 인해 발생한 교육의 문제를 해결하고자 19세기 후반 전일제학교의 선구적 모형을 제시한 전원기숙학교, 단호한 학교개혁가들이 제안한 '탄력적 단일학교'가 지향했던 것과 기본 원리는 크게 다르지 않다. 개혁교육학은 달라진 사회적 조건과 환경 속에서 발생하는 학교교육의 문제를 개선하기 위하여 변화된 조건과 환경을 반영하는 새로운 실천적인 시도들로 진행되고 있는 영원한 운동인 것이다.

4. 개혁교육학의 영향과 시사점

1945년 이후 독일의 학교개혁은 시기에 따라 '내적' 개혁 혹은 '외적' 개혁 중 어느 한쪽이 더 두드러졌다고 할 수 있다. '내적' 개혁은 아래로부터의 개혁으로 학생의 자기활동에 기초한 교수학적-방법적 차원과 관계하고, '외적' 개혁은 위로부터의 개혁으로 학교구조와 조직의 차원과 관계한다. 학교 개선을 위한 모든 노력이 학교개혁일 수 있지만 개혁교육학의 관점에서 학교개혁은 무엇보다도 '학생의 자기활동성'이 최소한의 기준이 된다. 즉, 학교개혁이 학생의 자발적인 참여에서 자기활동을 가능하게 하는 방향으로 이루어졌을 때 개혁교육학의 범주에 포함될 수 있는 학교개혁인 것이다. 이때 학생의 자기활동은 개인주의를 의미하는 것이 아니라, 공동체 생활에서 요구되는 '인간적 품성'을 목표로 하고 있는 것이다. 이 글은 독일의 학교개혁 과정을 개혁교육학의 관점으로 파악하였다. 내적, 외적 개혁이 기계적인 이분법으로 쉽게 구분되기는 어려울 것이다. 외적 개혁이 내적 개혁을 동반하는 경우도 있고, 외적 개혁이 내적 개혁을 동반하는 경우도 있을 것이다. 예를 들어 종합학교는 두 차원의 개혁을 모두 포함하는 경우라고 할 수 있다.

개혁교육학에 관한 논의에서 항상 제기되는 물음은 '개혁교육학이 실제로 학교 변화에 얼마나 영향을 미쳤는가?'이다. 이미 앞에서 살펴보았던 것처럼 바이마르공화국 시기인 1920년 6월에 개최된 제국학교회의에 개혁교육학자들이 공식적으로 초청되었고, 단일학교와 노작학교와 같은 개혁교육학자들의 시도들이 주요한 주제가 되었다. 이것은 개혁교육학이 독일의 교육체계를 새롭게 구성하는 국가적인 차원의 논의와 그 결과에 어떤 식으로든 영향을 주었음을 의미한다. 오늘날 학교에서 당연하게 보이는 체벌금지, 남녀공학, 다양한 열린 수업 방법은 개혁교육학의 영향이다. 개혁교육학 등장 이전의 학교는 체벌, 교사 중심, 서적 중심, 암기 중심, 주입식 수업이 지배적인 공간이었다.정기섭, 2007: 36 이하

개혁교육학이 오늘날까지도 영향을 미치고 있다는 것은 다음과 같은 사실을 통해서도 확인된다.

첫째, 전통적인 개혁교육학 시기인 19세기 말에서 20세기 초에 등장한 전원기숙사학교, 몬테소리학교, 예나플랜학교, 발도르프학교가 여전히 존재하고 있다.

둘째, 개혁교육학의 정신을 계승하면서 1970년대, 1980년대에 새롭게 등장한 종합학교, 빌레펠트 실험실학교, 글록제학교, 헬레네-랑에-학교 등이 학교개혁에 영향을 미치고 있다.

셋째, 학교연합인 '울타리를 넘어서는 시야', 로버트-보쉬-재단, 테오도어-호이스-재단의 활동들, 그리고 독일학교상의 제정과 수여의 배경에서도 개혁교육학의 정신이 지속되고 있음을 발견할 수 있다.

개혁교육학이 한국의 학교교육에 줄 수 있는 시사점으로는 다음과 같은 것을 고려해볼 수 있다.

첫째, 교육개혁은 교육의 본질적 특성에 대한 성찰적 과정이라는 점이다. 교육은 본질적으로 학습자 개인의 고유한 소질과 잠재적 능력의 계발이라는 하나의 측면과 사회의 존속유지를 위한 사회적인 요구의 반영이라는 또 다른 하나의 측면이 충돌하는 속성을 갖고 있다. 이상적인 교육은 두 측면을 균등하게 고려하는 데 있다. 학교교육개혁은 기존의 학교교육 현실에 대한 비판으로부터 시작되는데, 이 비판은 학교교육에서 개인적인 측면과 사회적인 측면이 균형을 이루지 못할 때 제기된다. 개혁교육학은 그 출발이 교육에서 사회적인 요구가 지나치

게 지배적인 현상을 비판하면서 개인적인 요구를 충족시키고자 한 시도라고 이해한다면, 근원적으로 '내적' 개혁의 특성을 갖는다. 개혁교육학은 불만족스러운 현재의 교육 현실에 대한 대안을 찾으면서 교육 현실을 더 나은 방향으로 개선해나가는 비판적 속성을 가지고 있다. 이것은 개혁교육학이 '내적' 개혁과 '외적' 개혁이 완전하게 조화를 이룬 이상적인 상태를 현재의 교육을 비판하는 준거로 상정하고 있다는 것을 의미한다. 그러므로 교육개혁은 일관되게 '내적' 개혁과 '외적' 개혁의 조화를 이루어가는 성찰적 과정인 것이지, '새로운' 것만을 교육 현장에 투입하는 것은 아닌 것이다.

둘째, 지금까지 진행된 교육개혁에서 과연 학생이 얼마나 고려되었는지, 그리고 지나치게 구호적인 학생 고려가 개인주의적 경향을 확대시킨 것은 아닌지에 대한 비판적 반성이다. 그동안 학교현장에 열린 교육, 수요자중심교육, 특기적성교육, 창의인성교육 등 학생 중심의 교육 대책들이 도입되었지만 학생들은 여전히 학교에서 지나친 경쟁에 내몰리고 학교생활에 만족하지 못하여 심각한 부적응을 보이기도 한다. 이러한 현상은 교육개혁이 개혁교육학의 의미에서 진정한 '내적' 개혁이 되지 못했다는 해석을 가능하게 한다. 그리고 학교교육과 관련하여 발생하는 적지 않은 문제들이 학생 중심 교육이 강조되면서 그에 대한 잘못된 이해로 인해 함께 사는 삶보다는 개인만을 위한 삶의 경향을 확대시킨 것에서 기인하는 것은 아닌지에 대해서도 진지하게 검토해볼 필요가 있다. 호르크하이머와 아도르노가 『계몽의 변증법』에서 계몽이 가져온 현대사회의 문제를 해결하기 위해 '계몽의 계몽'을 주장하였듯이 지금까지 교육개혁의 문제점을 반성하고 대안을 찾는 '교육개혁의 개혁'을 진지하게 고민해야 할 것이다.

■ 참고 문헌

정기섭(2013).「독일 헬레네-랑에-학교 사례 및 한국교육에의 시사점」.『교육정책인포메이션』제6호. 한국교육개발원.

정기섭(2015).「독일의 종합학교 현황과 시사점」. 한국교육개발원.『교육정책네트워크 세계교육인포메이션』6.

정기섭(2007).『독일의 대안학교-전원기숙사학교』. 서울: 문음사.

정기섭(2008).「독일에서 전일제학교(Ganztagsschule)의 발달과 2000년 이후의 활성화 배경」.『교육문제연구』30집, 39-57.

정창호(2012).「한국 학교개혁에 빌레펠트 실험실학교가 주는 시사점」.『교육의 이론과 실천』17(1), 71-93.

Choi, J. J.(2004). *Reformpädagogik als Utopie*. Münster: Litverlag.

Flitner, W.(1931). Die Reformpädagogik und ihre internationalen Beziehungen. In: Herrmann U.(Hrsg.)(1987). *Gesammelte Schriften. Bd. 4. Die pädagogische Bewegung*, 232-242.

Göhlich, M.(1997). *Offener Unterricht-Community Education-Alternativpädagogik-Reggiopädagogik. Die neuen Reformpädagogik. Geschichte, Konzeption, Praxis*. Weinheim/Basel: Beltz.

Koerrenz, R.(1994). "Reformpaedagogik als Systembegriff". *Z.f.Paed., 40*(4), 551-563.

Konrad, F.-M.(1995). Von der "Zunkunftspaedagogik" und der "Reformpaedagogischen Bewegung. *Z.f.Paed., 41*(5), 803-823.

Oelkers, J.(1994). Bruch und Kontinuitaet. *Z.f.Paed., 40*(4), 565-583.

Ohlhaber, F.(2007). Schulentwicklung in Deutschland seit 1964. *Manuskript*. https://www.uni-frankfurt.de/51736016/Ohlhaver_AufsatzSchulentwicklung.pdf

Pehnke, A.(1992). Ein Plaedoyer fuer unser reformpaedagogisches Erbe. *Paedagogik und Schulalltag. 47*(1), 19-33.

Pehnke, A.(1994). Das reformpädagogische Erbe während der DDR-Epoche und deren Auswirkung. In: H. Röhrs & V. Lenhart(Hrsg.). *Die Reformpädagogik auf den Kontinenten*. Frankfurt a.M. u.a.: Peter Lang, 433-442.

Pehnke, A.(1994). Reform-und Alternativschulen als Impulsgeber für das Regelschulwesen. In: Röhrs, H./Pehnke, A.(Hrsg.)(1994). *Die Reform des Bildungswesens im Ost-West-Dialogs*. Frankfurt am Main: Peter Lang Verlag, 307-317.

Riegel, E.(2004). Schule kann gelingen. 송순재 옮김(2012).『꿈의 학교 헬레네 랑에』. 서울: 착한책가게.

Röhrs, H. & Pehnke, A.(Hrsg.)(1994). *Die Reform des Bildungswesens im Ost-West-Dialogs*. Frankfurt a.M. u.a.: Peter Lang.

Röhrs, H.(1987). *Schlüsselfragen der inneren Bildungsreform*. Frankfurt am Main: Peter Lang Verlag.

Röhrs, H.(1995). *Die Vergleichende und Internationale Erziehungswissenschaft. Gesammelte Schriften. Bd. 3*. Weihneim: Deutscher Studien Verlag.

Scheibe, W.(1999). *Die reformpädagogische Bewegung. 10., erw, Auflage*. Weinheim und Basel: Beltz.

Scheuerl, H.(1997). Reformpaedagogik. In: Fakte, R.(Hrsg.). Forschung und Handlungsfelder der Paedagogik. *Z.f.Paed. Beiheft 36*, 185-235.

Schulze, Th.(2011). Thesen zur deutschen Reformpaedagogik. *Z.f.Paed., 57*(5), 760-779.

Sekretariat der Ständigen Konferenz der Kultusminister der Länder in der Bundesrepublik Deutschland: KMK(2016). *Allgemeinbildende Schulen in Ländern in der Bundesrepublik Deutschland -Statistik 2010 bis 2014-*.

Skiera, E.(1994). Schulentwicklung und Bildungspolitik in der "alten" Bundesrepublik Deutschland unter dem Einfluβ der internationalen Reformpädagogik. In: H. Röhrs & V. Lenhart(Hrsg.). *Die Reformpädagogik auf den Kontinenten*. Frankfurt a.M. u.a.: Peter Lang, 421-431.

Tenorth, H.-E.(1994). "Reformpaedaggoik". *Z.f.Päd., 40*(3), 585-604.

van Dick, L.(1979). *Alternativschulen*. Reinbek bei Hamburg: Rowohlt Taschenbuch Verlag, 175-180.

Wenzel, H.(1994). Herausforderungen für die Lehrerbildung in den neuen Bundesländern. In: Röhrs, H./Pehnke, A.(Hrsg.)(1994). *Die Reform des Bildungswesens im Ost-West-Dialogs*. Frankfurt am Main: Peter Lang Verlag, 207-222.

Wenzel, H.(2004). Studien zur Organisations-und Schulkulturentwicklung. In: Helsper, W./Boehme, J.(2004). *Handbuch der Schulforschung. Wiesbaden: VS*, 391-415.

Wunder, D./Rave, Ute-E.(2011). *Bildung-ein sozialdemokratisches Zukunfsthema*. Gesprächskreis Geschichte, 88, Friedrich-Ebert-Stiftung.

www.taz.de/!5009983/

www.spiegel.de/spiegel/print/d-14331729.html

www.auer-verlag.de/media/ntx/auer/sample/06526_Musterseite.pdf

www.freie-alternativschulen.de/

www.auer-verlag.de/media/ntx/auer/sample/06526_Musterseite.pdf

www.pl-jena.de/grund.html

4장

덴마크의 공교육과 자유교육: 혁신교육과 대안교육을 위한 상상력

송순재·카를 크리스티안 에기디우스Karl K. Ægidius

1. 유기체로서의 덴마크 교육

이 글은 덴마크의 학교 풍속도가 보여주는 진보적 성격을 역사적 고찰을 배경으로 밝히고 우리 교육에 시사하는 바를 살피기 위한 것이다. 덴마크 교육의 진보적 성격이라면 그것은 먼저 19세기 말에서 20세기 초중엽 유럽과 미국에서 다양하게 발흥·전개된 아동 중심 내지 아동 존중 교육을 추구했던 개혁교육학 혹은 진보주의 교육과 견주어 보았을 때 그러하며, 다른 한편으로는 일찍이 19세기 중엽을 기점으로 근대적 정치 체제를 위한 개혁과 민주시민 양성을 위한 교육이 선구적으로 모색되어왔다는 점에서 그러하다. 이 특징은 시기적으로는 '자유교육'이라는 특화된 영역에서 먼저 시도되었고, 이후 공교육의 성장과 전개 과정에서도 상당 부분 반영되었다. 이렇게 볼 때 덴마크 교육은 유럽과 미국에서 사용하는 개혁교육학 내지 진보주의 교육의 개념에 상응하면서도, 우리나라에서 사회변혁적 의미로 사용되는 용어, 즉 진보적 교육이라는 개념에 근접해 있다고 할 수 있다.

19세기 세계교육 지형도에서 덴마크는 이례적이며 특기할 만하다.[1] 첫째는 아주 이른 시기인 1814년에 여아를 포함한 학령기 아동(7~14

세)을 대상으로 7년간의 의무교육을 시행하는 공립학교인 폴케스콜레 Folkeskole를 국가 차원에서 나라 전역에 도입했다는 점이다. 이는 프로이센에 이어 세계에서 두 번째[2]의 일로 주목할 만하다. 잘 정비된 교사양성제도도 설치, 운영했는데 이것 역시 특별한 인상을 주기에 충분하다.

둘째는 이 국가적 제도와는 별도로 혹은 상반된 입장에서 19세기 중엽을 기점으로 여러 형태의 사립 자유학교들이 태동한바, 폴케스콜레에 대응하는 자유학교인 프리스콜레Friskole와, 아울러 농촌의 청소년과 성인 청년들을 위한 대학의 초기 형태들(중등교육 포함)이 시작되었다는 점이다. 시기적으로는 이 대학이 먼저 세워졌으며, 이후 이들 자유교육기관들은 덴마크 교육과 사회에 깊은 호소력을 갖고 빠르게 확산되었다. 자유학교란 국가 공교육 체제에서 벗어나 독자적 형태의 교육을 추구하는 학교를 일컫는 말로, 공교육과는 출발점을 달리하며 이를 비판하는 시각에서 시작되어 국가교육체제와의 숱한 대결과 논쟁을 거쳐 덴마크 교육법을 통해 국가적, 사회적으로 지지받는 구조로 성장하게 되었다. 이러한 시도는 명백히 오늘날 대안학교의 선구적 형태로 주목할 만하다.

공립학교와 자유학교는 발전을 거듭한 결과 오늘날의 형태로 자리를 잡았다. 국가 공교육 영역에서는 1-9/10학년제의 폴케스콜레 즉 공립기초학교와 또 이를 기반으로 이어지는 김나지움과 직업교육 경로

---

1. Karl K. Ægidius(2003), 「덴마크의 학교풍속도」, 송순재 옮김, 『처음처럼』 35(2003. 1/2): 82~83.
2. 공교육을 최초로 도입한 나라는 프로이센으로 프리드리히 대왕은 의무교육제에 대한 칙령을 반포했고 1763년에 이르러 일반지방교육법(General-Land-Schul-Regierung)을 제정, 프로이센 전 지역에 의무교육이 실질적으로 시행될 수 있도록 했다. 김창환 (2014), 「독일공교육의 전개와 기독교」, 『공교육과 기독교』, 강영택 외, 좋은 교사, 37-38.

가 설치되어 있으며, 한편 자유교육 영역에는 1-9/10학년제의 프리스콜레Friskole, 즉 자유기초학교와 중등교육 연령층(14~17세)을 대상으로 한 에프터스콜레Efterskole가, 그리고 이와 함께 성인을 위한 평민대학인 폴케호이스콜레Folkehøjskole가 설치되어 있다. 흥미롭게도 오늘날 공교육과 자유교육 양자는 특정한 방식으로 상호 영향을 주고받는가 하면 협력하는 양상도 보이고 있다.

2. 공교육의 역사, 기본 성격 및 유형[3]

1) 초등교육과 중등교육 Ⅰ단계: 폴케스콜레

(1) 초기 역사와 현 제도적 특징

덴마크 교육제도의 뿌리는 15세기까지 거슬러 올라간다. 이 시기에 체계적인 교육제도의 틀이 만들어졌지만 몇백 년 동안 교육은 귀족이나 엘리트들만을 위한 것이었다. 그러던 중 새로운 전기가 마련된 것은 19세기 초엽으로 1814년 〈일반학교법General School Law〉이 최초로 도입되었다. 당시 덴마크 왕은 지방정부로 하여금 7~14세의 모든 아동을 위한 학교를 설립, 운영하도록 의무화했다.

이 일반 학교의 목적은 다음 두 가지로, 하나는 "기독교적 교훈에 따라 선하고 올곧은 인격"으로 자라나도록 하는 것과, 다른 하나는

---

3. 2(전체)는 송순재·고병헌·카를 에기디우스 편(2011)의 『위대한 평민을 기르는 덴마크 자유교육』(민들레) 중 카를 크리스티안 에기디우스K. K. Ægidius의 「덴마크 공교육과 자유교육의 법제화 과정과 쟁점」과 「덴마크의 공식교육과 비공식 교육」 중 초중등교육에 해당하는 부분(110-135, 94-135, 154-156)을 이 글의 취지에 따라 편집한 것임. 단 수정 보완이 필요한 부분에 한해 송순재가 가필하였음.

"한 국가의 쓸모 있는 시민이 되는 데 필요한 지식과 기술"을 가르치기 위한 것이었다. 이 공립학교의 기본 틀은 사회와 학교현장에서 있었던 많은 변화에도 불구하고 1937년까지 유지되었다.

오늘날 폴케스콜레는 1학년부터 6학년까지의 초등교육 과정과 7학년부터 9/10학년까지의 중등교육 I단계를 포괄하는 공립기초학교를 지칭한다. 국가는 일반교육법을 통해 이 단계의 교육의 목적, 학습 내용의 일반적 기준과 지침 및 학교 행정과 운영에 대해 규정하고 있다. 이에 따라 지방자치정부는 지방 수준에서 교장, 교사, 학부모와 협력하여 법의 시행과 재정에 대해 책임을 진다. 폴케스콜레 과정 이전 단계에는 유치원이 설치되어 있으며, 이후 단계에 진학하기 전 자발적으로 10학년 과정을 선택할 수도 있다. 보통 학업성취도에 따라 차등을 두지 않는다. 유급은 없다. 모든 학교에서 교육과정은 추천적 성격(국가가 강제로 부여하는 식이 아니라)을 가질 뿐이다. 성적은 공립학교에서 7학년부터 부여한다. 사립학교는 학생을 평가할 때 자체 기준에 의거한다. 교과서는 허가제가 아니다. 모든 학교 학생들은 9학년 말에(혹은 원할 경우 10학년 말) 단일한 평가기준에 의거 졸업을 위한 국가고시를 치러야 한다. 학년 말 졸업시험에 통과하면 3년간의 김나지움이나 다른 경로의 상급과정에 진학할 수 있다.[4] 이 특징들은 폴케스콜레와 나란히 존재하는 사립학교나 자유(대안)학교에도 동일하게 적용된다.

(2) 법적 틀

폴케스콜레의 법적 틀은 국회의 결정으로 만들어진다. 현재 시행되

---

4. Eckhard Bodenstein(1996), "Länderstudie Dänemark", in: *Reformpädagogik und Schulreform in Europa*. Bd. II, hg. von M. Seyfarth-Stubenrauch, Hohengehren, 437.

고 있는 법률은 2006년 국회에서 여당이 다양한 의견들을 수렴해 새로 개정한 것이다. 이 법률은 대체로 전통을 수용하면서도, 여당의 의지와 비전뿐 아니라 시대 상황에 발맞춘다는 취지를 살린 것이다. 법안에서 폴케스콜레의 목적을 밝힌 다음 조문들은 매우 중요하다.

제1조. 폴케스콜레는 부모와 협력해서 학생들에게 지식과 기술을 제공하고, 양질의 교육을 받을 수 있도록 준비시켜야 한다. 또 더 많은 배움을 위한 열의를 촉발시키고, 학생들이 덴마크 문화와 역사에 친숙하도록 해야 한다. 아울러 다른 나라들과 그 문화들에 대한 이해의 기회를 제공하고, 인간과 자연 사이의 상호작용에 관한 이해에 기여해야 하며, 학생 개개인이 다방면에 걸쳐서 소질을 발휘할 수 있도록 자극하고 격려해야 한다.

제2조. 폴케스콜레는 공부하는 방법을 계발해서, 학생들이 그것을 경험하고 흡수하고 진취적으로 펼칠 수 있도록 가능성을 만들어내야 한다. 이에 따라 학생들은 인지력과 상상력을 발달시킬 것이고, 그들 자신의 가능성에 대해 자신감을 갖게 될 것이며, 직업을 갖고 활동하기 위한 경력을 계발해나갈 것이다.

제3조. 폴케스콜레는 학생으로 하여금 자유와 민주주의에 토대를 둔 사회 안에서 참여 의식과 공동의 책임감을 가지고 권리와 의무를 행사할 수 있도록 준비시켜야 한다. 그러므로 학교에서 이루어지는 다양한 교육적 노력과 학습 구조는 지적 자유, 동등한 존엄성, 민주주의라는 특징을 잘 드러내야 한다.

(3) 교육과정

1학년부터 9학년까지의 교육과정에 편성된 교과목은 다음과 같다.

인문학: 덴마크어, 영어, 기독교·종교, 역사, 사회

실용·예술 과목: 스포츠·체조, 음악, 시각예술

자연과학: 수학, 자연과 기술, 지리, 생물, 물리와 화학

독일어와 프랑스어는 7~9학년 학생들이 선택과목으로 공부할 수 있다. 또 각 지역 학교들은 학생들이 실용적, 예술적, 기술적 성격의 수업을 선택해서 공부할 수 있도록 다양한 과목을 제공할 수 있다. 가령 길을 횡단할 때 좌우 확인하기, 건강, 양성평등, 가족 문제 같은 주제는 1~9학년에서 배우는 정규과목에 필수적으로 들어간다. 마찬가지로 상급 단계의 교육, 노동시장과 미래 직업처럼 진로와 관련된 가능성을 탐색하는 오리엔테이션도 들어 있다. 특정한 상황에서 학생들은 기독교 수업을 면제받을 수 있다. 장애가 있어 배움에 어려움을 겪는 아이들을 위해 다양한 지원 수단을 활용할 수 있다. 모든 교과목에 대해 교육부와 장학사는 조언과 안내를 할 수는 있지만, 교육청이나 교사에게 의무적인 지침이나 생각을 전달해서는 안 된다.

1학년부터 9학년까지의 학교교육에서, 학생과 부모는 학생이 얼마나 성취했는지 알아야 하고, 교육을 통해 학생이 얻은 유익이 무엇인지도 알아야 한다. 그래서 교육부는 공식적인 평가 기준을 정해 학생이 각 과목에서 성취해야 할 단계별 목표와 최종 목표를 세웠다. 지속적인 평가의 하나로, 교육부는 특정 학년 단계에서 성취해야 할 특정 과목에 대한 학생의 실력도 평가해왔다. 평가 결과는 학생 개개인의 학업 계획표에 기록되고, 다음 단계 평가에서 판단 기준으로 사용할 수 있

다. 또 각 지역의 폴케스콜레에서 실시한 지역의 평가 결과는 평균을 내어 교육부 홈페이지에 게시한다. 그러면 관심 있는 부모와 학생은 자기 학교와 다른 학교의 평균적인 결과를 비교해볼 수 있다. 각 지역의 폴케스콜레는 이 결과물을 자기 학교 홈페이지에 올릴지 말지 판단해서 결정한다. 이같이 국가가 정한 목표에 도달하기 위한 교육활동 평가, 학생 개개인의 학습계획표 등은 덴마크에서는 새로운 현상으로, 교사들 사이의 논쟁거리가 되기도 하고 불만족의 원인이 되기도 한다.

9학년을 마칠 즈음 졸업시험을 보는데 덴마크어, 수학, 영어, 물리·화학 과목은 의무적으로 포함되어 있다. 또 매년 교육부가 설치 규정한 인문계 과목과 자연과학계 과목 중 두 과목을 선택해 시험을 본다. 그 밖에 다른 과목에 대한 시험은 각 학교가 자발적으로 선택하는데, 보통 부모와 상담한 뒤 학생 각자가 선택하도록 하고, 교육부가 정한 규칙에 따라 학교의 시험을 실시할 수 있다.

10학년 과정은 선택 사항이다. 10학년을 마친 학생들 중 덴마크어, 수학, 영어, 독일어, 프랑스어, 물리·화학과목 수업을 들었을 경우, 해당 과목에 대한 시험을 치를 수 있다. 수업을 듣지 않았거나 시험을 보지 않은 학생들은 9학년 졸업시험 과목 중에서 한 과목 이상의 시험을 칠 수도 있다. 시험을 치겠다는 결정은 학생, 부모, 학교 당국 간의 상호 협의하에 이루어진다.

이 같은 규칙과 조항들 외에도 새로 만들어진 폴케스콜레 법에는, 학급 정원이 30명을 넘지 말 것과 교육부가 학년별 수업 시수와 과목의 결정권을 갖고 있다는 사실도 명시하고 있다. 수업 방식도 각 과목 목표나 주제와 맞아야 하고, 폴케스콜레의 일반 목적과 부합하는 방식으로 이루어져야 한다는 것도 명시하고 있다. 그래야 학교는 학생들이 평가나 시험에 대비해 필요로 하는 것을 충족시켜 줄 수 있고, 학생들은 자기 수준에 맞는 목표에 적절하게 도전할 수 있기 때문이다. 공부 방법이나 내용 그리고 주제 선택은 교사와 학생들이 함께 협의해 정한다. 담임교사(보통 덴마크어 교사가 맡음)는 자기가 맡은 학급에 애정을 갖고, 문제를 해결할 때 학생들과 협력하여 풀어간다.

지역 의회는 지역의 모든 어린이들에게, 유치원부터 폴케스콜레 10학년까지의 기본교육을 무상으로 제공할 책임이 있으며, 지역 공립학교들의 교육활동을 보장하기 위해 적절한 법규나 조항을 제정할 수 있다.

(4) 폴케스콜레의 교육 주체들

학교의 일상생활과 학습활동을 함께 만들어가는 파트너도 있다. 학생회(학생과 학생 대표), 교사위원회(교사들과 교사 대표), 교장과 교감, 행정·보조 직원, 학교위원회(학부모 대표, 교사 대표, 학생 대표)가 대표적인 그룹이다. 각 그룹의 역할과 권한은 아래와 같다.

모든 폴케스콜레에 있는 학교위원회는 학부모들이 선출한 5~7명의 학부모 대표, 교사들이 선출한 교사 대표 2명, 학생회 대표2명으로 구성된다. 학교위원회 활동은 지역의회에서 정한 교육 목표와 틀에 따른다. 위원회는 각 학년의 수업 수, 수업 일수, 선택할 수 있는 과목 수, 배움에 어려움을 겪는 학생들을 위한 특별교육, 교사들 사이의 업무 분담 같은 학교 운영과 관련된 방침들을 논의하고 결정한다. 또 학부모와 학교가 어떻게 협력할지, 아이들이 수업에서 얻은 게 무엇이며 학부모에게 어떻게 알릴지, 각종 방식과 방침을 정할 수 있다. 학교에서 이루어지는 행사, 캠프, 실습, 학교에서의 여가 시간 조정 등에 관한 규칙들을 정하는 것도 학교위원회의 임무다. 학교예

산, 수업 기자재 구입과 관련된 사안, 교칙 같은 것들 역시 학교위원회의 승인을 필요로 한다. 이 밖에도 학교위원회는 교사와 교장 임명, 교육 관련 보고서나 계획안을 포함해 지역의회에서 제기된 문제에 의견을 달라는 요청을 받기도 한다.

학교장의 역할은 바퀴 축에 비유할 수 있다. 교장은 행정 리더십을 발휘할 책임이 있고, 학교위원회나 지역의회에 자기 학교의 활동을 설명해야 한다.

교사위원회는 가르치는 일에 종사하는 모든 교직원으로 구성된다. 교사위원회는, 2006년 개정된 폴케스콜레 법에 따라 이전과 달리 학교위원회에 대표 두 명을 참여시킬 권한만 갖는다. 일종의 자문 역할을 하는 위원회인 셈이다.

학생회는 모든 폴케스콜레에 다 있지는 않지만, 법률에 의해 5학년 이상 학생들은 자신의 관심사와 관점을 대변할 수 있는 학생회를 구성할 권리를 가진다.

(5) 폴케스콜레가 당면한 문제와 이를 풀어가는 방식
폴케스콜레는 당면한 문제와 어려움을 여러 그룹을 통해 토론을 통해 풀어나간다.
폴케스콜레가 당면한 문제 중에는 "각 조직의 요구가 다를 경우 적절히 힘을 분배하고 결정하려면 어떻게 해야 할까" 같은 토론을 요하는 문제가 있다. 제도란 자연스럽게 특정한 위계질서를 갖기 마련이다. 위계질서에서 상위단체나 사람들이 하위 부분이 수행하는 일을 조정하고 판단하게 된다. 예컨대 "여러 분야에 참여하는 다양한 단체나 참여자들의 의무, 권리, 책임, 권한의 한계는 어디까지일까?" 혹은 "누가 무엇을 결정하고, 어떤 문제를 풀어내는가?" 같은 문제이다.

또 다른 문제로 새로운 법규를 둘러싼 입장 차이도 있다. 지난 십수 년 동안, 새로운 법률과 결합해서 교육부가 내놓은 몇 가지 선도적인 제안과 법규들이 교사들의 근무 조건을 근본적으로 규제하고 있다는 사실은 누구도 부정할 수 없다. 이 법규들은 교사들에게 전례 없는 과업과 의무를 수행하라고 요구한다. 이 문제에 대한 논쟁은 치열하다.

그런가 하면 최근 들어 가장 많이 토론된 또 다른 문제로, 평가와 시험에 관한 것도 있다. 1990년대 국립평가연구소가 설립되기 전에는, 덴마크에서는 기본 교육 과정에서 시험 결과를 체계적으로 평가할 방법이 없었다. 그런데 2000년에 이루어진 피사(PISA, OECD 국제학업성취도평가)에서, 덴마크의 15, 16세 학생들이 읽기나 쓰기에서 다른 나라 학생들보다 뒤진다는 결과가 나왔다. 이 결과에 정치가들과 정부는 깜짝 놀라고 낙담했다. 더욱이 덴마크는 기본교육을 받는 학생 비율이 세계에서 가장 높은 나라 중 하나였지만, 기본교육을 마친 졸업생들 중 '기능적 문맹자(어떤 임무나 상황에서 필요한 읽기와 쓰기 능력이 결핍된 사람)'로 분류된 사람들의 비율은 약 17%나 될 정도로 높았다. 그 결과, 중앙정부 교육관련 부서 주도로 평가 방법들과 법률이 잇따라 제정되었다. 현시대에 유행하고 있는 평가 문화를 만들어내고, 기본교육 기간 동안 특정 시기마다 핵심 과목에 대해 전국 단위의 시험을 보고, 통계적인 분석과 비교를 위해서 구체적이고 쉽게 측정할 수 있는 평가 방법을 제공하는 것을 목표로 했다. 그다음에는 '폴케스콜레의 교육의 질을 평가하고 발전시키기 위한 심의회'가 이 문제를 조사하고 매년 보고서를 제출하는 일을 맡게 되었다. 심의회는 평가 방법들의 효율성을 평가하고, 현 상황에 나타난 문제들의 해결 방안으로 새로운 방법을 시행해보거나, 현재의 형태를 계속하도록 권고하는 일을 맡았다. 하지만 이 조사 결과가 기계적인 읽기 능력과 교과서 지식을 재생산하는 방식만 고려한 것이 아니냐는 의문과 비판도 제기되었다. 기본교육에서 정말로 중요하게 여겨야 할 가치 있는 결과는 고려하지 않았다는 것이다. 사회적이고 민주적인 태도와 관련해서 학생 개개인이 지니고 있는 독립적인 사고력의 발달 같은 것은 고려하지 않았다는 뜻이다. 이 조사가 교육적 결과를 좀 더 쉽게 평가하려는 데에만 초점을 맞추는 바람에, 금방 드러나지 않는 가치들은 무시하지 않았는지, 또 이러한 가치가 지닌 영속성이나 중요성이 무시되어 교육이 절름발이가 되어가는 건 아닌지, 염려와 비판이 제기되었다.[5]

학교현장에서 날마다 일어나는 수많은 자잘한 문제들과 새로운 환경에 몸과 마음을 맞춰 나가도록 몰아붙이는 전환기적 도전이 지금 폴케스콜레가 처한 상황인 셈이다.

2) 중등교육 II단계 - 네 가지 경로

(1) 김나지움과 직업교육과정

중등교육 II단계는 보통 15세에서 19세까지(11~13학년, 때로는 10~12학년)의 학령기에 해당한다. 크게 두 범주로 나눌 수 있다. 하나는 김나지움 과정Gymnasium이며, 또 하나는 직업교육으로 숙련공 혹은 반숙련 기능공을 양성하는 교육과정이다.

---

5. http://en.wikipedia.org/wiki/Danish_Folkeskole_Education(2016. 10. 02. 인출)

김나지움은 폴케스콜레 9/10년 과정의 연장선상에 있는 교육 단계로, 앞으로 이어질 상급 단계의 공부에 필요한 기본을 3년 동안의 보편교육과정으로 제공하는 것을 목적으로 한다. 김나지움 졸업시험은 언어-인문학 영역과 수학-자연과학 영역으로 구성되며, 대학 입학을 위한 자격을 결정한다. 수업 방법은 학생 개개인의 자질 향상에 기여해야 하며, 마찬가지로 학생의 관심사를 충족시키고 민주사회의 삶에 활발히 참여할 수 있는 능력을 계발하는 형태여야 한다.

(2) 김나지움 수준에서 운영되는 또 다른 세 가지 교육 경로
앞에서 소개한 김나지움과 아울러 이 수준에서 운영되는 또 다른 경로의 다음 세 가지 교육과정이 존재한다.

대학 준비 과정(HF, Higher Preparatory Exam)

2년간의 보통교육 과정으로, 교육의 목적이나 내용이 김나지움과 거의 비슷한데, 대부분 9년이나 10년 동안의 의무교육 후에 학업에 지친 학생들이 일 년이나 몇 년간 취업이나 여행을 포함한 여러 사회 경험 후 대학 교육의 진정한 필요성을 깨닫고 진학 준비를 원하게 될 때 주로 선택하는 과정이라 할 수 있다. 아울러 HF를 좀 더 유연하게 변형시킨 구조가 있는데, 자유 시간이나 저녁 시간에 공부를 할 수 있도록 한 과정이 그것이다.

상경계 대학 준비 과정(HHX, Higher Commercial Exam)

3년 과정으로, 주로 상경계 전문대학이나 대학 입학시험 준비를 위한 경로이다. 산업 활동에서 요구되는 상경계 교육도 이루어진다.

기술계 대학 준비 과정(HTX, Higher Technical Exam)

3년 과정으로 기술공업계 전문대학이나 대학 입학시험 준비를 위한 경로이다. 기술과학, 자연과학 관련 과목을 공부한다. 프로젝트 학습이 중시된다. HTX 과정은 보편교육과 기술·과학 분야의 좀 더 높은 수준의 교육을 제공한다. 학생의 창의성과 독립적 사고의 계발에 초점을 맞추고 있는 이 과정은 학생들이 이론적인 지식을 가지고 실제적·기술적·구조적인 문제들을 해결할 수 있는 능력 배양을 목표로 한다.

(3) 직업교육과정

직업교육과정은 2년제에서 5년제까지 그 교육 기간이 매우 다양하다. 이 과정이 어느 정도 걸릴지는 이론 공부 기간과 승인된 회사나 단체에서의 실습 과정 기간에 따라 다르다. 이 과정을 통해서 학생들은 기초사회봉사직, 의료서비스직, 농업, 목수일이나 기타 수공 작업을 요하는 직업, 판매보조원 등에 적합한 자격을 취득한다. 직업교육과정에 있는 학생들은 인문계 교육과정 중 한 과목 이상을 이수할 수 있다. 이 같은 방식으로 학생들은 본인의 선택에 따라 대학진학을 준비하거나 취업 준비 교육을 받을 수 있다.

김나지움과 마찬가지로, 이곳에서는 10주에서 60주 사이에 첫 기본 과정을 이수해야 하며, 그다음 3년 내지 3년 반 동안의 중요 과정이 뒤따른다. 하지만 학생들은 전문대학교college에서 이런 직업과정을 시작할 수도 있고, 혹은 견습생으로 회사나 공장, 단체에서 실제적인 일을 시작할 수도 있다.

직업교육의 전 과정 동안, 학생들은 대략 30~50% 정도의 시간은 학교에서 보내고, 50~70% 정도의 시간은 회사나 공장, 단체에서 실제 견습생으로 일하면서 보낸다. 때로 어떤 학생들은 후반기 교육 기간 동안 적당한 견습 장소를 찾는 데 어려움을 겪기도 한다. 이 경우 학교는 회사나 공장이나 단체 협동조합의 동의를 얻어 학생들이 견습할 수 있도록 일을 배정해줄 의무가 있다. 이 과정들은 비교적 단기간(최대 1년 8개월 내)에 이루어진다. 이 과정을 통해서 학생들은 노동시장에서 요구되는 신뢰할 만한 전문적, 개인적, 보편적 자격을 부여받게 된다.

3) 현 상황의 주요 쟁점과 과제

현 상황에서 덴마크 공교육 제도의 중요한 쟁점과 과제를 간추려보면 다음과 같다. 각 영역은 다양한 과제와 문제를 갖고 있긴 해도 한 가지 공통된 문제에 직면하고 있다. 이는 현시대가 바로 전환기라는 사실에서 비롯되는 문제이다.

현재 진행 중인 교육제도의 변화와 개혁 과정은, 주로 정치적인 입법 활동으로 주도되어 이끌려가는 것처럼 보인다. 유럽연합의 교육기관들과 교육당국의 진취적 발달 과정에 자극을 받으면서, 또한 세계화라는 도전에 대응하고 미래 경쟁력과 자국 경제를 지키고 싶어 하는 덴마크 정부와 국회 다수당은 교육의 여러 관련 법률들을 제안하고 제정하고 있다. 하지만 늘 그렇듯이 위에서 아래로 향하는 결정 절차로 인해 교육 관계자와 개인들 사이에서는 원망과 불만이 표출되고 있다. 또 교육활동 조건의 변화와 악화된 상황, 새로운 요구나 목표에 대한 이해 부족, 목표나 의도에 대한 불일치로 인해서 좌절감 역시 널리 확산되고 있는 실정이다. 그러나 다음과 같은 교육제도의 두 가지 혁신 과제 인식이 일반적으로 공감을 얻고 있기 때문에 합리적 결론에 도달할 것으로 보인다.

첫째, 교육제도의 모든 분야에서 교육위원회를 만드는 것이다. 이 위원회는 자기가 담당하는 교육기관이 얼마나 발전했는지에 대해 매년 조사,보고하고, 교육활동을 안내하는 규칙을 만드는 임무를 지닌다. 아울러 제대로 기능하지 못하는 규칙들과 원칙들을 수정하는 방법을 행정기관과 정치부서에 권고하는 임무도 띤다.

둘째, 새로운 평가 문화를 만들어가려는 노력이다. 여기에는 모든 교육기관들이 교육활동의 기능을 향상시키기 위해 의무적으로 매년 실시하는 자체 평가 과정, 계획안, 필요한 단계들의 수행 등이 포함된다.

3. 자유교육의 역사, 기본 성격 및 유형

공교육 제도에 이어 자유교육에 대해 살펴보기로 한다. 먼저 역사적 전개과정에 대해 일견한 후, 이어서 초창기 상황을 기점으로 오늘날까지 전개된 다양한 사립 자유교육기관들을 그 중심적 위치에 있는 프리스콜레, 에프터스콜레, 폴케호이스콜레를 중심으로 살펴본다.

1) 자유학교 발단의 역사적 정황과 유형 및 그 기초자들

프리스콜레는 1~9/10학년 공립기초학교인 폴케스콜레Folkeskole에 대응하는 자유기초학교이다. 프리스콜레는 절대왕정 치하의 덴마크 사회를 근본적으로 뒤바꾸어놓은 시민사회의 풀뿌리 운동과 함께 시작되었다. 이것이 가능했던 이유는 중앙정부의 권력이 아직 강력하지 못했던 반면 지역의 힘은 상대적으로 활발하고 기운찼기 때문이다.

19세기 초, 덴마크 정부가 유럽을 풍미하던 계몽주의 사상의 영향

아래 학령기 아동을 대상으로 처음 도입한 7년간의 의무교육제는 그 내용과 방식에서 진보적 사상가와 교사들에 의해 교육적으로 심각한 문제가 있는 것으로 비판을 받았다. 또한 특정한 근대 교육적 의미에서 새로운 정신('평민정신')으로 각성된 농민층으로부터도 점차 강한 반대에 부딪치게 되었는데, 의무교육제도가 가정 공동체에 무분별하게 개입하고, 아이에 대한 부모의 권리를 대폭 제한한다고 여겨졌기 때문이다. 농민들은 학교교육을 받는다 해도 사회적 상승 기회를 갖기가 거의 불가능했지만, 국가는 의무제를 준수하도록 했고 위법 행위에 대해서는 벌금형이나 체형을 가했다. 이러한 상황은 결국 학교교육을 바라보는 관점과 태도에 새로운 변화 국면을 가능케 했는데, 즉 학부모와 교사들은 교육에 대한 국가의 독점을 거절하고 힘을 합쳐 정치적으로나 교육적으로 자유로운 형태의 독자적 교육기관인 프리스콜레를 설립하게 되었던 것이다. 그 의미 있는 결과 중 하나로 1855년 제정된 학교법을 들 수 있다. 이 법에서는 만일 부모가 아이를 공립학교에 보낼 의사가 없을 경우 관계 부처에 합리적 근거를 제시하고 의무교육을 면제받을 수 있도록 규정했다(오늘날 덴마크의 공립학교는 지자체를 단위로 조직되어 있다. 공립학교가 설치, 운영하는 개개 학과의 공통 목표를 정하는 것은 중앙정부지만, 이 목표에 어떻게 도달할 것인지는 지방정부가 정한다. 하지만 중앙정부는 몇몇 교과에 대해서만은 의무적으로 시험을 부과한다).[6]

아울러 주목할 만한 것은 프리스콜레와 같은 정신적 토양과 맥락에서 있는 '폴케호이스콜레Folkehøjskole'와 '에프터스콜레Efterskole'라는 두 유형의 학교이다. 폴케호이스콜레, 즉 평민대학[7]은 본래 19세기 중엽

---

6. http://en.wikipedia.org/w/index.php?search=friskole&title=Special%3ASearch&go=
   Go(2016. 10. 05. 인출).
7. 덴마크어 폴케호이스콜레는 본래 왕과 귀족 및 사제 계층과 구별된 국민 전체의 교육을 목적

민주적 정치체제를 향해 새로운 변화를 맞이한 덴마크 사회를 배경으로 시작되었다. 두 가지 연원이 있는데 하나는 1844년 명시적으로 폴케호이스콜레라는 이름으로 시작된 학교와, 처음에는 농민대학 형태로 1849년 시작했다가 2년 뒤인 1851년 폴케호이스콜레로 개명하여 운영되기 시작한 학교가 그것이다. 후세에 실제 의미와 영향력을 갖게 된 것은 후자이다. 이 대학은 처음 농촌 청소년과 청년이 사회, 경제, 정치, 문화 영역에서 부르주아 문화에 맞서 '자유롭고 참여적인 시민'으로 자랄 수 있게 하려는 목적을 가지고 출발했으며, 시간이 경과함에 따라 차츰 청소년 교육을 위한 에프터스콜레와, 이와는 다른 경로의 성인을 대상으로 한 폴케호이스콜레로 분화되었다. 오늘날 에프터스콜레는 보통 14~17세 연령층의 8~10학년 청소년을 위한 구조(우리나라의 중학교 2학년에서 고등학교 1학년 정도에 해당)로 공교육제도와 병렬된 구조로 설치되어 있다. 두드러진 특징은 인생여로의 까다로운 분기점을 통과하는 청소년들에게 각자 삶의 길을 찾고 덴마크 역사에 기반을 둔 민족공동체 의식과 민주주의 정신을 체득하도록 돕기 위한 학교이다.[8] 한편 폴케호이스콜레는 주로 18세 이상 청년과 성인을 대상으로 개성의 함양과 공동체 의식 및 민주주의를 깨우치도록 돕기 위한 평생교육기관으로, 오늘날 덴마크에서 볼 수 있는 높은 수준의 정치 문화적 민주주의는 이 대학의 역사적 기여 덕분으로 종종 평가된다. 앞에서 언급한 프리스콜레는 폴케호이스콜레의 설립 정신을 모

으로 하되 '평등한 국민'을 위한 학교라는 뜻에서 평민대학이라는 용어가 가장 적절할 것으로 판단된다. 하지만 민주화된 사회에서 살아가기 위한 시민의 양성을 의도했다는 점에서 그리고 이를 모태로 오늘날 다양하게 발전되어 운영되고 있는 평생교육기관과의 역사적 연관성을 고려하여 '시민대학'이라는 용어도 가능할 것이다.

8. Nielsen, S. B.(2000), *Meet the Danish Efterskole, Copenhagen*, Efterskoleforeningen, 4-5, 14-15; http://en,wikipedia.org/wiki/Efterskole.

태로 하면서 시기적으로는 농민대학과 폴케호이스콜레가 설립된 이후 시점인 1852년에 설립되었다.

이상 세 유형의 학교들은 처음 설립된 이후 분화과정을 거치면서 어떠한 단절도 없이 지속적 발전을 거듭해왔다. 아울러 언급할 만한 것은 앞서 세 유형의 학교를 배경으로 20세기 중엽 이후 또 다른 세계관이나 사회문화적 근거 아래 설립된 다양한 자유학교들이다. 전체적으로 보아 그 양상은 다음과 같이 놀라울 정도로 폭이 넓고 다채롭다.[9]

- 릴레스콜레lilleskole(작은 학교): 1960년대 미국과 유럽에서 일어났던 문화운동 내지 개혁교육학적 운동의 흐름을 타고 설립된 자유학교.
- 자유실업학교realskole: 이념이나 교육학 때문이 아니라, 농촌이나 도시에서 지적으로 재능 있는 아이들에게 공립학교보다 좀 더 나은 교육을 제공하기 위한 목적으로 설립된 학교.
- 다원주의적이고 세속화된 공립학교에 대한 대안으로 세워진 경건주의적인 개신교 학교와 가톨릭 학교.
- 독일계 소수민을 위한 학교, 발도르프학교Rudolf-Steinerskole, 그 외 유대인과 프랑스인 및 영어권과 이슬람권 사람들을 위한 사립학교들.
- 이들 초중등교육 단계의 학교들과는 별도로 자유학교 교사를 양성하기 위한 자유교사대학Den frie Laererskole.

---

9. Eckhard Bodenstein(1996), "Länderstudie Dänemark", i39.

이상 사례를 통해서 볼 때 오늘날 덴마크는 학교의 변화를 이리저리 모색해온 거대한 실험실처럼 보인다. 이 학교들 가운데 앞에서 언급한 프리스콜레와 에프터스콜레, 폴케호이스콜레는 오늘날 덴마크 자유교육의 역사적 기원과 전개 상황을 특징적으로 보여주는 대표적 사례들이자 국제적으로도 알려진, 가장 영향력 있는 자유학교들이라 할 수 있다.

덴마크 교육 지형도가 보여주는 이 특이한 현상은 역사적으로 니콜라이 그룬트비와 크리스튼 콜이라는 두 인물로부터 유래한다. 한 사람은 사상가지만 또 다른 한 사람은 실천적 교사로, 이들 선구자들의 활동과 족적 없이 덴마크 자유교육이라는 다채로운 세계를 이해하기는 어렵다. 그룬트비Nikolaj F. S. Grundtig(1783~1872)[10]는 번영을 구가하던 19세기 중엽의 덴마크 사회에서 살았으며, 덴마크 루터국교회에서 지도적 영향력을 행사한 목사로, 라틴어와 앵글로색슨어, 현대 덴마크어 분야에서 독보적인 언어학자로, 당대를 대표하는 역사가이자 문화철학자로, 독보적인 북유럽신화 연구가로, 덴마크에서 널리 사랑받는 시인이자 1,400여 편에 이르는 방대한 찬송가의 번역자 겸 작가요 편집자로, 사회개혁자이자 정치가요 교육자로, 근대의 덴마크가 종교, 문학, 역사, 정치, 경제, 교육 등 문화 영역에서 새로운 면모를 갖추는 데 결정적 영향을 끼친 인물이다. 그는 교육의 목적으로 단지 국가와 교회에 충성하는 신민 내지 신앙인의 양성이 아니라, 국민 개개인의 '삶

---

10. 그룬트비에 대해서는 Niels Lyhne Jensen(1987)이 편집한 그룬트비 선집(A Grundtvig Anthology. Selections from the Writings of N. F. S. Grundtvig, Cambridge: James & Co.) 중 15-30의 논지를 주 자료로 삼았고 아울러 다음 자료도 참조하여 간략히 정리함. Arthur Macdonald Allchin(1998), N. F. S. Grundtvig, An Introduction to his Life and Work, Aarhus Uni. Press; Royal Danish Embassy, "N. F. S.Grundtvig", http://www. denmark.org/grundt. html. 그 외 필요한 경우 별도로 출처를 밝히고 인용했다.

의 계몽Enlightenment과 다가오는 근대 사회를 위한 민주시민 양성'이라는 가치를 염두에 두었으며, 학생들을 수동태로 놓아두고 조련하는 식의 교수법 대신 상호관계와 이야기 나눔 및 일상생활의 경험과 실천을 통한 교수학습법을 주창함으로써 당시 지배적인 학풍을 신랄하게 비판했다. 이를 위해 폴케호이스콜레라는 세기적 구상을 내놓았다.[11]

하지만 그룬트비는 이를 실제로 구현하지는 않았다. 이 사상을 현실화시킨 것은 크리스튼 콜Christen Kold(1816~1870)[12]이었다. 좀 더 정확히 말해서 오늘날 폴케호이스콜레의 실제 형태는 콜에게서 유래했다고 할 수 있다. 콜은 그룬트비의 사상에 깊은 영향을 받았으나 이를 자신의 관점에서 창조적으로 재구조화해냈다. 그룬트비가 성인 이상의 청년들을 위한 교육을 생각했다면, 콜은 청소년 연령층까지를 포함한 학교를 생각했다. 이런 뜻에서 1849년 처음 농민대학의 형태로 학교를 시작했다. 이 경험을 바탕으로 콜은 폴케호이스콜레를 구상하게 되었고 1851년 11월 1일 뤼슬링에Ryslinge에 처음 학교 문을 열었다. 그리고 그 이듬해인 1852년에 프리스콜레를 세웠다. 공립학교가 처음 설립되었던 1814년부터 따져보면 40여 년 후의 일이다. 이들 학교는 곧 비약적 발전을 이루게 되었으며 급기야 1863년 4월 1일 콜은 여성을 위한 폴케호이스콜레를 열게 되는 단계에까지 도달하게 되었다. 이 여러 종류의 자유학교들은 여러 변천 과정을 거치며 지속적으로 성장했다. 에프터스콜레는 이 성장과정에서 출현한 학교이다. 폴케호이스콜레는 이

---

11. 그룬트비에 관해 보다 자세한 것은 다음 우리말 역서 참조. Poul Dam(1983), 『덴마크의 아버지 그룬트비』(Nikolaj F. S. Grundtvig 1783-1872), 김장생 옮김(2009), 누멘.

12. Jindra Kulich, "Christen Kold, Gründer der Dänischen Volkshochschule. Mythen und Realität", in: Die Österreichische Volkshochschule(186/Dezember 1997): 7-15. 아울러 다음 글 참조. Peter Berker(1984), Christen Kolds Volkshochschule. Eine Studie zur Erwachsenenbildung im Dänemark des 19. Jahrhunderts, Münster.

후 덴마크 국경을 넘어서 노르웨이, 스웨덴, 핀란드 등 이웃 나라로 전파되었고, 20세기에 들어서는 독일을 비롯한 유럽 여러 나라와 북미, 남미, 아프리카 탄자니아 등지로도 확산되었다. 이렇게 하여 오늘날 콜의 사상과 실천은 오늘날 덴마크의 '자유교육'이라는 독특한 현상에서 원형으로 자리 잡게 되었다.[13]

2) 자유학교의 전개 양상과 기본 성격

(1) 초창기 프리스콜레의 설립과 이후 전개 양상

프리스콜레는 1860년 말 콜의 모형을 따라 하나의 운동적 성격을 띠고 대대적으로 확산되기 시작했다. 학부모들은 지역의 공립학교가 마음에 들지 않으면 자기들 손으로 학교를 세웠다. 학부모가 아이를 학교에 보내는 대신 집에서 가르쳤으며, 만일 스스로 할 수 없으면 다른 부모들과 힘을 합쳐서 가르쳤다. 이러한 노력이 바탕이 되어 다양한 프리스콜레들이 탄생되기 시작했다. 학부모들은 후견인이나 교육 전문가를 필요로 하지 않았고, 다만 필요할 경우 교사들에게 도움을 요청했다. 이 학부모들 중에는 폴케호이스콜레의 졸업생이 많았다는 점을 지적해둘 필요가 있겠다. 이런 추세 속에서 프리스콜레는 이후 성장을 거듭했으며 그 흐름은 20세기로 이어진다. 이때 또 다른 형태로 출현하기 시작한 자유학교들도 있었는데, 이들은 대개 독일이나 미국의 영향을 받았다.

이 과정에서 자유학교들은 교육과 수업의 권리라는 견지에서 많은

---

13. 콜의 프리스콜레와 폴케호이스콜레에 관해 좀 더 상세한 것은 다음 문헌 참조. Birte F. Lund & Vester Skerninge(ed.)(2003), *Freedom in Thought and Action, Kold's Ideas on Teaching Children*, Copenhagen.

권리를 확보하게 되었다. 특기할 만한 것은 1950년대에 덴마크의 학령기 아동이 향유할 수 있게 된 수업의 자유에 관한 권리이다. 1953년 7월 5일 제정된 학교법 제76조는 다음과 같이 규정하고 있다. "학령기의 모든 아동은 폴케스콜레(즉 공립학교)에서 무상으로 수업을 받을 권리를 가진다. 학부모와 교육에 대한 권리를 가진 사람들은 공립학교 교육 내용에 상응하는 수업을 스스로 시킬 수 있는 한, 학교에 보내야 할 의무가 없다." 이는 덴마크가 수업에 대한 의무만을 규정하고 있음을 뜻하는 것으로, 세계의 거의 모든 나라들이 학교교육을 의무로 규정하는 것과는 전혀 다르다. 어떤 아이나 학부모가 만일 공립학교 수업을 받지 않는다면 다음 두 가지 중 어느 한 편을 택하는 셈이 된다. 자유학교를 포함한 사립학교 또는 홈스쿨링이 그것이다.

홈스쿨링의 경우 지역 교육청은 가정에서 이루어지는 수업에 일일이 간섭하지 않고, 다만 학년말 핵심 교과인 덴마크어와 수학, 영어 교과 능력에 대해서만 학업성취도를 감독한다. 학업성취도는 공립학교 성적 평균 수준 정도면 인정된다. 2008년 현재 덴마크 전역에서 홈스쿨링을 하는 가정은 250여 명 정도이다. 이 모든 경우는 '학교로부터의 자유skolerfrihed'에 의한 교육이라 지칭된다.

프리스콜레는 본질적으로 학부모들이 운영하는 사립학교 형태를 띤다. 세계관과 교육적 식견에서 공통 기반을 갖고 있는 학부모들이 운영하며, 이들은 학교운영위원회나 총회를 통해서 교사와 교장의 채용 및 해임에 대한 권한을 행사한다. 공교육 제도에서 벗어나 있다는 점에서 학교는 학생들에게 일정한 조건 아래 학비를 청구할 수 있는데, 이중 일부는 학부모가, 일부는 국가가 부담한다. 국가는 학생 개개인에게 학비의 75% 정도를 지원하며 학교에 시설 운영과 방과 후 교육에 드는 경비를 지원한다.[14] 사립학교법은 경제적 형편이 어려운 집

아이들도 배려한다. 이러한 학교에 관심 있는 아이가 학교를 선택하는 데 어려움을 겪지 않도록 하려는 배려라 할 수 있다. 이렇게 국가가 학부모들이 누려야 할 공교육제도부터의 자유를 공적으로 보장하고 있는 점이 덴마크 교육의 특징이다.[15]

(2) 초창기 프리스콜레의 성격: 역사적, 교육학적 견지에서

초창기 그룬트비-콜 식의 프리스콜레의 성격을 역사적 견지에서 조명하자면 다음 네 가지를 들 수 있다. 첫째, 종교적 차원에서 자유학교는 덴마크 국교의 신앙 양태를 개혁하고 갱신하려는 관점을 바탕으로 삼았다. 둘째, 국민적 차원에서는 독일 문화권과 구별된 북유럽 민족이라는 연대 구조 속에서 덴마크의 정체성을 강화하기 위한 의도가 강력하게 반영되었다. 셋째, 사회적 차원에서는 당시 국민 대다수를 차지하고 있던 농민의 자유로운 삶을 고양시키고 지원하려 했다. 넷째, 정치적 차원에서는 절대왕정의 잔재를 청산하고 옛 정치 구조적 패러다임을 넘어서기 위한 의도가 있었다. 여기서 농민 스스로 능동적으로 정치에 참여하면서 동시에 정치적 반대자에 대해 관용적 태도를 가지는 것을 원칙으로 삼는 '정당'이 설립되었다.[16]

교육학적 견지에서는 내용상 다음 다섯 가지 특징을 들 수 있다. 첫째, 모국어를 강조했다. 둘째, 실생활에서 쓰이지 않는 죽은 언어와 죽은 책의 지식에 대항했다. 그런 뜻에서 반反주지주의적 성격을 표방했

---

14. Birte F. Lund(2013), "Independent (free) schools in Denmark"(http://www.friskoler. dk).
15. 이 부분 내용 전체는 Eckhard Bodenstein, "Länderstudie Dänemark", 438-440에 의거, 아울러 에기디우스의 「덴마크의 학교풍속도」(『처음처럼』 35, 2003. 1/2): 85-87)를 참조, 간추려 정리한 것임.
16. Eckhard Bodenstein, "Länderstudie Dänemark", 438-440.

다. 셋째, 종교를 집에서 가르쳐야 할 과제로 이해하고 학교 교과로 하는 것을 반대했다. 넷째, 종교를 지식의 문제가 아니라 삶에 관철시켜야 할 문제로서 이해했으며 따라서 학교의 내면적 성격 역시 종교적으로 관철시키고자 했다. 다섯째, 학교수업의 기조를 덴마크 역사를 바탕으로 민족적 성격을 강조하는 형태로 만들고자 했다.

교육 방법으로는 다음 여섯 가지를 주요 특징으로 한다. 첫째, 암기와 벼락공부에 대한 비판. 둘째, 체벌 반대. 셋째, 어린이에게 적합한 상상력을 불러일으키는 수업 모색. 넷째, 문자보다는 구술에 의한, 즉 구술 언어(이야기, 강의, 동화, 대화, 노래) 중시. 다섯째, 읽기 수업에서 동기부여의 의미. 여섯째, 학생의 자기주도성과 능동적 역할 촉진.

이상의 특징을 살펴볼 때 초기의 자유학교는 교육 내용상으로는 부분적으로 보수적 성격도 함축하였고 동시에 민족주의적이었지만, 방법적으로는 놀라우리만치 현대적이며 시대를 앞서간 것이라 할 수 있다.[17]

3) 20세기 이후 자유기초학교의 전개 양상과 성격

(1) 20세기 초엽의 상황
1930년대에는 수많은 사립학교들이 설립되었는데, 이들은 상당 부분 아동중심주의적인 진보주의 교육학적(혹은 개혁교육학적) 단초를 함축하고 있었다. 자유실업학교나 종단 설립학교의 경우는 좀 덜했으나 또 하나의 현대적 자유학교인 '작은학교(릴레스콜레)'의 경우 이 성격이 강하게 나타났다. 최근 사립학교들은 특히 대도시를 중심으로 번창하

---

17. Eckhard Bodenstein, "Länderstudie Dänemark", 441.

고 있다. 이들 학교에서 이루어지는 교육은 보통 공립학교와는 분명 다른 양상을 띠고 있다.[18]

(2) 자유기초학교 현황

2차 대전 이후 현재까지 성장을 거듭해온 다양한 자유기초학교들의 현황과 그 전반적 특징을 간추려보면 다음과 같다.

의무교육제에 의하면 자유학교 역시 9년제를 기본으로 한다. 이때 학령기 이전은 해당되지 않는다. 원하는 경우 10학년까지 다닐 수 있다. 하지만 근래에 들어 가능한 한 일찍 마치도록 하는 경향이 두드러진다. 이는 세계화 과정에서 요청되는 경쟁력 때문이다. 학부모들은 헌법 제76조에 따라 아이들을 자유학교에 보내거나 홈스쿨링을 하거나, 혹은 종교적, 철학적, 교육학적 이념에 따라 자유학교를 설립할 수 있으며 국가로부터 재정 지원을 받을 수 있다. 단, 재단은 학교의 설립에 관한 계획과 규약을 만들어 제시해야 한다. 이 경우 재단은 학교를 설립하기 위한 경비로 4,000유로(원화로 600만 원 정도)를 국가에 납입해야 한다.

교육법은 대체로 보아 자유학교에 대해 광범위한 유연성을 부여하고 있다. 이를테면 국가 교육의 공통 목표가 설정되어 있으나 공사립을 막론하고 그 목표에 도달하기 위한 방법은 개개 학교와 교사의 재량에 속한다. 자유학교의 경우, 교육학적, 철학적, 종교적 믿음에 따라 자체 목표와 교육과정을 운영할 수 있는 법적 권한을 가진다. 평가 방법과 내용의 경우도 마찬가지다. 하지만 근래의 세계화 과정에 따라

---

18. Eckhard Bodenstein, "Länderstudie Dänemark", 444.

일정한 제약 조건이 따르게 되었다. 예컨대 학생의 사회적, 학문적, 창조적 능력에 대한 평가는 전통적으로 학부모와 교사와 학생 간의 대화를 토대로 이루어졌지만, 세계화 교육과정에 따라 이 대화는 좀 더 표준화된 방식의 기술식 평가로 바뀌었다. 또 국어, 수학, 영어, 과학 등 국가고시와 관련하여 일정한 수준을 요구하는 제한 규정도 도입되었다. 이렇게 하여 오랜 역사를 지닌 자유학교만의 전통이 위험에 처하게 되었다.

자유학교는 국가가 규정한 교육의 틀로부터 벗어나 학교의 일상과 문화를 자체적으로 조직할 자율성과 자유를 보장받는다. 자유학교에서는 교육 구조를 창조적으로 바꾸고 실험할 수도 있다. 교사와 학부모는 학교에서 힘을 모아 대안적 틀을 만들 수 있다. 학부모회가 있으며 위원회가 대표한다. 위원회는 재정에 책임을 지며 교장, 교사와 함께 학교 문화와 미래를 구상한다. 국가로부터 오는 개인당 보조금이 있다(공립학교 수준의 75% 정도).

공사립을 막론하고 민주주의 학습은 주요 과제 중 하나이다. 민주적 사회 안에서 살기, 기본적 자유의 권리와 인간의 권리, 양성평등적 가치를 존중하기 등이 그 주된 목표이다. 교육학적, 사회적 계획과 도전들은 모든 교사와 직원들의 토의를 거쳐 결정된다. 학부모 역시 학교에서 중요한 역할을 한다. 학부모는 일 년에 몇 차례씩 초대를 받아 아이들에 관한 대화에 참여하여 아이들의 사회적, 창조적, 학문적 능력에 대해 이야기를 나눈다. 아이들은 일반적으로 능력과 연령에 따라 주요 결정에 참여한다. 대부분의 학교에는 학생회가 있고 대의 민주주의 방식으로 운영된다. 대의 민주주의를 넘어서 직접 민주주의를 시행하는 학교도 있다.

자유학교 교사들(공립학교 교사 역시)은 교육학적 신념을 구사하기 위한 자유(확장된 형태로)를 보장받고 있다. 교육 방법을 자유로이 구사하기 위한 역사적 전통도 있다. 이 전통은 덴마크 교육제도에서 매우 중요하다. 참여, 창조성, 사회적 인식은 좋은 교사가 되기 위해 지녀야 할 중요한 가치다. 모든 교사는 그들의 공통된 목표에 도달하기 위해 자기 자신만의 길을 발견해야 한다. 팀워크 역시 중요한데, 이때 교사 개인의 자유는 다른 교사와의 공동 작업을 촉진하는 선에서 행사되어야 한다.

정규교육과정이 정하는 목표라는 기본 원칙이 있다. 하지만 그 목표에 도달하기 위한 학교의 자유는 공사립 모두 동일하다. 즉 목표를 도달하기 위한 주제, 내용, 재료를 선택하는 것은 학교와 교사의 몫이다.

전체 학생들 중 13% 정도가 사립학교나 프리스콜레에 다닌다. 부모들은 집에서 자기 아이들을 직접 가르칠 수도 있다. 하지만 덴마크에서 이 권리를 행사하는 부모들은 아주 극소수이다.[19]

한편 초창기 자유학교의 초미의 관심사가 자유와 민주시민사회 형성이었다면, 현재와 미래라는 맥락에서는 지식기반사회에서 강조되는 '경쟁' 관계를 어떻게 비판적으로 소화해낼 수 있는가, 현 문명이 직면한 '생태학적 위기'에 어떻게 대처할 것인가, 세계화된 삶의 방식에서 어떻게 '세계 시민'으로 성장할 것인가 하는 등의 물음들이 새로운 관심사로 다루어지기 시작했다.[20]

현대적 자유학교인 프리스콜레의 일상을 일견하면 진보주의적 성격

---

19. 이상은 주로 비어테 룬(Birte Fahnoe Lund)(2008)의 글, "Denmark Report"에 의거한 것이다. 필자는 교사이자 덴마크 프리스콜레협회 국제위원회 위원으로, 이 글은 2008년 유럽자유교육협회(European Forum for Freedom in Education, www.effe-eu.org) 행사의 발제 원고이다. 추후 수정·보완한 것을 개인적으로 요청하여 인용. 아울러 다음 인터넷 자료 참조 Independent (free) schools on Denmark(http://www.friskoler.dk).

20. Ole Pedersen(2010), "Education in Denmark", 「공교육 안팎을 아우르는 배움의 권리 - 덴마크 자유교육의 역사를 통해서 배운다」(국제심포지엄 자료집), 대안교육연대 편, 11-23.

이 확연함을 알 수 있다. 보통 연령층을 섞어 학습 집단을 구성한다. 학습은 프로젝트법을 통해 학문 영역 간 상호 연관 구조를 통해 이루어진다. 수업 구조는 학급별로 운영하며 하루에 하나의 수업이 단위가 된다. 청소, 장보기, 계획 세우기 등 모든 아이들이 책임을 분담한다. 음악과 창조적 학습 시간을 인지적 교과와 균등하게 배정한다. 수업 중 상당 부분을 학교 밖에서 진행한다. 실험과 관찰을 강조한다. 어린이와 학부모는 학교 안에 머물러 활동할 수 있다. 놀이는 학교뿐 아니라 자연 안에서, 이를테면 모험 놀이, 동물 놀이, 정원 작업 등의 형태로 이루어진다. 아이들은 학교의 모든 아이들과 모든 교사를 알고 지낸다.[21]

기초교육 단계가 종료되기 전 마지막 2~3년이 시작되는 시점에서, 즉 우리나라의 중학교 2학년 정도 수준에서 시작되는 또 하나의 자유학교가 있는데 이어서 살펴볼 에프터스콜레가 바로 그것이다.

4) 에프터스콜레(Efterskole)

에프터스콜레[22]는 덴마크의 폴케스콜레와 프리스콜레의 교육 단계 (1-9/10학년)를 마치기 전 8학년부터나 졸업 후, 연령대로 보면 14~18세 청소년들에게 보통 1년이나 경우에 따라 2~3년 동안 '인격 형성'을 위한 최적의 기회를 제공하고자 하는 (중등교육 1단계에 위치한) 학교

---

21. Eckhard Bodenstein, "Länderstudie Dänemark", 444-448.
22. S. B. Nielsen(2015)의 *Meet the Danish Efterskole*(Copenhagen: Efterskoleforeningen)를 기본으로 하되, Efterskoeforeningen(ed.)(2000)의 *The Danish Efterskole*도 참조했으며, 그 외 별도로 인용이 필요한 경우 명기함.

로 기숙학교를 그 기본 형태로 한다. 학생 수는 적게는 30명, 많게는 500명 정도이며 2015년 현재 평균 115명가량이다. 사립자유학교이기 때문에 학비와 생활비를 납부하며, 학비의 일부는 부모가, 일부는 국가와 지방 정부가 책임진다. 학생 복지를 고려하는 덴마크 지방정부의 지원 정책에 따라 학비 문제 때문에 학교에 다니지 못하는 경우는 없다. 보통 매 학년 25%가량의 학생들이 지원하는 것으로 알려져 있다.

이 학교에서 철학적 기반으로 삼고 있는 '인격 형성'이라는 개념은 덴마크어로 형성을 뜻하는 'dannelse'의 번역어로, 원어로는 보편교육적, 비직업적 의미에서 학생을 전인적으로 형성하기 위한 과정을 뜻한다. 이는 외국어로 정확히 번역해내기 어려우나, 영어의 education이나 character formation 혹은 독일어의 Bildung이 그 근사치에 해당하는 것으로 언급되곤 한다. 이 개념을 이 학교에서 시행하는 교육의 주된 내용에 따라 풀어보면, 직업교육이 아니라 보편교육적 의미에서 주체적 자아를 중심축으로 하여 개성적 세계를 발현시키는 동시에, 도덕적 의지에 의거해 학습자로 하여금 그 자신을 둘러싼 세계와 책임적 관계를 맺고 살아가도록 형성하는 과정이라 할 수 있다. 그러한 이념에 따라 에프터스콜레가 추구하는 목표는 보통 다음 세 가지, 즉 삶의 계몽, 보편교육, 민주시민교육으로 제시되고 있는데, 이는 덴마크 교육법에 따른 것이다.Bekendtgoerelse af lov om efterskoler, 2015[23] 이 세 가지 목표는 학교현장에서 다음과 같이 구현되고 있다.

첫째, 청소년들의 관심사와 개성에 초점을 맞춘 교육과정을 운영한다. 이 때문에 에프터스콜레는 일종의 '중점학교'라 할 수 있다. 어디

23. Jacob C. Jensen(2015), "Introduction to the Danisch Efterskole", 「대안교육의 국제적 동향과 발전과제」(대안교육국제포럼 2015 자료집), 한국청소년정책연구원 편, 97, 118.

에 중점을 두느냐에 따라 음악, 미술/디자인, 연극, 영화, 스포츠, 항해, 여행, 국제교류, 종교, 프로젝트와 현장연구, 난독증 등 학습장애, 혹은 학생의 특수한 요구를 위한 학교 등 그 유형상 스펙트럼이 다양하다. 따라서 교육과정은 공립학교와는 아주 다르며, 에프터스콜레마다도 달라서 과목 선택과 교수법은 학교가 정하기 나름이다.

인상적인 것은 공립학교와 자유학교가 협력 구조 안에서 상호 연계되어 있는 체제로, 덴마크 정부가 에프터스콜레 재학 기간을 공립학교 재학 기간과 법적으로 동일한 것으로 간주하고 있다는 점이다. 이 조건 아래에서 학생들은 1~2년 정도 에프터스콜레에 가서 공부한 후 다시 예전에 다니던 학교로 돌아갈 때 수학과정의 지속성과 안정성을 유지할 수 있게 된다. 보통 학교에 다니다 휴학을 하게 되면 그 기간이 날아가는 경우와는 전혀 다르다. 졸업시험을 통과하면 공립학교와 동일한 자격을 부여받는다. 바로 이 점이 에프터스콜레를 학생과 학부모들에게 매력적으로 보이게 하는 이유라 하겠다.

둘째, 에프터스콜레를 중점 학교라 했지만, 특정한 분야만을 공부하는 게 아니라, 역점을 둔 분야가 있으되 이를 보편교육적 의미에서의 일반 학문 분야와 엮어서 가르치는 구조로 되어 있다는 점이다. 예를 들어 스포츠를 중점으로 하니까 다른 교과를 소홀히 해도 무방하다는 뜻이 아니라 공교육에서 제공하는 일반 교육과정과 병행하여 학생들의 개성을 특색 있게 반영하는 구조를 갖추고 있다는 뜻이다. 이는 에프터스콜레가 개성의 발달도 중시하지만, 한 국가 사회의 일원으로 살아가는데 필수적인 일반적 자질도 중시한다는 입장을 보여준다.

셋째는 '민주시민교육'이다. 이는 시민 각자가 지배 계층의 통치에 의해서가 아니라 자기 삶의 주인으로 살아가고, 그와 동시에 타자와 더불어 통일성을 이루어 살아가도록 돕기 위한 교육을 뜻한다. 한 사람의 개인이 된다는 것은 늘 정당한 의미에서의 사회공동체적 삶을 전제로 한다는 말이다. 이 맥락에서 삶의 각 단위에서 연대 의식과 공동체성, 단결심을 중시한다. 이 과제는 실상 이 학교의 모태인 폴케호이스콜레가 처음 태동되었던 19세기 중엽, 이미 확고한 목표로 설정되어 있었던 것으로, 봉건국가에서 근대 국가로 이행하는 과정에서 민주주의라는 새로운 정치제도의 성공적인 안착은 이 체제에 대한 국민적 이해를 전제하며 이를 위해서는 상응하는 교육이 선행되어야 한다는 문제의식을 반영한 것이었다. 덴마크가 오늘날 가장 수준 높은 민주주의 국가 중 하나라는 사실은 널리 알려져 있거니와 이를 가능케 하는 원인 중 하나는 바로 이 민주시민교육 때문이라 할 수 있다.

4. 맺는말: 고형적 틀에서 부드러운 틀로

공교육과 자유교육 간의 긴장과 협력적 관계 속에서 전개되어온 덴마크 학교들은 세계 교육 지형도에서 거의 유일하다고 할 정도의 독특한 진보적 체제와 구조를 갖추고 있는 것으로 평가할 수 있다. 그 성격은 다양성, 개방성, 유연성으로 요약할 수 있다. 다양성은 학생들이 성향과 능력에 따라 자신을 실현할 수 있도록 학제가 유형상 각각 다수로 공존하며 교수학습 방법 역시 그러하다는 뜻이다. 개방성은 전통과 기존 규범에 고착되지 않고 아동과 청소년을 위하는 구조로 또한 가능한 한 모든 것을 민주적인 형태로 소화해내려는 성격을 말한다. 이를테면 공립학교든 자유학교든 간에 단위 학교에 대한 국가의 통제가 최소화되어 있어 단위 학교와 교사들이 최대한 자유롭게 교육을 할 수 있다는 점에서(자유학교가 누리는 자유가 큰 것은 사실이나 공립학교 역시 다른 나라 공립학교보다 더 큰 폭의 자유를 누리는 것도 사실이다), 혹은 자유학교에 대한 국가의 지원체제가 마련되어 있다는 점에서 그러하다. 유연성은 체제와 방법을 규범주의적으로 준수하도록 하면서 예외나 다른 식으로 가능한 차원이나 경로를 차단하는 것과는 정반대 차원에서 문제에 접근하려는 성격을 말한다. 이를테면 학생들을 그 성장과정에서 조기에 선별하지 않는다든지, 에프터스콜레와 공립학교가 상호 협력 체제를 가동시킨다든지 또 이를 통해서 학생들이 가중되는 학업의 압박으로부터 벗어나 자신의 진로를 여유 있게 숙고해볼 수 있게 한다든지, 중등교육 II단계 종료 후 진로 선택을 위한 다양한 기회와 지원체제를 만들어내고 있다는 등의 점에서 그러하다. 이렇게 볼 때 덴마크 교육체제는 대학 입시와 지식 습득 경쟁 교육을 주안점으로 삼고 있는 우리나라 공교육 체제의 경직된 구조의 한계를 전혀 다른 차원에서 조명해주는 사례가 될 수 있을 것이다.

덴마크 공교육과 자유교육은 기본 성격에서는 상통하며 공통된 목적을 지향하고 있으나 학생들의 자유라는 점에서 자유학교들은 좀 더 두드러진 특징을 지닌다. 이 자유교육의 역사적 의의는 국가 공교육이 지시하는 바에 선행하여 교육의 본뜻, 즉 삶을 위한 교육을 촉구한 것이며, 이 명제와 결합하여 평민의 계몽, 개성적 세계의 발현, 공동체 의식 함양, 민주주의 문화의 건설과 촉진 등을 그 주된 목표로 설정한 것이라 하겠다. 이는 세계 교육사적 맥락에서 볼 때 대안교육의 선구적 형태로서 이후 세계 각국에서 이루어진 대안교육적 시도들을 위해 풍부한 상상력의 원천이 되고 있음은 물론, 그와 같은 방향에서 공교육의 내적 혁신을 자극할 수 있는 시도로 평가하기에 충분하다.

프리스콜레는 1890년 이래 전개되기 시작한 서구의 개혁교육운동보다 40년 정도 앞서 이루어진 것으로, 비슷한 시기에 이와 견줄 수 있는 사례는 러시아의 세계적 문호 톨스토이Leo Tolstoj가 시도한 '야스나야 팔랴나Jasnaja Poljana' 학교(1849~1875)[24]라 할 수 있다. 아울러 20세기 초엽 페터 페터젠Perter Pestersen이 독일 개혁교육학 노선에서 시도한 '예나플란슐레Jena-Plan-Schule'가 흥미롭게도 그룬트비-콜 식의 자유학교와 흡사한 성격을 지니고 있다는 점에 대해서도 언급해두어야겠다. 덴마크 자유교육의 성격은 이상 두 가지 사례와의 좀 더 심도 있는 비교를 통해 새롭게 조명해볼 수 있을 것이다.

에프터스콜레가 시사하는 바는 무엇인가? 그것은 무엇보다 아이들이 한 인간으로 성장해가는 결정적으로 중요한 시점에서 이들 개개인의 인격 형성에 초점을 맞춰 개성적 세계를 조명, 심화시키고 더불어 살고 또한 평등하게 사는 사회적 가치를 일깨워주려 한다는 점일 것이다. 에프터스콜레의 가치 지향성은 입시와 경쟁, 출세 교육이 지시하는 지향성과는 극명하게 갈린다. 최근 우리 사회 일각에서 에프터스콜레에 대한 관심이 부쩍 늘어났는데, 이는 주로 객관주의적 지식습득 교육 체제를 벗어나 청소년들을 위한 교육으로의 대폭적 전환을 꾀하려는 움직임 덕분으로 보인다. 하지만 이를 단순히 진로지도 문제로만 특화시켜 수용하는 것은 옳지 않다. 두 가지 이유 때문에 그러한데, 하나는 흥미와 관심사에 따른 인생 경로 찾기라는 차원도 중요하겠지만 이를 청소년의 인격과 삶의 형성이라는 좀 더 포괄적 범주에서 다루지 않으면 피상적으로 머물 수밖에 없을 것이기 때문이다. 또하나는 에프터스콜레가 개개인의 삶의 문제를 늘 더불어 평등하게 사는 민주적 사회공동체라는 문제와 연계시켜 다루고 있는 데 비해, 소위 진로지도 과정에서는 이런 맥락이 때때로 간과되기 때문이다.

---

24. 송순재(2000), 『유럽의 아름다운 학교와 교육개혁운동』, 내일을여는책, 86-90.

에프터스콜레는 대안학교의 일종이지만 세계의 여타 대안학교들이 공교육 구조와 대립적 입장을 취하는 것과 달리 협력적 관계를 형성하고 있다는 점에서 특별한 위상을 갖는다. 공립학교는 이런 협력관계를 통해서 기존 구조만으로는 거의 기대할 수 없는 새로운 차원을 실현할 수 있다는 점에서, 또한 기존 체제를 유지하면서도 자체 유연성을 확보할 수 있다는 점에서 하나의 기회를 의미하며, 또 대안교육 쪽에서 보았을 때도 기존 체제를 거부하기만 하는 방식이 아니라 공교육과의 소통과 협력을 통해 제3의 기회를 구현할 수 있기 때문에 그 또한 하나의 기회를 의미한다고 할 수 있다. 이를테면 우리의 경우 공립학교 쪽에서는 현재 '자유학기제'를 통해 부분적으로 시도하고 있기는 하나 현재 구조로서는 여전히 상당한 난점을 가진 진로탐색 교육이나 학교 부적응아 문제에서 또 하나의 물꼬를 틀 수 있을 것이다. 한편 대안교육 쪽에서는 기존의 3년제나 5년제, 6년제 학교 유형들에 더해 새로운 유연성을 확보하거나, 나아가 공교육과의 협력 구조 속에서 사회 전반의 교육적 상황을 개선하는 데 기여할 수 있을 것이다. 교육청 단위에서 모색할 수 있는 해법은 대안학교 위탁 교육의 확대와 다양화, 공립학교 체제 내에서의 에프터스콜레 설립, 대안학교 교사와 공립학교 교사들이 공동으로 설립·운영하는 학교 설립이나 교육과정 운영 등 다양할 것이다.

서울시교육청은 지난 2014년 가을부터 준비하여 2105년에 들어 자유학년제라는 틀에서 '오디세이학교'를 설립했는데 그 골자는 에프터스콜레의 핵심 가치에 상응한다. 아직은 초기 단계로 2017년 현재 세 학교를 선정, 운영하는 정도이지만, 향후 그 확장세는 충분히 예상할 수 있겠다. 이를테면 2016년 들어 강화(경기도)에 설립된 "꿈틀리 인생학교"(기숙학교 형태로는 최초)는 그 한 가지 유의미한 사례라 할 수 있다. 또한 꼭 에프터스콜레가 아니더라도, 축약된 형태로나마 이 뜻을 구현하기 위한 프로그램이나 프로젝트를 일반 학교 방학을 이용하여 1~2주일이나 한 달여 정도 운영하거나, 혹은 그런 프로그램을 지역의 마을 공동체나 지자체와의 협력하여 실행해보는 방안도 가능할 것이다. 예컨대 경기도교육청의 '꿈의학교' 프로젝트가 바로 그런 것일 수 있겠다. 여하튼 이러한 시도들에서 가장 중요한 것은 '삶을 위한 교육'이라는 관점에서 이 경직된 학교체제 전반과 일상에 새로운 '숨'을 불어넣는 작업일 것이다.

최근 세계화 과정에서 자유학교들은 덴마크도 경쟁력을 높여야 한다는 강력한 목소리에 부딪혀 적지 않은 어려움을 겪고 있다. 이를테면 지난 몇 년간 현 단계에서 의무교육제를 10학년으로 늘릴지에 대한 문제가 교육 전문가와 정치가들 사이에서 꾸준히 논의되었으며, 몇 년 전 교육부는 10학년 의무제 법안을 상정했다. 하지만 프리스콜레에 가거나 홈스쿨링이 불가능한 청소년들만이 10년 동안 학교를 다녀야 한다는 의견이 이에 팽팽히 맞서서, 결국 모든 청소년들이 10학년을 다니도록 한 법안은 부결되었다. 이처럼 최근 덴마크에서는 학교 공부를 이전보다 일찍 마치도록 하는 경향이 두드러지게 나타나고 있다.[25] 이에 비해 이미 오랫동안 강도 높은 학습에 주력함으로써 교육의 비인간화 현상에 직면해 있는 우리의 경우 혁신학교 등을 통해 학습자의 자유를 촉진하고 신장하려는 상황은 덴마크와 흥미로운 대조를 이룬다.

덴마크에서는 자유교육을 위해 학교, 시험, 감독, 국가보조금, 회계 및 감사, 지방정부분담금, 홈스쿨링, 유치원 및 취학 전 교육활동 등

---

25. Birte F. Lund(2008), "Denmark Report".

에 관한 법적 보장과 지원체제를 발전시켰는데,[26] 이것은 분명 우리나
라의 홈스쿨링 등 학교 밖 교육을 포함한 다양한 대안교육 현장의 법
적·재정적 권리를 위한 생산적 자극이 될 수 있을 것이다.

---

26. Ole Pedersen(2011), 「덴마크 자유학교 관련 법」, 『위대한 평민을 기르는 덴마크 자유교육』,
    269-275.

■ 참고 문헌

고병헌(2003). 「그룬트비와 풀무학교」. 『처음처럼』 36, 84-93.
김명신(2002). 『대안교육』. 문음사.
김성오(2003). 「그룬트비 읽기」. 『처음처럼』 36, 66-83.
김영희(2010). 『대한민국 엄마들이 꿈꾸는 덴마크식 교육법』. 명진출판.
김창환(2014). 「독일 공교육의 전개와 기독교」. 『공교육과 기독교』. 강영택 외. 좋은 교사,
　　37-38.
송순재(2000). 『유럽의 아름다운 학교와 교육개혁운동』. 내일을여는책.
송순재·고병헌·카를 에기디우스(2011). 『위대한 평민을 기르는 덴마크 자유교육』. 민들레.
오연호(2014). 『우리도 행복할 수 있을까』. 오마이북.

시미츠 미츠루(2014). 『삶을 위한 학교』. 김경인·김형수 옮김(2014). 녹색평론사.
Aegidius, Karl K.(2001). 「덴마크 사회와 그룬트비의 사상」. 김자경 옮김. 『처음처럼』 23,
　　72-75.
Aegidius, Karl K.(2001). 「그룬트비와 콜의 교육사상과 덴마크의 프리스콜레」. 송순재 옮
　　김. 『처음처럼』 23, 78-110.
Aegidius, Karl K.(2003). 「덴마크의 학교풍속도」. 송순재 옮김. 『처음처럼』 35, 82-103.
Aegidius, Karl K.(2003). 「덴마크의 공식교육과 비공식 교육」. 『위대한 평민을 기르는 덴마
　　크 자유교육』. 송순재·고병헌·카를 에기디우스 편, 110-156.
Aegidius, Karl K.(2003). 「교육에서의 자유」. 『처음처럼』 35, 104-163.
Allchin, Arthur M.(1998). *Nikolaj F. S. Grundtvig. An Introduction to his Life and
　　Work*. Aarhus Uni. Press.
Berker, Peter(1984). *Christen Kolds Volkshochschule. Eine Studie zur
　　Erwachsenenbildung im Dänemark des 19. Jahrhunderts*. Münster.
Böhm, Winfried(1988). *Wörterbuch der Pädagogik*. Kröner.
Bodenstein, Eckhard(1996). "Länderstudie Dänemark". In: *Reformpädagogik und
　　Schulreform in Europa*. Bd. II. Hg. von M. Seyfarth-Stubenrauch, Hohengehren,
　　437-442.
Dam, Poul(1983). *Nikolaj F. S. Grundtvig(1783-1872)*. 『덴마크의 아버지 그룬트비』. 김
　　장생 옮김(2009). 누멘.
Dansk Friskoleforening(Hg.)(1995). *Die dänische friskole-ein Teil der Grundtvig
　　koldschen Schultradition*. Faaborg.
Efterskoeforeningen(ed.)(2000). *The Danish Efterskole*.
Nielsen, S. B.(2000). *Meet the Danish Efterskole*. Copenhagen: Efterskoleforeningen.
Grundtvig Nikolaj F. S.(1838). "The School for Life". In Niels Lyhne Jensen.(ed.)(1987).
　　A Grundtvig Anthology. Selections from the Writings of N. F. S. Grundtvig.
　　Cambridge: James & Co., 71-81.

Jensen, Jacob, C.(2015). "Introduction to the Danisch Efterskole". 「대안교육의 국제적 동향과 발전과제」(대안교육국제포럼 2015 자료집), 한국청소년정책연구원 편(2015): 95-137.

Jensen, Niels Lyhne(ed.)(1987). *A Grundtvig Anthology. Selections from the Writings of N. F. S. Grundtvig*. Cambridge: James & Co.

Kulich, Jindra(1997). "Christen Kold: Gründer der Dänischen Volkshochschule. Mythen und Realität". In: *Die Österreichische Volkshochschule* 186/Dezember 1997: 7-15.

Lund, Birte F.(2008). "Denmark Report" (European Forum for Freedom in Education, www.effe-eu.org).

Lund Birte F. Lund(2013). "Independent (free) schools on Denmark"(http://www.friskoler./dk www.friskoler.dk).

Lund, Birte F. & Skerninge, Vester(ed.)(2003). *Freedom in Thought and Action. Kold's Ideas on Teaching Children*. Copenhagen.

Pedersen, Ole(2010). "Education in Denmark". 「공교육 안팎을 아우르는 배움의 권리-덴마크 자유교육의 역사를 통해서 배운다」(국제심포지엄 자료집). 대안교육연대 편, 11-23.

Pedersen, Ole(2011). 「덴마크 자유학교의 기본 교육철학 아홉 가지」. 『위대한 평민을 기르는 덴마크 자유교육』. 송순재·고병헌·카를 에기디우스 편. 민들레, 265-268.

Pedersen, Ole(2011). 「덴마크 자유학교 관련 법」. 『위대한 평민을 기르는 덴마크 자유교육』. 송순재·고병헌·카를 에기디우스 편. 민들레, 269-275.

http://www.denmark.org/grundt.html(그룬트비)
http://en.wikipedia.org/wiki/Danish_Folkeskole_Education(폴케스콜레)
http://en.wikipedia.org/w/index.php?search=friskole&title=Special%3ASearch&go=Go(프리스콜레)
https://www.google.co.kr/#newwindow=1&q=.+http:%2F%2Fwww.friskoler.dk+(프리스콜레)
http://www.friskoler./dk(프리스콜레)
http://en.wikipedia.org/wiki/Efterskole(에프터스콜레)
http://www.dfl-ollerup.dk(자유교원대학)
http://www.effe-eu.org(유럽자유교육협회)
http:// www.jenaplanschule.jena.de.(예나플란슐레)

5장

프랑스 진보교육과 현대학교운동

김세희

1. 들어가며

벌써 두 해 전이다. '진보교육의 세계적 동향'이라는 주제로 몇 차례 월례 포럼이 진행됐다. 영국, 미국, 독일, 프랑스, 스웨덴, 덴마크, 호주, 일본 등 각국 진보교육의 동향을 소개하는 자리였다. 프랑스 편을 준비하면서, 그리고 앞선 발표들을 들으면서 떠오른 의문 하나가 내내 머릿속을 복잡하게 했다. 모두 '진보교육'에 대해 말하고 있는데, 그 '진보' 개념이 저마다 달랐기 때문이다. 어디는 사립학교를, 어디는 정책을, 또 어디는 국가 차원의 개혁을, 그리고 어디는 듀이의 실험학교를 진보교육이라는 이름으로 다뤘다. 선정 시기도 다채로웠다. 다수 국가들에서 20세기가 중심에 있긴 했지만, 이백 년 전부터 거슬러온 경우도 있고 19세기 말 세기전환기나 1차 대전 이전이 핵심인 경우도 있었다. 더욱 이상했던 것은 서로 다른 대상과 시기를 토대로 한 발표들을 들으며 우리는 고개를 끄덕였고 세계 각국의 진보교육에 대해 어느 정도 이해하게 되었다는 점이다.

돌이켜보건대 그때 이해한 것은 진보교육의 '사례'였던 것 같다. 다양한 사례를 통해 진보교육이라는 상위 개념을 어렴풋이 그려보고 일종의 '공통점'을 감지했던 것 같다. 그리고 다시 두 해를 보냈지만, 진보교육의 사례들을 설명할 수는 있어도 진보교육의 개념을 명확히 제시하는 것은 여전히 어려운 일로 남아 있음을 깨닫는다. 누군가 프랑스의 진보교육이 무엇이냐고 묻는다면 신교육운동과 프레네 교육운동이라고 즉각 답하겠지만, 왜 그것이 진보교육이냐고 묻는다면 설명은 분명 늘어지고 말 것이다.

　짐작하다시피 이 어려움은 교육이 아닌 '진보'로부터 비롯된다. 진보교육은 고유명사도 아니고 하나의 이론이나 대표적인 실천만으로 설명될 수 있는 개념도 아니다. 그렇다고 해서 사실은 존재하지 않았다거나 공통점이 없는 것도 아니다. 진보교육을 그렇게 만든 가장 큰 원인은 '진보' 개념의 모호성에 있다. 제목을 아는 이유로 대부분의 사람들이 세르반테스의 『돈키호테』를 알고 있다고 착각하듯이, 진보는 너무 친숙해서 잘 알고 있다고 생각하는 것은 아닐까. 한때 '우리 안의 이명박론'이라는 표현이 회자됐었다. 4대강 사업이나 미디어 악법 등 사회문제에 대해서는 당시 대통령을 반대하는 사람들도 자신의 아이 교육만은 '그' 방향과 별반 다르지 않은 모습을 보인다는 것이 주된 논지였다. 그렇다면 이 교육은 '진보적'인가. 만약 이들을 진보적이라고 한다면, 진보교육은 행위와 동떨어진 이상일 뿐이다. 그렇지 않다면 진보교육은 더욱 어려운 주제가 된다. 진보적인 사람들이 지지하는 교육도, 신자유주의라고 하는 경쟁 시스템에 전적으로 반대하는 교육도 아닌 것이 되어버리기 때문이다. 물론 이 모순이 너무 괴이하면서도 한편으론 이해가 되지 않는 것도 아니기에 이런 말이 회자된 것이긴 하다. 교육이 우리 사회와 개인 모두에게 난제라는 사실은 차치하더라도, 이런 현상들은 진보란 무엇이며 진보교육은 또 무엇인지 다시 한 번 자문하게 한다.

어쨌든 이런 의문과 경험을 통해 확실히 깨달은 점은, 진보교육이 다양하게 해석될 수 있으며 명쾌한 개념 정립이 어렵다는 사실에서 벌써 진보교육은 스스로를 설명하고 있다는 것이다. 그리고 그런 이유에서 이 글은 진보와 진보교육의 의미를 파헤치는 것으로부터 시작하고자 한다. 깔끔하게 정의할 수 있으면 좋겠지만, 일단 여기에서는 진보의 의미를 검토해보고 진보교육을 파악해보고자 한다. 물론 이 작업의 궁극적 목적은 프랑스의 진보교육으로 신교육과 프레네 교육을 제시한 이유를 밝히는 것이다. 아울러 교육개혁의 관점에서 진보교육을 분류할 수 있는 틀을 제시함으로써, 거칠게나마 프랑스 진보교육을 이해하고 세계 각국의 사례가 어떤 기준에 맞춰 소개되었는지 이해하는 데 도움을 주고자 한다.

2. 진보와 진보교육

진보progress는 진행이나 추진의 상태를 가리킨다. 정체하거나 답보하는 순간 의미를 상실한다. 이 단어가 '교육'과 결합하여 생성된 진보교육 혹은 진보주의적 교육progressive education은 이러한 진보의 역동성을 내포한다. 그러므로 용어로부터 도출할 수 있는 진보교육의 첫 번째 속성은 고착된 이론이나 실천이 될 수 없다는 점이다. 진보교육이란 이름으로 포괄할 수 있는 교육은 진보적 지향점을 향해 나아간다는 점에선 동일하지만, 주어진 시대의 진보적 가치에 따라 서로 다른 양상을 띠기도 한다. 18세기 계몽주의 시대와 19세기 국가주의가 확립될 무렵의 진보, 세기전환기 미국의 진보와 오늘날 프랑스에서 진보의 지향점은 동일하지 않기 때문이다. 그래서 시대의 흐름에 따라 "미국이든 유럽이든 진보교육은 스스로 그 의미를 재규정해왔으며, 다른 경쟁자들의 비판에 의해 역으로 의미가 규정되기도 한다."[1] 실천적으로든 이론적으로든 진보교육은 기존 교육에 대한 비판과 반성으로부터 시작되기 때문에 대개 주류적인 교육의 대척점에 놓이며, 정치적 이해관계와 사회적 여건에 따라 기득권 세력에 의해 그 정체성을 '규정당하기'도 한다는 뜻이다. 공교육의 확립 이후 진보교육은 필요에 따라 취사선택되기도 하고 사회적 요청에 따라 상이하게 해석되기도 했다. 예를 들어 공교육이 제도적으로 구축될 당시 교육평등은 진보적 개념이었지만, 오늘날 산술적 평등은 더 이상 진보적이지 않을 뿐만 아니라 선택적 복지나 긍정적 차별과 같은 '선택'의 개념이 보다 진보적으로 해석되고 있다. '완성형'일 수 없다는 진보교육의 첫 번째 속성은 한 사회가 '무엇을 향해 나아가고자 하는가'에 따라 달라지는 진보의 속성에서 비롯된다.

이 연장선에서 진보교육의 또 다른 속성이 도출된다. 바로 탈맥락적 해석이 불가능하다는 점이다. 시대를 특정할지라도 진보교육을 규정하기 위해서는 국가나 지역의 특수성에 대한 고찰이 동반되어야 한다. 즉, 그 교육을 논하는 장소와 맥락에 대한 이해가 필요하다. 물론 이런 것과 상관없이 진보교육을 진보적이라고 규정해줄 수 있는 핵심 요소들이 있다. 루소로부터 연유된 아동 중심성과 교육 민주주의는 역사 속에서 다양한 모습으로 드러나는 진보적 교육이론과 실천들을 하나로 이어주는 맥脈이 되어준다. 하지만 교육의 민주화와 같은 개념 역시 맥락에 따라 차이가 있을 수 있다는 점에 주목해야 한다. 일찍이

---

1. 성열관(2015), 「공교육개혁과 진보교육의 세계적 동향(1)-미국, 독일을 중심으로」, 한국교육연구네트워크 월례토론회 발표문, 2015 제8회 월례토론회(미간행).

넬러가 지적했듯이, 프랑스에서 교육 민주주의는 전통적으로 소수가 독점하던 교육에서 모든 이를 위한 교육을 실현하는 것을 뜻했고, 이는 혁명주의자들의 가장 중요한 요구 중 하나이기도 했다. 이들의 요구는 결국 3공화정에 이르러 '민중의 요청에 의한' 무상, 의무, 공공 교육의 법제화로서 이루어진 듯했지만, 정작 그 결과인 프랑스 공립학교는 매우 권위주의적이고 전제적인, 즉 반민주적인 문화가 지배하는 곳이 되었다. 과연 이것을 교육의 민주화라고 할 수 있을까.

이 질문에 답하기 위해서는 제도적 민주주의와 내용적 민주주의를 구분해서 살펴보고, 교육에의 접근이 모든 이들에게 평등하지 않았던 시대의 거시적인 과제와 보편적 평등이 실현된 이후의 실천적 과제를 다른 각도에서 접근해야 한다. 사회 전반의 인식과 요구가 기회의 평등을 넘어 과정과 결과의 평등에 이르기까지 섬세해졌다면, 교육 민주주의 역시 섬세해질 필요가 있기 때문이다. 이러한 예시는 진보교육이 어떤 사회에서 전개되고 있는지 검토할 것을 요구하며, 아동 중심성과 교육의 민주화라는 진보교육의 핵심 원리 또한 시대적 맥락을 고려할 때 온전히 이해될 수 있음을 알려준다. 완결되었거나 정형화된 이론이 아니며 탈맥락적 해석이 불가하다는 진보교육의 속성은 모두 진보의 역동성에서 기인한 것으로, 교육에 대한 다양한 해석이 존재하는 이유와 개념 정립이 어려운 까닭을 설명해준다.

프랑스의 경우 진보교육이란 용어는 일차적으로 듀이의 업적과 유물을 가리키는 고유명사적 성격을 띤다. 19세기에서 20세기로 전환하는 시기 유럽 진보교육의 그림은 두 가지 큰 개혁의 물결이 합쳐짐으로써 완성된다. 하나는 미국과 영국으로부터 시작된 진보주의의 흐름이고, 다른 하나는 스위스를 중심으로 전개되었던 아동심리학자들의 활동과 독일 개혁교육학의 흐름이다. 유럽에서는 후자들을 통칭하여 전통교육 또는 구舊교육에 반대한다는 의미에서 신교육new education이라고 불렀다.[2] 일반명사로서 프랑스의 진보교육은 거시적으로는 이 진보주의 흐름에, 미시적으로는 유럽의 신교육운동에 뿌리를 두고 있다.

그런데 큰 그림에서 진보주의와 신교육은 다시 당대 사회주의운동과 학문적 진보의 흐름과 겹쳐진다. 지난 세기전환기 유럽은 사회주의운동의 거대한 용광로였고 많은 교사들이 '교육노동자'로서 이 운동에 합류했다. 사회주의운동과 학교, 그리고 이들 교육노동자들을 이어주던 교원단체는 정파에 따라 분할되었지만, 사회개혁이라는 공동의 목표 아래 교육이 흔히 그 목표를 달성하는 수단으로 간주되었다. 이러한 정치 지형 속에서 신교육은 정파의 벽을 넘어서는 새로운 가능성처럼 제시되었다. 신교육이 토대로 삼았던 이론은 당시 발전가도를 달리고 있던 '과학주의'와 심리학을 접목한 아동심리학이었다. 교육의 주체인 아동을 과학적으로 이해하고 교육을 통해 이들을 사회변혁의 주체로 양성할 수 있다는 점에서 혁신적이었다. 물론 20세기 중반에 접어들면서 과학적 방식으로 각광받았던 심리학의 실험주의와 평균화는 비판의 대상이 되긴 하지만, 적어도 1920년대까지 신교육은 사회주의운동에 동참하고 있는 교사들에게 아동/학생에 대한 최신 교육학과 당면한 교실 현장 사이의 괴리를 메워주는 고리가 되었다. 이처럼 넓은 관점에서 신교육은 직접적으로는 학문적 진보의 물결에, 간접적으로는 사회주의운동의 물결에 맞닿아 있다. 다소간 시간이 걸리

---

2. 신교육이라는 명칭을 갖게 된 배경에는 그 구심점에 있던 교육학자와 심리학자들이 이 이름을 전면에 내세운 협회를 설립했기 때문이기도 하다. 유럽 신교육운동의 초석을 놓은 사람은 스위스의 교육학자 페리에르(A. Ferrière, 1879~1960)이다. 페리에르는 1921년 국제신교육연맹을 창립하고 신교육의 핵심 원리를 발표함으로써 유럽 내 신교육 지지자들을 결집시켰다. 이후 신교육프랑스지부(GFEN)는 1922년 발롱(H. Wallon)에 의해 세워졌다.

긴 했지만, 결과적으로 정치적 쟁점에 몰두해 있던 교육노동자들의 정체성을 '노동자'에서 '교사'로 전환시키는 촉매 역할을 한 것 역시 신교육이었다. 사회주의운동과의 접점을 간과한다면 신교육은 특권층을 위한 특별한 교육 실험으로 비쳐질 수 있고 신교육의 정치적 무관심에 대한 외부의 비판은 설득력을 얻지 못할 수도 있다. 진보교육 연구에 시대에 대한 포괄적 이해가 필요함을 보여주는 대목이다.

3. '에뒤카시옹 누벨'과 교육개혁

이제 유럽이 아닌 '프랑스'에 초점을 맞춰보자. 엄밀한 의미에서 신교육은 프랑스만의 고유한 운동은 아니다. 오히려 전 유럽적 현상으로서 진보교육을 설명하는 상징성을 갖는다. 하지만 동시에 프랑스의 신교육은, 프랑스의 고유한 운동이 아니라고 단정할 수 없는 특성을 내재하고 있다. 여타 유럽 국가들에서 신교육운동이 공교육제도 밖에서 대안적 학교의 형태로 진행되었던 반면, 프랑스에서는 제도적, 내용적으로 공교육의 개혁을 이끌었던 동력이었기 때문이다. 신교육의 프랑스적 특성이다. 그리고 이 동력은 프랑스의 독자적인 '공교육 개혁운동'으로 이어지면서 그 색채가 더욱 강화된다. 다른 한편으로 프랑스의 신교육 지지자들은 '신교육프랑스지부'를 설립하고 자신들의 교육개혁 흐름을 가리켜 '에뒤카시옹 누벨Education Nouvelle'이라고 명명함으로써 프랑스적 특성을 공고히 한다.

에뒤카시옹 누벨은 '교육'을 뜻하는 éducation과 '새로운'을 뜻하는 nouvelle(nouveau의 여성형)이 합쳐진 말이다. 영어로 바꾸면 new education으로 간단하고 명료하다. 문제는 프랑스어에서 nouveau란 형용사는 그것을 수식하는 명사의 앞과 뒤에서 뉘앙스가 달라진다는 데 있다. '새로운'이 명사의 앞에 붙으면 '기존의 것을 수정하거나 재정비하여 생겨난 새것'을 뜻하는 반면, 명사 뒤로 가면 '이제까지 없었던 것, 새롭게 탄생한 새것'을 의미한다. 쉬운 예로 개정판 도서는 nouveau livre이고 신간서적은 livre nouveau가 된다. 이러한 언어적 관행에 비추어 볼 때 에뒤카시옹 누벨이란 명명은 당대의 개혁적 교육운동이 기존에는 없던 새로운 흐름이며, 지금까지 존재했던 교육과는 완전히 다른 지향점을 가지고 있음-혹은 표명하고자 했음-을 알 수 있다.

에뒤카시옹 누벨은 1920년대 학교감독관(우리나라의 장학사에 해당)의 적극적 지원으로 '그룹 작업'이나 '학교협동조합' 등의 장치를 제도권 안으로 도입했고, 실제 교육부의 초등교육 지침서Official Directives에 반영되기도 했다. 중등교육에는 해방 후 공교육을 재정비하는 과정에서 영향력을 드러냈는데, 초등교육과 마찬가지로 권력을 행사할 수 있는 몇몇 인물들이 있었기 때문에 가능했다. 요컨대 에뒤카시옹 누벨은 프랑스 진보교육의 가장 두드러진 흐름이자 초·중등 교육개혁으로까지 이어지는 구심점을 점유했다. 심지어 진보교육과 에뒤카시옹 누벨, 교육개혁의 촘촘한 관계는 다음과 같이 말할 수 있을 정도다. "프랑스의 교육개혁과 관련된 모든 것이 진보교육의 영향을 받았지만, 공교육 개혁이라는 관점에서 프랑스의 교육개혁이 진보교육의 영향을 받았다고 간주할 수 있는 경우는 오직 에뒤카시옹 누벨의 원리가 준수되고 개념이 구현되며 그 모델이 일반화되었을 때다."Zimmermann, 1995: 372 이 관계도에 따르면 프랑스의 교육개혁은 진보교육에 의해 추동되었으며, 그중 특히 공교육 개혁은 에뒤카시옹 누벨을 주축으로 전개되었다. 에뒤카시옹 누벨이 공교육 안의 개혁을 주도했다는 점은 여타 유럽 국가의 신교육과 프랑스의 에뒤카시옹 누벨의 차이점으로, '프랑스의 신교육'을 프랑스만의 고유한 운동이 아니라고 단정할 수 없는 이유를 설명해준다.

물론 에뒤카시옹 누벨의 영향을 받았지만 실질적인 개혁으로 드러나지 않은 다수의 진보적 교육 실천들이 존재한다. 교육개혁은 진보교육의 강도나 추진력(내용적 측면)보다는 정치, 경제, 사회의 제반 여건(교육 외적 조건들)에 의해 좌우되는 경우가 많기 때문이다. 개별적인 모델을 통해 전파되면서 수업과 교사-학생의 관계를 변화시키는 데 막대한 역할을 했음에도 명시적인 시스템의 변화로 이어지지 못한 실험들이 있는가 하면, 진보의 개념이 국가교육 시스템 안에서 구조적으로 정책화되면서 제도개혁을 이끌어낸 실천들도 있다. 대개 후자의 경우, 전자와는 어느 정도의 시차를 두고 이루어진다. 마치 우리나라의 혁신학교가 오랫동안 진보교육의 정신과 원리를 현장에서 실천해온 일군의 교사들이 먼저 있었고, 진보 교육감의 당선으로 정치, 사회, 경제적 여건이 갖춰짐으로써 정책화된 것과도 일맥상통한다. 따라서 교육개혁 논의에서 현장의 실천은 개혁의 동력으로서 특별한 의미를 가지며, "모든 교육개혁이 진보교육의 영향을 받은" 프랑스의 경우 이 실천들은 진보교육의 범주 안에서 더욱 중요한 위치를 차지한다.

이러한 실천들까지 포괄해서 진보교육을 이해할 수 있게 도와주는 것이 바로 교육개혁을 분석하는 틀이다. 짐머만[1995: 374-378]에 따르면, 모든 교육개혁은 내적 개혁과 외적 개혁으로 구분할 수 있다. 전자는 직접적인 시스템 개혁을 가져오지는 않지만 교실 구조, 교수 방법, 교사 역할, 학교문화 등을 전환시켜 외적 개혁의 토대가 된 교육원리와 실천을 가리킨다. 이 관점에서 신교육은 내적 개혁의 효시이며, 에뒤카시옹 누벨은 내적 개혁이 외적 개혁으로 이어진 경우라고 할 수 있다. 반면 외적 개혁은 진보교육의 요소들을 제도권으로 통합시키면서 실행된 개혁을 지칭한다. 프랑스에서 1946년 단행되었던 '랑주뱅-발롱 플랜Langevin-Wallon Plan'과 같은 것이다. 이 프로젝트는 당시 이원적으로 운영되던 중등교육의 진로과정을 단일화하여 모든 중학생에게 진로탐색의 기회를 동등하게 제공하고자 기획되었다. 이를 외적 개혁이라고 부를 수 있는 이유는 1940년대 후반 교육개혁위원회를 설립하고 시범 운영을 거치면서 1960년대 '단일 중학교Collège unique' 도입이나 〈진로교육법〉을 끌어냈기 때문이다. 이 외적 개혁은 '신교육프랑스지부'가 설립된 후 꾸준히 중등교육의 개혁을 모색한 교사들의 실천과 요구가 있었고, 다른 한편 전후 프랑스공산당이 제1야당으로서 제도개혁을 감행할 권력을 갖추고 있었기 때문에 가능했다. 콜레주 드 프랑스의 교수이자 아동심리학자로서 이 개혁을 지휘했던 발롱Henri Wallon이 신교육프랑스지부의 설립자라는 사실은 적어도 20세기 중반까지 프랑스의 내·외적 개혁은 모두 에뒤카시옹 누벨과 밀접한 관련이 있으면서도 두 개혁 사이에는 일정한 시차가 존재했고, 외적 개혁은 정치·경제적 제반 여건에 좌우되는 경우가 많았다는 점을 시사해준다. 지금까지 살펴본 20세기 중반까지 프랑스의 진보교육 지형을 정리하면 대략 다음과 같다.

```
정치, 사회적 배경: 사회주의운동
            +
    학문적 토대: 아동심리학
            ↓
진보교육의 확산: 에뒤카시옹 누벨(내적 개혁) → 신교육프랑스지부 설립
            +
 정치, 사회, 경제적 배경: 프랑스공산당의 개혁 정책
            ⇩
      교육 시스템 개혁(외적 개혁)
```

사실 정당이나 대표적인 단체명이 교체된 것을 제외하면 이 그림은 20세기 후반부터 현재까지로 시대를 전환해도 유효하다. 해방 후 프랑스 사회는 그 이전 못지않게 역동적인 변화를 겪고 진보교육을 상징하는 단체나 지지자들 간의 세대교체, 지역화라는 거대한 시대적 조류 등의 부침을 경험하지만, 그 뿌리는 여전히 에뒤카시옹 누벨에, 나아가 아동 중심성과 교육의 민주화라는 진보교육의 원리에 두고 있기 때문이다. 또한 내적 개혁은 현장 교사를 중심으로 아래로부터의 개혁을 주도하고, 외적 개혁은 사회당의 집권을 기점으로 제도개혁으로 본격화되었다는 사실도 위 구도의 유효성을 입증해준다.

이어지는 글에서는 프랑스 진보교육의 사례로서 '현대학교운동'을 살펴보고자 한다. 이 운동은 20세기 중·후반에 시작되어 21세기 현재까지 지속적으로 수정, 보완되면서 새롭게 정체성을 규정해가고 있다는 점에서 앞서 살펴본 진보교육의 자격을 갖췄다. 또한 프랑스에서 사회주의운동과 에뒤카시옹 누벨의 접점을 보여주고 에뒤카시옹 누벨을 프랑스의 독자적인 교육운동으로 발전시켰다는 점에서 프랑스의 진보교육을 일이관지一以貫之하며 그 현대적 동향을 이해하는 단초가 될 수 있을 것이다.

4. 현대학교운동

1920년대 신교육에서부터 해방 후의 교육개혁을 거쳐 오늘에 이르기까지 지난 한 세기 동안 프랑스 진보교육을 이끌어온 흐름이 있다. 국내에 '프레네 교육'이란 이름으로 더 잘 알려진 '현대학교운동 Mouvement de l'Ecole Moderne'이 그것이다. 사실 '프랑스'와 '진보교육'을 키워드로 구글링을 하면 결과물은 크게 세 범주로 나뉜다. 먼저 제일 앞에 등장하는 듀이와 에뒤카시옹 누벨 관련 자료들이다. 분량이 많지는 않지만, 유럽의 신교육이 진보주의와 연결되어 있으며 듀이의 직접적인 유산임을 알려준다. 두 번째는 프레네 교육과 관련된 엄청난 분량의 정보들이다. 프레네라는 인물부터 교구, 테크닉, 교사단체, 벙스의 프레네학교와 온, 오프라인 아카이브까지 망라한다. 마지막은 현대학교운동에 관련된 것들로 두 번째 범주와의 교집합이 적지 않지만, 전자가 20세기의 기록과 같다면 후자는 그 21세기 버전처럼 제시된다.

이 같은 구글링 결과는 프랑스의 진보교육에 대해 다시 두 가지 사실을 알려준다. 하나는, 이 국가의 진보교육이 누적적으로 발전해왔다는 점이다. 어떤 이론이나 방법이 유행처럼 번졌다 사라지거나 '진보적' 학교를 세우는 방식으로 전개된 것이 아니라, 아동 중심 교육이라는 근본적인 문제의식을 다양한 형태로 확장시키거나 깊게 뿌리를 내려가는 형태로 발전해왔다는 뜻이다. 예컨대 듀이의 문제의식은 아동심리학과 만나 유럽의 신교육으로 연결되고, 이는 다시 프랑스에서 에뒤카시옹 누벨로 이어진다. 그리고 이 흐름은 프레네와 그 동료들에 의해 공립학교 내의 실천으로 들어오고, 협력적 방식으로 실천하는 시스템을 구축하여 시간에 따라 견고해지고 심화된다. 따라서 구글링 결과를 통해 드러나는 또 다른 사실은, 프랑스의 진보교육이 일관되게 그리고 일맥상통하게 이어지는 중심에 프레네의 업적이 놓여 있다는 점이다. 현대학교운동의 정체성을 그리기 위해 먼저 프레네의 삶을 펼쳐보는 이유가 이 때문이다.

교사로서 셀레스탱 프레네(1896~1966)의 삶은 1920년대를 배경으로 시작되었다. 사범학교 재학 중 당시 다른 젊은이들과 마찬가지로 1차대전에 동원되었고 부상으로 인해 생사를 넘나드는 긴 회복기를 거친 후였다. 이 시기는 1920년 창당 이후 프랑스공산당이 전후 국가 재건을 위한 주도권과 정당성을 확보하고 있었고, 교육계 안팎으로 각종 개혁이 추진되던 때이기도 했다. 교육적 관점에서 이 무렵 개혁의 흐름은 크게 둘로 구분된다. 하나는 전쟁에 반대하는 교사들과 사회주의운동의 만남이고, 다른 하나는 학교개혁의 필요성을 절감한 일선 교사들과 에뒤카시옹 누벨의 만남이다. 전자는 정치적, 후자는 학문적 색채를 띠긴 했지만, 학교개혁을 요구하는 교사들이 젊은 세대인 경우가 많았고 대부분이 전쟁에 반대하며 사회주의운동에 가담했기 때문에, 1920년대라는 특수한 시대적 상황은 이 두 흐름을 교육개혁이라는 하나의 거시적 목표 안으로 통합시켰다.

먼저 사회주의운동과 교육의 만남을 살펴보자. 반전反戰을 외치는 진보적 교사들이 '생디칼리슴 교육운동'이라는 이름으로 모였다.[3] 이들은 노동조합의 지역단위인 생디카syndicat를 매개로 결집한 후 노동운동의 연장선상에서 생디칼리슴과 학교교육을 결합시키고자 했다. 따라서 이들의 정체성은 자연스레 교사보다는 노동자에 가까웠고, 학교교육이 체제나 권력에 종속되지 않도록 견제하면서 학교 및 교사의 위상과 권리 쟁취 등을 선결 과제로 삼았다. 당시 선포된 〈생디칼리스트 교사선언문〉에는 이들의 정치적 입지와 거시적 목표가 잘 드러나 있다.[4]

"학교교육은 권력의 교육이 아니다. 교사는 진리의 이름으로 교육해야 한다. 비록 공화국이라고 할지라도, 교사는 정부의 이름이나 민

---

3. 생디칼리슴 교사단체로는 전국프랑스교사생디카(Syndicat National des Instituteurs et Institutrices de France et des Colonies)와 교육연맹(Fédération de l'Enseignement)이 대표적인데, 1920~1930년대 통계에 따르면 전체 12만 명의 교사 중 대략 61%가 넘는 교사들이 여기에 가입해 있었다.
4. 〈Manifeste des instituteurs syndicalistes〉, Le Bars(2005: 35)에서 재인용.

중의 이름으로 교육해서는 안 된다. 따라서 과학적, 역사적, 도덕적 사실들은 수학의 인과관계나 문법의 규칙과 마찬가지로 다수파의 변동에 종속되어서는 안 된다. 교사가 선택과 방법에서 완전히 자유로울 때 이러한 교육은 촉진될 수 있다."

　반면 신교육은 정치적으로 온건한 학자들이 주축이 되었다. 앞서 살펴본 것처럼 20세기를 맞아 새로운 학문으로 발돋움한 아동심리학은 루소가 주창한 아동 중심적 교육을 실천하는 과학적 토대를 제공했다. 교육학자와 심리학자, 의사들로 구성된 신교육의 이론가들은 전적으로 학술적 근거에 입각해 "아동의 성향이나 흥미에 대해 무지하고, 훈련과 교육을 구분하지 않으며 과다한 학업으로 아동을 혹사시키는"Peyronnie, 1995: 25 기존 학교교육을 비판했다. 이들 비판의 칼날은 '아동에 대한 전통교육의 무지'를 겨냥하고 있었다. 앙시앵 레짐기의 콜레주로부터 기인해 어느덧 학교의 전형이 되어버린 학교체제, 즉 수도원에 맞먹는 엄격한 규율과 통제, 권위주의, 방대한 양의 형식적 교육 등은 아동에게 적합하지 않은 것이며, 아동에 대한 올바른 지식을 토대로 타파해가야 하는 것으로 간주되었다. 당연히 신교육 이론가들은 교사가 아닌 아동 자체를 중심에 두었고 아동의 내적 힘과 고유성을 존중하고 발현시키는 교육을 주창했다. 그 내용들이 바로 우리가 일반적으로 알고 있는 진보교육의 실천들 혹은 내적 개혁의 요소들, 즉 아동의 자발성을 이끌어내는 수업 방식, 개별 아동의 흥미와 속도 존중, 교과서와 강의식 수업 탈피, 모둠 작업, 자치적 교실 운영, 교사-학생의 수평적 관계 맺음 등등이다. 교사, 교과서, 지식을 중심으로 작동했던 전통교육에 비춰 볼 때 신교육은 무엇보다도 교육의 본질을 논지로 삼았고, 따라서 교육의 목적적 측면에서 혁신적이었다고 할 수 있다.[5]

프레네는 생디칼리슴 교육운동과 신교육 모두에 연루되어 있었다. 전쟁의 상흔을 지닌 그가 사회주의운동에 동참한 것은 당시의 전반적인 사회 분위기에 합류하는 것이었다. 프레네는 자신의 지역 생디카에서 활동했고 이 생디카는 전국 단위의 상위 조직인 '교육연맹'에 속해 있었다. 교직에 몸담은 직후부터 6년 후 서기장을 역임하기까지 '정치적인 교육 조직' 안에서 그의 문제의식은 다른 생디칼리스트 교사들과 상이했다는 점에 주목할 필요가 있다. 정치적 투쟁에 몰두했던 그들과 달리 학교교육을 실제로 바꿀 수 있는 구체적인 내용을 얻고자 했기 때문이다(사실 전쟁의 부상으로 온전하지 못했던 그의 신체적 조건이 교사의 전제적인 방식으로 이루어지던 기존 강의식 수업에 회의를 느끼게 했고 자연스레 새로운 교육에 눈을 돌리게 한 것이다). 이때 프레네에게 답을 준 것이 에뒤카시옹 누벨이다. 당시 신교육은 프랑스의 초등교육 안에 적지 않게 개입해 있었고, 신교육의 아동 중심적 활동들이 개별적 혹은 제도적 차원에서 접목되고 있었다. "학교의 변화로부터 사회의 변화를 이룰 수 있다"는 신념을 가진 교사라면 누구든지 신교육과 조우할 수 있는 시대였고, 프레네는 바로 그런 교사였다.

현대학교운동의 모태가 되는 프레네 교육은 이 두 운동의 교차점에서 탄생한다. 프레네는 생디칼리슴 교육운동에서 정치적 논쟁에 의해 뒷전으로 밀려나 있던 교육적 쟁점을 부각시키는 한편, 자신의 교

---

5. 총 7개의 조항으로 구성된 신교육의 핵심 원리 중 상위 세 가지 원리는 다음과 같다.
  1. 모든 교육의 본질적인 목적은 아동이 삶 속에서 최상의 정신을 성취하도록 준비시키는 데 있다. 따라서 교육자의 관점과 무관하게 아동 내부의 정신적인 에너지를 보존하고 증가시켜야 한다.
  2. 교육은 아동의 개별성을 존중해야 한다. 이러한 개별성은 아동 안에서 정신적인 힘을 이끌어주는 훈육을 통해 발달할 수 있다.
  3. 성인은 아동의 흥미를 존중해야 한다. 아동의 흥미는 내부의 힘을 자발적으로 솟아오르게 하고, 수작업적·지적·미적·사회적 활동과 같은 다양한 활동 속에서 자신의 출구를 발견하게 한다.

실에서 신교육의 혁신적인 내용들을 실천했다. 그리고 이 과정과 결과를 생디칼리슴 운동의 형식을 통해 공유하고 전파한다. 즉, 내용적으로는 신교육의 혁신을, 형식적으로는 생디칼리슴의 고전을 결합시킨 것이다.[6]

잘 알려져 있다시피, 이 과정에서 공교육 밖의 신학교New schools에 갇혀 있던 주옥같은 실천들이 민중의 학교로 전파된다. 오늘날 현장학습의 전신인 교실 밖 수업, 자유표현을 통한 글쓰기, 활자 인쇄기로 만드는 학급 소식지, 주도적으로 학습을 설계하고 점검하는 각종 교구, 최첨단 영사기를 활용하는 수업, 타 학교와의 교류 등이 무상으로 확산되면서 프레네 교육에 동조하는 교사들이 모여 마침내 단체를 결성하게 된다. 1927년 첫 번째 단체인 공공교육협동체(기관지명 '학교인쇄소')가 발족하고 프레네의 실천이 전국적으로 확산되며 '프레네 사건'(1932~1934)[7]이 발발할 때까지, 프레네가 고수했던 것은 두 가지였다. 하나는 자신의 학급에서 직접 그리고 꾸준히 실천하는 것, 다른 하나는 그 과정과 결과를 글로 써서 다른 교사들과 나누는 것이다.

---

6. 김세희(2015: 257-260)에서 요약.

7. 프레네는 첫 학교에서 8년간 재직한 후 1928년 생폴 지역의 학교로 발령받는다. 생폴은 첫 번째 부임지였던 바쉬르루와 다른 지역색을 지녔을 뿐 아니라 1930년대를 맞아 우경화된 프랑스의 정치적 분위기를 고스란히 반영하고 있는 지역이었다. 생폴 학교에서 프레네는 교장에 준하는 지위를 가지고 있었지만, 사실상 한 학급 규모의 학교에서 모든 수업을 책임지는 담임교사와 마찬가지의 역할을 했다. 학교 운영을 위해 프레네는 자유표현, 주제탐구학습, 활자 인쇄기를 활용한 학급인쇄소, 서신교환 등 다양한 테크닉을 접목했고, 당시 이러한 실천에 동조하는 교사들이 늘어가면서 프레네 운동은 더욱 확산되었다. 하지만 보수파였던 시장을 비롯한 지역의 유지들이 프레네의 새로운 교육 방식에 반대하면서 1932년 12월 도시 전체에 프레네를 비방하는 벽보가 붙고 찬반 지지자들의 물리적 충돌이 발생하게 된다. 프랑스 남부의 소도시에서 발생한 이 사건을 두고 각종 언론들이 각각 찬반의 입장에서 가세하면서 이는 전국적인 논쟁으로 확산되고 프랑스 사회에 새로운 교육 담론을 불러일으켰다. 논쟁은 1932년부터 1934년까지 계속되었지만 결국 프레네가 공교육을 떠나는 것으로 마무리되고, 이후 프레네는 벙스(Vence)에 자신의 이름을 건 학교를 세우게 된다. 이 사건을 가리켜 '프레네 사건(l'Affaire Freinet)' 혹은 '생폴 사건'이라고 부른다[김세희(2014), 88-89 및 Barré(1995), 82-96 참고].

대부분의 글이 교육연맹의 기관지를 통해 공유되었고 독자는 '노동자 교사들'이었다. 그의 글을 읽고 이 흐름에 합류하는 교사들은 한 가지 조건만 충족시키면 됐다. 각자 실천 후 피드백을 교류하는 것. 프레네 교육을 상징하는 협력적 작업 방식이다.

현대학교운동은 이처럼 협력적 방식으로 교실에서 실천하는 교사들의 네트워크가 만들어낸 운동이다. 초창기 프레네 교육은 현장을 토대로 강력한 실천력을 발휘하며 학교 안팎의 실제적인 변화를 이끌었지만 이론적 기반은 현장성만큼 탄탄하지 않았다. 이를 주지하고 있던 프레네 교육 실천가들은 해방 후 프랑스 사회의 재건이 한창일 때 자신들의 운동에 연구소Institut의 기능을 강화하고자 '현대학교협회 Institut Coopératif de l'Ecole Moderne(1947)'를 창립한다. 그리고 이 협회를 주축으로 프레네 교육은 점차 이론과 실천이 선순환되는 변증법적 운동으로 발전하게 된다. 프레네 교육운동에서 협회 설립이 갖는 일차적 의미는 연구를 통해 교육의 본질과 진보교육의 실천적 가치 등을 체계적으로 정리하고, 대학 연구소와의 협력이나 사범대학과의 연계 등을 통해 운동의 범위를 확장시킨 데 있다. 교육에서 경험이 중요한 만큼 운동으로서의 확장력과 지속력을 갖기 위해서는 경험의 이론화 역시 중요하다는 점을 간파한 것이다. 일례로, 실제로 '자유표현'을 수업에 접목해본 교사들에게 자유표현은 전통적인 읽기/쓰기 교수법보다 훨씬 효과적인 방식임이 입증되었지만, 프레네 교육이 정쟁의 표적이 되었을 때 자유표현은 이론적 근거가 부재하다는 이유로 신랄한 비판을 받기도 했다.

협회 설립의 또 다른 의미는 진보교육의 속성과 보다 밀접한 연관을 갖는다. 즉, 진보적 교육운동이 지향하는 가치로서 교육의 '현대성'을 공고히 했다는 점이다. 에뒤카시옹 누벨이라는 명칭에서도 유추할 수 있듯이, 당시 전통교육을 비판하면서 등장한 혁신적 교육에는 대부분 '새로운new'이나 '능동적active'과 같은 형용사가 붙었다. 하지만 프레네 교사들은 새학교협회나 능동학교협회란 이름 대신 '현대modern'란 용어를 선택한다. 현대성은 깨어 있는 상태로 '지금의 시대'를 살아갈 때 유지될 수 있으며, 정체하거나 답보하는 순간 상실된다. 따라서 어느 한 시대나 시기가 아닌, 언제나 '현대적인' 학교가 되려면 무엇보다 과거에 갇혀서는 안 된다. 지금 이 순간의 사회에서 교육의 역할을 모색하고 이 순간을 살아가고 있는 사람들에 초점을 맞춰야 한다. 이들은 '현대'라는 명칭을 통해 교육이 매 순간 학생의 삶에 열려 있고, 학교가 그 터전인 사회의 요청에 부응할 것을 표방한다. 막연한 새로움의 추구가 아니라 교육을 통해 주어진 시대의 요청과 사회적 문제에 응답하고자 하는 의지의 표명이라고 볼 수 있다.

듀이 이래 진보교육은 배움과 삶의 통합을 지향했다. 학교의 배움이 아동의 삶과 통합되어야 한다면, 아동의 삶을 따라 학교 역시 진행형이어야 한다. 진행형인 학교는 아동에 대한 고찰뿐 아니라 그 자체로 진행 중인 사회에 대해 깨어 있음을 요구하는데, 이는 교육이 아동 중심적이어야 할 뿐만 아니라 교사가 사회적 책임감을 가져야 한다는 의미이기도 하다. 현대학교 실천가들은 "교육은 지식의 축적이나 훈련이 아니라 펼침이자 상승"(〈현대학교헌장〉 1조)이라고 선언하면서 "모든 도그마의 주입을 거부한다"(2조).[8] 이 아동관은 기독교에서 유래된 전

---

8. 〈현대학교헌장〉은 현대학교운동의 방향성과 실천 목표를 담고 있는 것으로 프레네가 고안하여 1950년 낭시 총회에서 처음 발표한 후 그의 사후 1968년 포(Pau) 총회에서 만장일치로 가결된다. 한편 '도그마의 주입'은 endoctrinement을 번역한 말이다. 프랑스어 endoctrinement은 ~주의-isme나 주장doctrine을 주입(en)하는 것을 뜻한다. 이는 도그마 자체보다도 어떤 도그마이든 '미리 정해진 것을 주입하는 행위'에 대한 거부를 나타내기 때문에 도그마주의나 교조주의보다는 '도그마의 주입'이라는 표현이 적절한 번역어이다.

통적인 아동관은 물론 아동을 백지나 빈 그릇으로 보는 근대적 관점과도 갈라선다. 지력을 비롯한 도덕적 판단력은 좋은 것들을 '넣어줌'으로써 갖춰지는 것이 아니라 스스로 결정하고 책임지는 가운데 터득하고 형성해가는 것이다. 아동에 대한 이들의 관점은 무엇보다 아동의 본성과 자유의지를 존중하는 것으로 아동을 자율적인 인간으로 양성하고자 하는 학교교육의 목적을 담고 있음을 알 수 있다. 그리고 교사는, 아동이 살아가고 있는 터전이자 그들이 살아갈 세계로서의 현 사회에 대해 막중한 책임감을 가져야 한다. 다음은 아동관(1, 2조)에 이어 등장하는 〈현대학교헌장〉의 3조 전문이다.

우리는 교육을 좌우하는 거대한 사회적, 정치적 흐름의 밖에서 교육 자체로만 충분하다는 환상을 배격한다.

교육은 하나의 요소지만, 불가결한 사회혁명의 요소다. 사회·정치적 배경, 부모의 일과 삶의 조건은 아동의 형성formation에 결정적인 영향을 미친다. 공교육이 교육적 기능을 탁월하게 완수하기 위해서 교육자와 학부모, 학교의 모든 구성원들은 노동자의 곁에서 사회·정치적으로 투쟁해야 한다. 이러한 정신으로 우리 모두는 교육의 요구가 행복과 문화, 평화를 추구하는 인간의 거대한 노력으로 통합되도록 각자 자신의 사상적, 철학적, 정치적 소신에 따라 행동할 것이다.

이 지점에서 현대학교운동은, 학교개혁이 사회적 목적과 분리되어 있던 신교육운동과 구분된다. 또한 평범한 민중학교의 실천이 궁극적으로 사회의 진일보로 이어져야 함을 주장하지만, 정해진 사회상을 제시하는 대신 '각자 자신의 신념에 따라 행동할 것'을 요구함으로써 사회주의 교육운동과도 구분된다. 마지막으로, 그러기 위해 머물러 있지 않고 끊임없이 스스로의 의미를 재규정해간다는 점에서 현대학교운동은 앞서 정의한 진보교육과 조우한다.

현대학교협회는 창립 후 지금까지 해마다 혹은 격년제로 총회(Congrès)를 개최하고 있다.[9] 협회에 가입했건 그렇지 않건 전 세계의 모든 교사들에게-때로는 학생들에게도-개방되어 있으며, 매해 시대적 요청에 부응하는 테마를 정해 사회·정치, 교육, 국제, 예술의 네 영역에서 담론을 펼치고 경험을 교류하며 해결책을 모색한다. 한마디로 총회는 이론가와 실천가들이 소통하고 프랑스는 물론 세계의 정치, 사회, 교육적 동향을 파악하며 각자의 경험과 실천을 교류하는 동시에 도움을 주고받을 수 있는 교각의 역할을 한다. 저마다의 문제의식과 관심사를 가지고 참여하지만, 결국 무엇을 얻어가고 직면한 문제를 어떻게 해결한 것인지에 대한 답은 각자에게 달려 있다. 시작부터 지금까지 현대학교운동은 '민중의 학교와 교육'이라는 구심점 외에 어떤 것도 강요하거나 제한하지 않은 채 운영되고 있다. 협회의 가입도, 총회의 참석과 발표도, 참석해서 실천의 방향과 목적을 점검하는 것도 각자의 소신과 신념에 달려 있으며, 다만 협회는 그 장을 마련할 뿐이다.

현대학교운동을 창시하고 민중의 교육운동으로 정착시키는 데 막대한 기여를 했던 프레네는 1966년 세상을 떠났다. 그의 사후 한동안 정체기를 거친 후 1980년대부터 현대학교운동은 '현대학교협회-페다고

---

9. 총회 개최 주기를 '해마다 혹은 격년제'라고 한 이유는 현대학교운동의 역사와 관련이 있다. 현대학교운동의 회기는 '프랑스 현대학교총회' 시기(1947~1954)와 '국제현대학교총회' 시기(1955~1983), 그리고 '현대학교협회-페다고지 프레네' 시기(1985~1현재까지)로 구분된다. 협회 창립부터 '국제현대학교총회'의 이름으로 개최되었던 1983년까지 총회는 해마다 개최되다가, 1985년부터 현재까지는 격년제(홀수 해)로 열리고 있다. 하지만 국제프레네교사회의(RIDEF)가 짝수 해에 배치되어 있기 때문에 프레네 교육 실천가들은 사실상 매해 국제적인 규모의 총회를 개최하고 있다고 할 수 있다. 총회와 관련된 자료는 〈아미 드 프레네〉의 문서고 중 Les Congrès 항목이나 Thomas(1989)에 상세히 기록되어 있다.

지 프레네'라는 이름으로 활동을 재개한다. 단체명에 프레네의 이름을 넣음으로써 창시자인 프레네의 정신을 계승하는 동시에, 그의 영향에서 '독립'해 새로운 시대와 소통하는 '현대적' 교육운동으로서의 역할을 지속하고자 하는 것이다.

프레네 사후 현대학교운동은 공립학교에 자율경영제도self-government를 도입하고 아동권 운동을 확산시키는 한편, 전 세계의 실천가들이 긴밀히 교류할 수 있도록 국제 관계를 활성화하는 작업에 주력하고 있다. 학교의 운영부터 개개인의 학습까지 교사와 학생이 공동으로 결정하고 운영하는 '자율-경영' 공립 고등학교의 탄생이나, 아동의 권리를 재조명하고 학교와 삶 전반에서 그들의 고유한 권리를 존중하자는 '아동권 운동'이 전 유럽적 차원에서 전개되었던 배경에는 현대학교 운동가들의 국제적 연대와 협력이 있었다.[10] 20세기 전반기부터 프레네는 학교공동체가 아동이 삶과 배움을 스스로 조직할 수 있도록 협력하고 책임감을 길러주는 '작업의 공동체'가 되어야 한다

---

10. '작업의 교육'은 프레네 주저(主著)의 제목이자 프레네 교육사상을 함축하는 개념이다. 작업은, 아동을 자율성과 책임감을 지닌 공동체의 구성원으로 만들어주는 교육환경이자 그 자체로 완수해야 할 프로젝트를 뜻한다. 교사가 일방적으로 전달하는 수업 대신 작업으로서 제시되었을 때, 학생은 무엇을 할 것이며 어떻게 할 것인지를 결정하고 학습은 물론 학교생활 전반을 그에 맞추어 조직해야 한다. 그 과정에서 개별적으로 수행할 것과 모둠으로 진행할 것을 구분하고 타인과 조율하며 진행과정을 스스로 점검한다. 이때 교사는 학생이 계획대로 잘 진행하고 있는지를 파악하면서 적절한 교구와 학습계획서를 배치하고 어려움이 생겼을 때 도와주며 중재해주는 안내자가 된다. 이러한 방식은 프레네의 생전부터 지금까지 프레네 학급의 일반적인 모델로 작동하고 있다. 작업을 통해 학생은 삶과 배움을 일치시킬 수 있고, 협력과 민주성을 체득하고 책임감을 느끼면서 공동체의 시민으로서 자라게 된다. 이와 같은 작업의 교육은 아동의 권리와 자유에 대한 존중에서 시작될 수 있으며, 일찍이 프레네는 이를 '자기-조직(auto-organisation)'이라는 개념으로 강조했다. 1928년 국제교육노동자연맹과 1939년 국제신교육연맹유럽총회 등에서 이에 대해 호소했고, 1957년 현대학교협회 총회에서는 구체적인 내용을 담은 '아동헌장'을 제안하기도 한다. 바로 이 총회에서 현대학교운동국제연맹(FIMEM)이 탄생하는데, 아동헌장은 FIMEM의 앙가주망이자 실천 목표가 되어 '아동권 운동'으로 확산된다. 한편 1957년 총회 후 아동헌장은 프랑스 정부와 유엔, 유네스코에 전달되어 아동권에 대한 본격적인 담론을 촉발시킨다[Le Gal. J.(2009), La pédagogie Freinet et la pédagogie des libertés, 2009년 현대학교협회 스트라스부르 총회 발표문 참고].

고 호소했었다. 20세기 중반을 넘어가면서 '작업의 학교', 자신의 삶과 작업을 스스로 조직한다는 의미의 '자기-조직auto-organisation'은 두 개의 결실을 맺는다. 하나는 제도권 안에서 '다른 방식으로 가르치고 배울 수 있는 학교'를 탄생시킨 것이다. 자율-경영학교 혹은 공동-경영학교라고 부르는 네 개의 공립고교가 설립되어 완전한 자치공동체로서의 혁신적 학교 시스템이 공교육 안으로 들어오게 되었다. 비록 '실험학교'의 명칭을 달고 있긴 하지만, 이들의 실험은 1982년 개교부터 지금까지-정권의 교체에 상관없이-계속되고 있다는 점에서 이미 실험의 한계를 넘어섰다. 또 다른 결실은 1989년 유엔의 아동권리협약의 가결이다. 자율적 인간을 양성하는 교육은, 선택하고 결정하고 책임지는 자유로운 존재로서의 아동의 권리에 대한 인정이 전제되어야 한다. 아동권리협약의 채택부터 프랑스의 비준까지 진보적 교육자들과 DEI(Défense des Enfants International), 그리고 여러 단체들이 조직적으로 연대하여 아동권 운동을 확산시켰는데, 현대학교운동국제연맹(FIMEM)은 그 중심에 있었다.

'자유의 교육학pédagogie des libertés'은 국제협약과 더불어 학교 안팎에서 제기되는 새로운 문제들에 대해 현대학교 실천가들이 해결책을 찾고 실천적 활동들을 발전시키기 위해 제시한 페다고지의 이름이다. 아동에게 그들의 권리와 그것이 적용되는 메커니즘, 그 권리를 옹호할 수 있는 절차 등을 가르치는 한편, 아동과의 관계, 교육학적 전략과 과정, 제도 등을 분석하고 재검토하면서 학교의 변화를 이끌어내는 것을 목적으로 한다. 현대학교 실천가들이자 자유의 교육의 실천가들은 "세계와 사회의 변화로 제기되는 새로운 도전에 대한 답을 찾기 위해 항상 우리의 행동과 실천을 재검토하는 것이 우리 운동의 본질"[11]이라고 말한다. 자율-경영식 학교 제도는 이러한 실험들 중 하나였으며, 내적 실천이 운동을 통해 확산되어 외적 개혁을 이끌어낸 경우라고 할 수 있다.

1980년대 들어와 현대학교운동이 다시 활기를 띠게 된 배경으로 우호적인 정치, 사회적 환경도 간과할 수 없다. 1981년 프랑스에는 최초로 사회당 대통령이 탄생함으로써 이들의 요구와 경험이 각종 개혁으로 이어지는 물꼬를 텄기 때문이다. 초대 교육부 장관 알랭 사바리부터 리오넬 조스팽을 거쳐 자크 랑까지 굵직한 교육개혁들이 감행되었는데, 현대학교운동의 요구와 내적 실천들이 이러한 제도개혁의 초석을 놓았다. 알랭 사바리의 사회주의적 교육개혁이 없었다면 공립 '자율-경영학교'의 탄생은 훨씬 더 시간이 걸렸을 수도 있으며, 현대학교의 축적된 경험이 없었다면 조스팽 교육부의 '학생을 교육 시스템의 중심에 놓는 정책'은 공허한 구호에 불과했을 것이다. 이 정책 덕분에 현대학교의 실천들이 공교육 안으로 들어와 소통을 강조하는 프랑스어, 지역과 환경에 방점을 찍는 역사와 지리, 모둠식 협력 작업, 다양한 학교 프로젝트 등으로 강력한 흔적을 남길 수 있었다.

더불어 1996년 유네스코에서는 프레네의 탄생 백 주년을 기념하는 'Hommage à Freinet'를 조직한다. 이를 계기로 프레네와 현대학교의 작업들이 재조명되고 다량의 출판물이 발행되면서 전 세계 이론가와 실천가들의 결속을 도모한다. 프레네의 교육사상 및 운동과 관련된 체계적인 이론서들이 이때 빛을 발하며 현대학교운동에 대한 관심을 다시 한 번 고조시킨다.

그럼에도 불구하고 지금까지 불변하는 사실 하나는 정치나 사회 환경의 변화와 무관하게 현대학교협회와 현대학교운동국제연맹이 격년

---

11. Ibid.에서 재인용.

마다 총회를 개최하여 현장 교사들이 '현대'적인 '운동'을 지속할 수 있도록 하고 있다는 점이다. 연중행사로 열리는 대규모 총회 사이의 간격은 지역이나 국가별 소모임, 주제나 관심사에 따라 조직된 수많은 작은 모임들이 채워주고 있다. 이들은 여건에 따라 주제발표와 토론, 작업장, 전시회, 연구발표회 등을 조직하고, 소식지나 메일을 통해 자신들이 '무엇을 하고 있는지' 알리면서 저마다의 '현대학교'를 건설하고 있다. 이러한 방식의 현대학교운동은 오늘날 벨기에, 스위스, 스페인, 이탈리아, 네덜란드와 같은 프랑스의 이웃나라는 물론 폴란드, 루마니아, 러시아와 같은 동유럽 국가들, 중앙아메리카와 라틴아메리카, 아프리카와 아시아의 일본까지 전파되어 있다.[12]

앞서 우리는 내적 개혁이 직접적인 시스템의 변화로 이어지기까지는 적지 않은 시차가 존재하며 외적인 조건에 달려 있는 경우가 많다고 말했다. 20세기 후반에는 이 두 요소가 적절히 조화를 이뤄 서로 지원하고 감시하는 협력적 구도를 만들었기 때문에 현대학교운동은 프랑스의 교육개혁을 이끌어올 수 있었다. 그리고 그 핵심에는 '운동'의 역동성과 과제를 끊임없이 모색하는 실천가들이 있었다. 요컨대 당면한 사회에 문제를 제기하며 교육의 본질에 대해 지속적으로 물음을 던지고, 교실에서 실천하고 협력적으로 작업해나가면서 현대학교운동은 프랑스 진보교육운동의 맥을 잇고 있다.

현대학교운동이 진보교육인 것은 교육운동으로서의 정체성을 유지하고 있기 때문이다. 다만 모든 운동처럼 "현대학교운동도 피라미드형이지만, 이 운동은 정점이 아래에 놓여 있는 역피라미드"라는 점이 특징이다. "팽이가 그렇듯, 이 운동이 균형을 유지하며 돌아갈 수 있

---

12. Peyronie H.(1999), 111-116 참고.

게 해주는 것은 운동 그 자체, 즉 교사들의 협력 작업이다. 만약 작업을 멈춘다면, 운동을 멈춘 팽이가 쓰러지듯, 피라미드는 무너질 것이다."Schlemminger, 2002: 214 이것이 스스로 문제를 제기하고 정체성을 규정해가는 진보교육의 특성이자 프랑스 현대학교운동의 특성이다.

■ 참고 문헌

김세희(2014). 『현대 프랑스 교육운동의 관점에서 본 '페다고지 프레네'』. 고려대학교 박사
　학위논문.
＿＿＿(2015). 「'페다고지 프레네'와 프레네 교육운동」, 『교육비평』 2015년 36호.
성열관(2015). 「공교육개혁과 진보교육의 세계적 동향(1)-미국, 독일을 중심으로」. 한국교육
　연구네트워크 월례토론회 발표문, 2015 제8회 월례토론회(미간행).
Barré, M.(1995). *Célestin Freinet, un éducateur pour notre temps, 1896-1936, les
　années fondatrices*. Tome I, Mouans-Sartoux: PEMP.
Bruliard, N. & Schlemminger, G.(2002). *Le mouvement Freinet: des origines aux
　années quatre-vingt*. Paris: L'Harmattan.
Le Bars L.,(2005). *La Fédération Unitaire de l'Enseignement(1919-1935): aux origines
　du syndicalisme enseignant*. Paris: Editions Syllepse.
Le Gal. J.(2009). "La pédagogie Freinet et la pédagogie des libertés", 2009년 현대학
　교협회 스트라스부르 총회 발표문. 〈출처: https://www.icem-pedagogie-freinet.org/
　node/1017 2017. 05. 15.〉
Peyronie, H.(1999). *Célestin Freinet: Pédagogie et émancipation*. Paris: Hachette.
Thomas, E.(1989). "Les Congrès FREINET de 1927 à 1989". Bulletin des Amis de
　Freinet, No. 51.
Zimmermann A.(1995). "Education Reform in France under the Influence of
　Progressive Education". in *Progressive Education Across the Continents*. Peter
　Lang Gmbh.

〈아미 드 프레네〉 문서고 http://www.amisdefreinet.org/

6장

영국 진보교육의 동향: 우리 교육에의 시사점

이병곤

1. 진보, 그 잡기 힘든 무정형의 개념

영국 진보교육의 동향에 대해 서술을 하려 할 때 가장 먼저 부딪히는 난점이 바로 '진보교육'을 무엇으로 바라볼 것인가 하는 문제이다. 영국에서 'progressive' 혹은 'progressivism'으로 통용되는 '진보주의' 교육이란 일반 대중들의 입장에서는 '아동중심주의 교육과 교수법' 정도의 의미로 받아들여진다.

반면 한국에서 '진보교육'을 논의할 때는 진보주의 교육에 혁신, 혹은 변혁적 교육radical education의 의미가 덧붙여지고, 반자본주의적 입장에 선 좌파적 시각left-wing thinking까지도 두루 포함된 폭넓은 개념으로 확장된다.

나는 이 글에서 진보교육을 논의할 때 우리나라의 맥락에서 사용되는 용어의 의미를 염두에 두고 서술할 것이다. 한국에서 '진보교육'이 뜻하는 바가 무엇인지에 대해서는 대략적인 합의조차 없는 형편이기에 이 역시 임시적, 또는 방편적 용어로 여전히 남아 있기는 하지만 말이다.

이 주제를 다루기 위해 나는 다음과 같은 두 가지 영역으로 나누어 서술하고자 한다. 첫 번째는 영국의 진보교육 현황을 '우리의 맥락'에서 들여다보기 위해 아동의 자유, 학교 민주주의 심화, 아동의 발달과 학습에 대한 이해, 교육과 불평등의 보정, 이렇게 다섯 가지 하위 부문으로 구분하여 일별해볼 것이다. 두 번째는 진보주의에 담겨 있는 '진보'의 개념은 어떤 내용인지 분석해보고, 그 같은 '진보'를 더 든든하게 추동해나갈 요인들은 무엇이 있는지 논의해보려 한다.

글의 구성을 이렇게 잡은 이유는 우리 사회의 진보적 논의를 조금 더 자세히 들여다보고, 세계적 동향을 주시하면서 한국 사회의 근원적 변화를 이끌어낼 새로운 실천적 가능성을 탐지해보고 싶었기 때문이다.

2. 정치적 배경 및 진보주의 교육과 연관된 사건들

1) 정치적 배경의 변화와 우파들의 진보주의 대상 공격

(1) 오일 쇼크와 흑서黑書

영국 진보주의 교육의 분수령은 1967년 영국 정부가 플라우든 보고서를 발표함으로써 아동중심주의 교육 방식을 공식적으로 받아들였고, 학교현장에서 이 보고서에 담긴 교육 이념을 실천하도록 독려한 시점이라 하겠다. 하지만 좋은 시절은 오래가지 못했다. 1971년부터 2년간 전 세계에 불어닥친 '오일쇼크'는 영국의 정치 지형 자체를 뒤바꿔놓았을 뿐만 아니라 제2차 세계대전 이후 여야가 합의한 '복지적 자본주의 협약'을 더 이상 지킬 수 없게 만들었다. 당시 영국 사회에서는 교육이 복지국가의 중요한 구성 요소이기 때문에 이러한 정부

입장의 선회는 대단히 중대한 교육적 변화를 초래한다.

한편 오일 쇼크가 터지기 직전인 1969년에 진보주의 교육을 공격하는 문서들이 출간되면서 사회적 여론이 촉발되었다. 맨체스터대학 영문학부 교수로 재직하던 브라이언 콕스를 비롯한 일단의 보수 우파 학자들이 흑서Black Paper를 발표한 것이다. 주요 내용은 초등학교에서 실시되는 진보주의 교육 방식 탓에 대학생들의 학업 실력이 형편없이 떨어졌다는 것이었다.

모두 다섯 차례에 걸쳐 발간된 흑서는 우파 교육학자들과 정치가들의 열렬한 지지를 받았는데, 노동당의 종합중등학교체제 도입, 평등주의적 시각, 진보주의적 교수 방식, 학교에서 사라진 규율, 그리고 우등생들이 종합중등학교 제도 때문에 입는 피해 등에 대해서 공격적으로 설파했다.

그렇지만 콕스 교수와 여러 동료들이 발표한 글들은 부정확하고 불명료한 것으로 밝혀진다. 특히 나이젤 라이트 교수는 자신의 저서 가운데 6개의 장을 할애하여 콕스 교수가 발표한 다섯 번째 흑서[1977]를 분석했다. 그는 정말로 학생들의 실력이 떨어지고 있었는지를 살펴보기 위해 1952년~1974년 사이의 중등학교 졸업자격증명 수학 성적 통계, 1914년~1965년 사이의 학교 출석률 통계 등을 분석 대상으로 삼았다. 이러한 과정을 통해 라이트 교수가 내린 결론은 다음과 같다.Nigel Wright, 1977

1. 잉글랜드 지역의 학교는 지난 25년간 그다지 변하지 않았거나 설령 변화가 있다 하더라도 표면적인 수준을 크게 벗어나지 않는다.
2. 흑서가 극렬하게 공격했던 학력 저하 현상은 확인되지 않았다.

오히려 16세에 이른 모든 학생들이 치르는 국가고사 통과 비율은 더 늘었다.

즉 진보주의 교육이 영국 사회에 끼친 해악이란 일부의 의견에 지나지 않으며, 이것은 사실상 정치적 견해일 뿐, 그 주장을 뒷받침할 만한 양질의 연구나 교육 통계 분석 같은 자료는 없음이 드러났다.

(2) 윌리엄 틴데일 초등학교 사건

흑서 사건으로 영국 사회가 떠들썩하던 와중에 진보주의 교육에 대한 대중의 의구심을 증폭시킨 일이 1974년 런던의 윌리엄 틴데일 초등학교에서 발생했다. 사건의 발단은 1974년 1월에 테리 엘리스 교장이 이 학교를 맡으면서 시작됐다. 엘리스 교장은 급진적 아동중심주의 체제를 옹호하는 인물이었다. '통합수업의 날'에 학생들은 교장실, 교무실, 교사 화장실까지도 마음대로 드나들 수 있도록 허용되었다. 걱정스러운 학부모들이 "그러다가 아이들이 거리를 배회하면 어떻게 하느냐"는 취지로 편지를 보내자 그는 "학교가 유대인 수용소라도 되는 줄 아느냐"는 회신을 보냈다고 한다.

학교가 이렇게 운영되자 교장의 교육관과 리더십에 불만을 품은 기간제 교사 애니 워커 씨가 학교 측의 조치에 반발을 하고, 일부 학부모들과 힘을 합쳐서 이 학교 문제를 외부로 공론화했다. 그러자 학부모들이 자녀를 다른 학교로 전학시키기 시작하여 1973년에 230명이던 학생 수가 55명으로 줄어들었다. 매스컴과 우파 정치인들은 이 학교 사건을 진보주의 교육의 명확한 실패 사례로 들면서 지속적으로 언급하게 된다.

2) 1980년대 보수주의 정부와 교육개혁법(1988)

(1) 대처의 집권과 신자유주의

1979년 마가렛 대처가 총선 승리로 집권한 이후 3년간은 지지율이 그다지 높지 않았다. 제2차 오일쇼크의 여파가 남아 있었고, 실업률과 인플레이션이 높아 국민들은 여전히 불만에 가득 차 있었기 때문이다. 변화의 계기는 포클랜드 전쟁이었다. 전쟁 승리로 인한 대중적 인기에 힘입어 두 번의 총선에서 의석수 100석 이상의 큰 격차로 연승한 대처 수상은 그 이후 신자유주의 정책을 마음껏 밀어붙일 수 있었다. 그 주된 내용은 모두가 아는 바와 같이 이윤을 적게 내는 국유 산업을 민영화하고, '시장화'라는 원리에 입각하여 사회 경제 개혁을 밑바닥부터 추진하겠다는 것이었다. 공공 부문은 이러한 개혁의 대상이 되었고, 교육 분야 역시 예외가 아니었다.

(2) 1988년의 교육개혁법 도입

이 교육개혁법은 1944년에 입안된 교육법(일명 '버틀러 교육법')과 함께 현행 공교육 체계를 규정짓게 되었다. 즉, 현행 영국 교육의 실제에 가장 큰 영향을 끼친 20세기 대표 입법 가운데 하나이다. 핵심 골자는 지방정부의 교육국이 가지고 있던 학교교육에 대한 권한을 대거 단위 학교로, 즉 학교운영이사회와 교장에게 이양하는 것이었다. 또한 국가교육과정이 도입되었다. 이 말은 곧 1988년 이전까지 영국에서는 국가교육과정이 종교교육 말고는 없었다는 의미이다.

이 교육법의 조문을 아무리 꼼꼼히 살펴봐도 그것에 진정 어떤 의도와 의미가 있는지 파악하기란 쉽지 않다. 지금까지 확인한 자료들을 토대로 이 법의 성격을 규정하자면 다음과 같다.

1. 국가 교육과정의 도입을 통한 평가권과 학교현장에 대한 정치적 권한을 중앙정부가 더 강력하게 쥐고 가려는 의도가 돋보인다.
2. 학교 간 경쟁을 부추김으로써 공교육 안에서 의사 시장疑似 市場이 형성되었고, 공적 기구의 책임성을 강조하는 보수당 정부의 의도와 정확히 일치했다.

1988년 교육개혁법은 역설의 극치를 보여준다. 진보주의 교육자의 입장에서 바라보자면 법의 이름과 달리 전혀 '개혁적'이지 않을 뿐만 아니라 오히려 퇴행적 측면들이 법조문 뒤에 숨어 있다. 학교현장에 권한을 이양해줬으니 '진일보한 것 아니냐'는 착시 현상이 일어날 수 있다. 결코 그렇지 않다.

전통적으로 영국 공교육의 책임은 지방정부의 자율적 권한 아래 각 지역의 특색을 반영하는 형태로 이뤄졌는데, 대개 지방정부는 중앙정부의 교육정책에 동조하지 않거나 일사불란하게 움직여주지 않았다. 이런 점 때문에 대처 정부는 일선 학교에 운영 권한을 넘겨주는 대신 중앙정부는 학교에 대한 평가권을 가지고서 원격으로 통제하는 방안을 마련한 것이다. 그 결과 오늘날 잉글랜드와 웨일스의 학교현장에서는 지방정부의 교육국이 요청하는 것보다 중앙정부 산하의 교육기준청OFSTED에서 만들어내는 교육 방침에 훨씬 주의를 기울이는 형편이다. 이것은 마치 권위주의적인 가장이 다른 식구들에게 "아무 TV 프로그램이나 마음대로 보렴. 하지만 리모컨은 내가 가지고 있을게"라고 말하는 것과 상황이 유사하다.

1990년대와 2000년대 영국 공교육의 양상은 위에서 짜인 틀에서 크게 벗어남 없이 유지되어왔다. 정치권력은 보수당에서 노동당(1997)으로, 그리고 다시 보수당(2010)으로 넘나들었지만 큰 틀에서 교육정책은 '1988년 체제'를 기조로 하고 있기 때문이다. 이런 배경을 염두에 두고 진보교육의 범주에 들어갈 다섯 가지 하위 영역들을 살펴보자.

3. 영국 진보교육의 동향

1) 아동의 자유

아동의 자유라는 개념이 대단히 넓어서 기술하기 쉽지 않다. '신체적 자유'를 기준으로 한다면 우선 공교육에서 체벌은 불법이다. 이미 1970년대부터 학교에서 체벌은 드물게 이뤄졌지만 법적으로는 1986년에 이르러서야 최종 선언되었다. '학교 선택의 자유'는 사실상 학부모가 행사하는 것이지만 중등학교로 진학하는 아이의 경우에는 자신의 선택권을 일부 주장할 수도 있겠다. '교과 선택의 자유'는 각 지방정부와 학교마다 최대한 보장하려 애쓰지만 학교의 재정 현황, 중앙정부의 국가교육과정 시행 등으로 지난 20여 년간 축소되어왔고, 특히 문화, 예술 관련 교과목들의 주변화 현상은 더욱 도드라지고 있다.

서머힐에서 보는 것과 같은 '수업 참여의 자유, 그리고 학교 운영 참여에 대한 자유'는 일반 학교에서 거의 발견할 수 없다. 일부 중등학교에서는 학생회Students Council를 통한 '건의' 활동 정도는 이뤄지고 있다.

사실 진보주의 교육에서 가장 바람직하다고 여기는 자유는 교사와 학생 사이의 '대화적, 혹은 변증법적' 소통을 통해 만끽하는 자유일 것이다. 이를테면 책임, 내면적 태도, 대화 능력, 생태학적 학습 태도,

더불어 사는 삶 등에 대한 대화가 그것이다.^{송순재, 2005} 잉글랜드의 학교에서 그 정도 수준으로 사제 간 관계의 질이 높은 교육현장은 찾아보기 어렵다.

대체적으로 아동들은 학교생활에서 존중을 받고 있으며, '제한적 자유'를 누리고 있다. 공교육 교사와 학교 운영자들은 학생들에게 폭언이나 폭행, 정신적 압력 등을 가하는 경우가 드물다. 하지만 그 단계에서 더 나아가 학생들의 정서적, 정신적 자유를 추구하도록 만드는 '질 높은 관계 맺기'는 여전히 이뤄지기 어려운 상황이다.

2) 학교 민주주의의 심화

(1) 민주주의를 교과목으로 가르치기

1988년 국가교육과정을 도입하면서 민주주의를 교과목으로 가르치려는 시도가 계속 이어졌고, 1990년대 초반에 '개인과 사회의 교육(PSE: Personal and Social Education)'을 별도의 교과로 가르치기 시작했다. 여기에 건강과 경제교육이 덧붙여져서 2000년부터는 '개인, 사회, 건강, 경제교육_{PSHE}' 교과로 편성되었다.

우리 식으로 하자면 '공민' 교과 정도가 되겠는데, 다루는 주제는 음주, 흡연, 마약에 대한 이해와 위험성, 개인적 건강, 집단 따돌림, 진로교육, 개인의 경제적 생활, 가족과 관계 맺기, 성교육, 시민사회, 민주주의, 인권 등 상당히 다양한 영역을 포괄한다. 담당 교사의 역량에 따라 얼마든지 좋은 수업이 전개될 수 있겠지만 대체로 학생들은 이 과목을 '지루하다'고 느끼는 반응이 많은 편이다.

이런 현상은 정부 보고서를 통해서도 감지된다. 2011년에 교육부의 의뢰를 받아 셰필드대학이 수행한 PSHE 과목에 대한 종합 평가 보고서를 보면 초등학교의 60%, 중등학교의 62%가 이 과목의 효과성을 긍정하고 있는 것으로 나타났다. 하지만 이 과목이 제대로 운영되려면 짜임새 있는 교안 구성과 실력을 갖춘 교사들이 훨씬 더 많이 필요하다는 점을 적시하고 있었다.^{영국 교육부, 2010}

(2) 학교 운영에서의 민주주의

진보주의 교육은 태동기부터 교내에서 실제로 작동되는 민주주의를 구현하기 위해 많은 노력을 해왔다. 서머힐이나 샌즈스쿨에서는 모든 구성원들이 참여하여 학교 운영의 주요 의사를 결정하는 총회 General Meeting를 운영하며, 교사와 학생은 서로 이름을 부르며 친근하게 지낸다. 일종의 확대 가족과 같은 체제로 학교 분위기가 형성되어 있다.

잉글랜드와 웨일스의 공립학교 운영은 학교운영이사회가 주축을 이룬다. 이 기구는 ▶학업 수행의 책임 ▶국정교육과정 이행 여부 확인 ▶재정 운용에 대한 책임 ▶교원 임용 ▶학교의 정보를 학부모들에게 알릴 책임을 진다. 운영이사회에는 학부모, 지역사회, 교사 위원들이 참여하고 있으니 겉에서 그 형식을 보면 '민주적으로' 잘 짜여 있기도 하다. 하지만 실제 운용을 들여다보면 "거의 모든 교장들은 평범한 운영이사들에 대해 '강력하고 가부장적인 권위'를 내세우려 하면서 권력의 근원적인 배분을 피해가고 있다."^{Whitty et al, 1998}

학부모회의 구성과 역할, 학생회의 운영 방식 등에서도 위와 비슷한 현상이 관찰된다. 학부모들은 학교에서 보내주는 운영이사회 회의록 축약본을 받아 보는 정도이고, 학부모 위원 후보가 누구인지 얼굴 한번 본 적 없지만 투표용지에 사인을 해서 아이 손에 들려 보낸다. 학부모회는 학교에서 열리는 여러 가지 행사에 도우미로 참석한다. 학부모회의 가장 중요한 역할은 학년도 말에 열리는 학교 기금 모금 행사를 기획 홍보하고, 참여 봉사하는 일이다. 초기 진보주의 학교나 극히 일부의 대안학교에서 이루어지던 학교와 학부모 사이의 깊은 유대 관계나 민주적 의사소통이 일반 학교에서 원활하게 이뤄지고 있다고 보기엔 어렵다.

3) 아동의 발달과 학습에 대한 이해

초등학교에서의 교수학습 방법은 20세기 전반기에 걸쳐 진보주의 교육자들이 표방하고 발전시킨 방식이 대세를 차지하고 있다. 수학과 과학은 아이들이 직접 셈하고, 조사하고, 자료를 취합하는 방식을 채택하고 있으며, 언어는 이야기 듣기, 쓰기, 읽기, 토론하기를 중심으로 익혀간다. 교실은 일제식 학습보다는 모둠 중심으로 구성되며, 블록 수업을 강조하여 90분~120분 정도를 진행한다.

중등 고학년은 활동을 통한 학습보다는 교재, 강의, 토론, 현장 답사를 병행하여 진행되는데, 종합중등학교에서 실업계 과목을 선택하는 경우는 목공, 선반, 공방에서의 작업 등 실습을 병행하는 것이 일반적이다. 중등 저학년은 학교현장의 조건에 따라 앞의 양자 사이를 오가면서 교육과정 전달이 이뤄진다.

진보주의 교육이 추구하는 교육 방식의 효율성에 대해서는, 흑서에 나타났듯이, 이미 1970년대부터 우파들의 공격이 끊임없이 이어져왔다. 2015년 5월 보수당의 단독 재집권 이후(2010년에는 자유민주당과 연정)에는 그러한 양상이 더 심각해지고 있다. 역사교육에서 더 영국적인 교과 내용을 늘려야 한다는 요청, 언어교육에서 음운학에 기초한 교수 방법을 더 확고히 해야 한다는 여론 몰이 등이 그 대표적인 사례이다.

1988년 교육법 개정 이후 영국의 교육현장을 가장 황폐화한 사건은 국가적 차원의 평가고사 도입이다. 7세, 11세, 16세 때에 전국의 모든 학생들은 영어, 수학, 과학 과목에 한해 국가고사를 치러야 한다. 교육 과정평가원QCA이 시험 출제를 주관하고, 교육기준청이 그 결과를 사후 관리하면서 일선 학교를 대상으로 장학지도하는 체제가 성립되었는데, 이 성적 결과는 전국에 공표된다. 이런 시스템의 도입은 진보주의 교육이 일궈왔던 다양한 교수학습 방법론을 일거에 무력화시킬 만큼 교육현장에 커다란 충격파를 던져주었다.

이로써 진보주의 교육이 표방했던 아동의 발달, 지식의 본질과 지향점, 교수학습 과정에서 일어나는 교육적 관계의 본질 등이 제 목적을 달성하기 어려운 시대를 맞게 되었다. 교육학자들은 여기저기서 '평가적 국가'의 등장을 거론했고, 진보주의 교육자와 교원노조를 중심으로 한 좌파 교육자, 비판적 학자들은 지금도 여전히 이러한 평가 체제의 도입과 공교육 안에서의 시장화 확대에 반대하는 목소리를 내고 있으나 영국 사회에 끼치는 파장이나 반향은 그다지 크지 않은 상황이다.

4) 교육과 불평등의 보정

영국은 법적으로 계급 사회를 용인하지 않지만 문화적, 경제적으로는 명백한 계급 사회이다. 교육 불평등과 관련하여 자주 등장하는 주제는 ▶빈곤 ▶도심교육 ▶인종 ▶젠더 ▶집단 따돌림 ▶난민교육 등이 있다.

정부의 주요 교육 정책과 관련하여 좌파적 시각에서 입장을 밝히는 곳은 NUT, NASUWT 같은 교원노조이다. 이 양대 노조는 모두 영국노동조합총연맹TUC에 가입되어 있다. 파업은 잦지 않으나 최근 3년 사이에는 연금 축소와 런던 지역 생활비 보조 수당 인상률 저조와 관련하여 대규모 거리 시위와 파업 투쟁이 2~3차례 이루어졌다. 교원노조들은 입시, 평가, 교원 양성, 사립학교 문제 등에 대해 정부와 대립각을 세우는 논평과 성명을 발표한다.

좌파 교육학자들은 대개 사회정의를 위한 국가의 역할을 더 강조하는 편이다. 반면 우파들은 가능하면 교육을 비롯한 사회정책을 시장에 맡기자고 주장한다. 좌파의 입장에서는 그럴 수밖에 없는 것이 조세와 분배 정책을 통해 사회의 불평등을 보정할 수 있는 실질적 힘을 가진 주체가 바로 국가라고 바라보기 때문이다. 좌파들의 공교육 정책 가운데 가장 오래도록 논의되어온 주제는 '종합중등학교 정책'이다. 비록 대처 정부 이후 중등학교의 다양화 정책으로 인해 종합중등학교의 수도 줄었고, 논쟁 자체가 불붙지는 않지만 그들 시각에서는 종합중등학교를 통한 공교육 강화만이 영국의 교육을 정상화하는 길이라 보는 것이다.

4. 진보주의 교육의 원리와 비판

1) 진보주의 교육에 내재된 원리

진보주의 교육 이념이 퇴색해가는 현시점에서 그것을 비판적으로 재구성하려면 먼저 그 교육 이념에 내재된 원리가 무엇인지를 재점검해보아야 한다. 이를 다음과 같이 다섯 가지로 정리해본다.

(1) 전통적 교육에 대한 비판

진보주의 교육은 전통적 교육에 대한 비판을 자신의 입론으로 세운다. 현행 교육 담론은 학생들에게 정보를 전달만 하는 모델에 기초해 있으며, 그마저 권위주의적 교수 방식에 의존하고 있다. 학생들은 스스로 배우는 학습 활동을 펼치지 못한 채 지식과 정보를 여러 개로 나뉜 교과목을 통해 전달받기만 한다. 현행 교육은 학생들의 상상력을 희생하는 바탕 위에서 이뤄지는 비극적인 활동에 머물러 있다.

(2) 지식의 본질

전통적 학습 유형에서는 이미 확립된 진리를 받아들이기만 한다. 하지만 지식은 개인적으로 학습된다는 관점에서 바라봐야 한다. 교육은 개인적 성장과 누적된 경험을 통해 이뤄지는 변화에 관한 이야기이다. 지식의 형식만을 핵심으로 생각하고 가르치려 하는 공교육의 인식론적 관심은 시대에 뒤떨어져 있다. 학습자들은 왜 이해를 필요로 하는지, 그리고 그들의 각기 다른 삶은 어떤 것인지에 대한 고려가 너무 적었다.

이런 난점을 뛰어넘기 위해서 진보주의는 학생들이 갖고 있는 경험의 본질을 총체적으로 심각하게 고려해야 한다. 학생들은 어떻게 그 경험들을 이해하고 있으며, 그들의 관심을 촉발시키는 것들은 무엇이며, 그들이 탐색하고 싶은 것은 무엇인지 고려하자는 것이다. 이런 측면을 고려하면서 교육에 접근하면 성공적 학습으로 이끌 수 있을 뿐만 아니라 학생들을 한 인간으로서 좀 더 존중하게 된다.

(3) 인간의 본성

본래 어린이 청소년들은 배우려는 욕구를 가진 호기심 덩어리이다.

그러하기에 이미 플라우든 보고서에 나와 있듯이 학교의 역할은 "학습에 있어 어린이 청소년들의 내적 흥미를 강화하는 것이며, 칭찬에 대한 욕구 또는 거부에 대한 불안감을 불식시키는 대신 그들 스스로 학습하는 마음을 가지게끔 이끌어내야 한다."

(4) 공교육과 민주주의

공교육과 민주주의 사이의 연관성을 재조명하자. 단지 절차적 민주주의 제도를 안다는 사실이 중요하지 않다. 학습과 삶을 지속시키는 방식으로서의 민주주의를 체득하도록 기획해야 한다. 아동 청소년들이 학습자에 그치지 않고, 자신의 삶과 타인의 삶에 있어 공히 그들 스스로 주체로 일어날 수 있도록 가르쳐야 한다. 학교는 교과의 내용을 전달하는 곳일 뿐만 아니라 민주적 삶을 살아가는 공동체적 공간이라는 점을 궁극적으로, 그리고 의식적으로 상기해야 할 것이다.

(5) 전인교육

전인교육을 지향한다는 의미는 교육이 미래의 삶을 위한 준비 과정이라는 관점을 강하게 거부하는 것이다. 교육은 아직 오지 않은 것에 대한 대비가 아니라 지금 현재 살고 있는 삶과 연관된 그 무엇이다. 미래에 대해서는 예측하기 힘들지만 현재 우리의 삶을 충족시키는 행동으로는 충분히 이끌 수 있을 것이다. 우리는 점검해야 한다. 우리들 스스로의 관점을 세우고 있는지, 통합적 삶을 살고자 하며, 좋은 사람이 되기 위해 우리가 지닌 능력을 다해 기꺼이 그것을 수행하고 있는가에 대해서 말이다.

진보주의 교육은 교수학습 과정에 반드시 사람을 중심 자리에 놓는다. 즉, 각 개인이 가진 독특성을 학습 과정의 핵심에 놓아야 한다. 학교는 개인적 존엄, 가치, 통합성을 길러줌으로써 학생이 실질적인 권한 empower을 가질 수 있도록 준비시켜야 한다.[Bill Taylor, 1994, 재인용]

2) 진보주의 교육에 대한 비판

진보주의에 대한 다각적 비판이 존재해왔는데, 이 글에서는 두 가지 관점에서 분석해보기로 한다.

(1) 신자유주의 시대와 진보주의 교육의 한계

앞서 살펴본 대로 교육 이념을 올바로 실행하려면 진보주의 교사에게 자율성이 최대한 보장되어야 한다. 하지만 신자유주의 시대 아래에서는 실질적으로 그런 조건이 마련되기 어렵다. 이미 점검한 대로 1970년대 후반 이후 교육정책 형성 과정에서 교사와 지방정부의 참여 폭과 권한이 점점 축소되어왔다. 이 두 집단은 더 이상 중앙정부의 협력 파트너가 아니라 정책 시행 기구로 전락한 지 오래다.

이렇듯 신자유주의가 지닌 지향점은 진보주의와 양립하기 힘들다. 신자유주의는 민주적 관계 형성보다는 관리주의를 선호한다. 또한 일을 풀어가는 동력이나 기질이 내향적이기보다는 외향적이다. 신자유주의는 소비사회의 창조와 확산을 위해 물질적, 도구적 획득을 끊임없이 추구해야 유지되며, 개별 주체들은 지속적으로 스스로를 재발명해야 간신히 살아남는다. 이렇게 해서 진보주의 교육자들이 우선시하던 가치는 모두 '시장'으로 대체됐다.

신자유주의는 개인의 선택, 소비자, 소유권, 권한 부여, 개인화라는 사상을 주창했지만 우리 삶의 크고 작은 영역에서 보이지 않는 규율 메커니즘을 심어놓았다. 신자유주의는 진보주의 교육이 사용해온 용어를 그대로 쓰고 있긴 하나 마치 씨름에서 상대의 힘을 이용해서 경기를 이기는 '뒤집기' 기술을 적용하듯 교묘하게 다른 방향으로 그 취지를 이끌어간다. 예를 들어 '학생들의 요청에 귀 기울이기'는 학생들의 해방을 목적으로 하는 민주적 교육 실천이 아니라 '소비자'로서의 학생들이 중요함을 강조한다. 즉, 교사로 하여금 학생들의 시험 평가 작업에 더 몰입하도록 강요하는 식이다. 그것이 바로 '학생의 요청'이라고 강변한다. '개별화personalisation' 교육에 대한 강조 역시 그런 '뒤집기' 기술의 연장선에 놓여 있다.

듀이는 진보주의 교육에서 참여적 민주주의를 논의했다. 하지만 신자유주의에서는 동일한 용어를 말하면서도 그것을 투표에 참여하는 일, 형식적인 대표성을 만들어내는 일로 치환시킨다. 공공선에 대한 관심도 그들이 바라볼 때는 '소비자로서의 시민이 선호하는 집단적 선택'일 뿐이다.

(2) 사회주의자들의 진보주의 비판

진보주의자들은 바란다. 현재의 체제와 근원적으로 다른 교육, 지속 가능성에 대한 고려, 개인적 자아의 충분한 실현, 사회적 부정의와 영적 타락에 맞서는 기질의 제공 등이 그것이다. 문제는 실행 방법이다. 어떻게 하면 전통적인, 또는 신자유주의적인 학교 형태를 극복할 것인가. 어떻게 하면 현 상태의 공고함에 균열을 낼 수 있을 것인가. 바로 이 지점에서 사회주의자들의 진보주의 비판이 작동한다.

"진보주의는 긴 역사를 가지고 있음에도 무엇엔가 반대만 하는 속성, 그리고 도피주의적 기질을 극복하지 못했고, 그 결과 사회 체제의 문제로 인해 직격탄을 맞고 고생하는 우리 사회의 소수자들을

구해내지도 못했다."^{Quintin Hoare, 1965}

개인의 능력이 꽃피어나는 것을 바라면서도 그것을 파괴하는 체제에 저항하지 않음으로써 결과적으로 그런 잘못된 체제의 영속화에 진보주의자들이 연루되었다는 것이다. 더 나아가 진보주의는 학생들로 하여금 마치 세상의 근본적 변화는 일어날 수도 있으며, 그렇게 되어야 할 필요성도 있다고 설파했다. 이른바 '희망 고문'을 하고 있다는 비판이다. 그들은 변혁적 교수학을 적용하면 세상을 변화시킬 가능성이 있는 것으로 과도하게 포장했고, 실제로 그렇게 믿음으로써 허접한 순진무구함을 보여주었다. 조프 위티(1974)는 그것을 가리켜 '가능성주의possibilitarianism'라고 이름 붙였다.

사회주의자들이 보기에 학교를 개혁하는 일은 중요하지만 그 목표는 좀 더 인간적인 방식으로, 또는 학교 그 자체에만 초점을 둔 실천을 모색하는 경로로 결코 성취될 수 없다는 입장이다. 되레 그것은 답답한 전통주의, 소외를 확산시키는 신자유주의, 그리고 양자가 만들어내는 사회적 부정의에 반대하면서 좀 더 광범위한 투쟁과 연계를 맺음으로써 가능하다고 주장한다. 그러기 위해서는 젠더, 인종, 지역사회 문제와 결부한 논제를 학교 안으로 끌어들이는 활동이 더 적극적으로 요청된다는 것이다.

5. 결론

진보주의 교육은 화석화된 개념이 아니다. 그것은 역사적 사회적 맥락에 따라 지속적으로 재해석되어야 한다. 진보주의 교육운동의 태동에서부터 현대 사회에 이르기까지 약 150년간의 여정을 되짚어보면 그런 측면이 재조명된다.

이 글에서는 진보주의 교육이 실현되는 배경을 이루었던 영국의 정치 상황과 교육적 변화를 먼저 살펴보았으며, 그러한 이념이 어떠한 현실적 변용 과정을 거치고 있는지를 일별했다. 현시점에서 참조해야할 진보주의 교육 이념의 핵심 원리와 그것을 둘러싼 비판적 시각에 대해서도 간략히 언급하였다.

한국적 상황에서 진보주의는 루소와 듀이, 닐로 이어져 내려온 낭만주의적 진보주의에 더하여 근원적 사회변혁을 꿈꾸는 혁신적radical 진보주의의 탐색을 필요로 한다. 영국 사회 역시 기존과 다른 변혁적 진보주의가 요청된다.

교육은 결국 실천과 연관된 행동이며, 현시점에서 우리에게 절실히 필요한 것은 구체적 각론이다. 진보주의에서 한 걸음 더 나아간 혁신의 원리를 탐색하고, 그것을 적용할 수 있는 구체적 공간(그람시의 용어로는 '진지')을 확대해나가는 실천이 한국의 교육 좌파들에게 필요한 시점이라 바라본다.

■참고 문헌

Cox, C. B. and Dyson, A. E.(ed.)(1969). *Black Paper Two: The Crisis in Education*. Critical Quarterly Society.

Cox, C. B. and Dyson, A. E.(ed.)(1969). *Fight for Education: A Black Paper*. Critical Quarterly Society.

Department for Education(2010). *Personal, Social, Health and Economic(PSHE) Education: A mapping study of the prevalent models of delivery and their effectiveness*. DFE-RB080.

Michael Fielding and Peter Moss(2011). *Radical Education and the Common School: A Democratic Alternative*. London: Routledge.

Whitty, G., Power S., Halpin, D.(1998). *Devolution and Choice in Education*. Open University Press.

Wright, N.(1977). *Progress in Education, A Review of Schooling in England and Wales*. Croom Helm, London, UK.

송순재(2005). 「한국에서 "대안교육"의 전개과정: 성격과 주요 문제」. 『신학과 세계』 제56호. 감리교신학대학교.

7장

오늘날 미국에서 '진보주의 교육'은 어떤 방식으로 남아 있는가?

성열관

1. 서론

이글은 미국 교육 담론과 실제에서 나타나는 진보주의 교육의 의미에 대해 고찰해보기 위한 것이다. 특히, 나는 오늘날 미국 교육 담론에서 진보주의 교육을 둘러싼 논쟁을 살펴보고, 진보주의 교육의 의미가 어떤 식으로 존재하는가를 알아보고자 한다. 그러나 이러한 작업, 즉 진보주의 교육이 개념화되는 방식에 대해 알아보는 것은 쉬운 일이 아니다. 왜냐하면 과연 오늘날 누가 진보주의 교육의 계승자이며, 누가 그것을 대표한다고 볼 수 있는가에 대해 즉각적인 대답을 내놓기가 어렵기 때문이다. 또 '오늘날'이라는 것도 매우 모호한 시기 구분이다. 더욱이 1955년 이후에는 진보주의 교육연합(Progressive Education Association, 이하 PEA)과 같은 공식적 진보주의교육협회가 존재하지 않는다. 따라서 진보주의 교육의 목적과 내용에 대해서 어떤 공식적인 입장도 존재하지 않는다. 이에 오늘날 미국 진보주의 교육은 어떤 식으로 남아 있고 또 실천되고 있는가는 대답하기 어려운 연구 질문이다.

이러한 연구 질문과 비슷한 관심을 보인 최근의 연구자들 중에는 노에스터Knoester[2012], 콘Kohn[2008], 래드슨-빌링스Ladson-Billings[1994], 하울렛Howlett[2013], 헤이스Hayes[2006] 등이 있다. 노에스터는 진보주의 교육이 실제 학교에서 실현되는 방식을 살펴보고, 진보주의 교육과 민주주주는 어떤 관계를 가지는가를 밝혀보고자 하였다. 콘은 진보주의 교육의 공통 특징을 분석하면서, "왜 진보주의 교육은 흔하게 일어나지 않는가?"[p. 4]에 대해 질문하였다. 래드슨-빌링스는 오늘날 진보주의 교육은 유색인종 학생들에게 어떤 의미를 가지는가에 대한 문제를 제기하였다. 하울렛은 다양한 진보주의 교육을 주제별로 분석하였으며, "진보주의는 진보하는가?"[p. 277]라는 질문을 남겨놓았다. 헤이스는 진보주의가 오늘날 학교에서 여전히 유효한가를 살펴보았다.

이상의 연구자들은 각자의 연구 관심의 차이에도 불구하고, 진보주의 교육은 스스로 그 의미를 재규정해왔을 뿐만 아니라 다른 것들과의 경쟁, 대조, 논쟁을 통해 그 정체성이 형성되어왔음을 보여준다. 진보주의 교육에서 '진보'의 의미는 실천적, 이론적 발전과정에서 지속적으로 갱신되었다. 또한 오늘날 미국 진보주의 교육은 정부(연방, 주)의 교육 아젠다와의 대비를 통해, 그리고 다른 경쟁자들로부터의 비판에 의해 그 의미가 '역으로' 규정되기도 한다.

이에 나는 다음과 같이 두 가지 각도에서 문제를 바라봄으로써, 오늘날 미국 진보주의 교육의 정체성이 어떻게 조형되고 있는지 살펴보고자 한다.

첫째, 오늘날 미국에서 진보주의 교육은 어떤 이론적, 실천적 방식으로 남아 있는가?

둘째, 오늘날 미국에서 진보주의 교육은 어떤 차이와 대비를 통해 그 개념이 드러나고 있는가?

특정 개념의 정체성은 그 개념에 대해 말하는 사람들이 스스로 드러낸 것을 통해 파악될 수 있다. 또한 다른 것들과의 차이와 대비를 통해서도 드러날 수도 있다. 진보주의 교육의 개념도 마찬가지이다. 이에 다음에서는 이 두 가지 접근법을 통해 논의를 지속해보고자 한다.

2. 이론적 배경

1) 미국 진보주의 교육

미국 진보주의 교육은 민주주의의 구현과 깊은 관계가 있다. 진보주의 교육자들의 다양한 관점 차이에도 불구하고, 진보주의는 학생들을 어떻게 교육해야만 민주주의를 실현해나가는 시민으로 자랄 수 있는가에 대한 관심을 벗어나지 않는다. 민주주의는 오직 시민들의 적극적 참여로 이루어질 수 있으며, 그 시민들은 자신의 삶에 영향을 주는 정치적, 경제적, 사회적 문제에 대해 합리적이고 윤리적인 결정을 내릴 수 있는 능력을 갖추어야 한다. 장차 이러한 시민으로 성장해나가기 위해서 학생들은 자신이 살고 있는 공동체에서 자아를 실현하며, 동시에 공공선을 추구한다. 또한 다양한 차이들을 인정하면서 동시에 보편적 가치를 구현할 수 있는 유능한 시민으로 성장해야 한다. 이에 진보주의 교육은 학생의 흥미와 욕구를 존중하면서, 동시에 모든 인간의 존엄성이 실현되는 민주사회를 이룩하기 위해 시민적 참여와 실천을 강조하는 경향이 있다. 진보주의 교육은 이 중에서 전자를 강조하는 아동 중심 교육과 후자를 강조하는 사회 재건주의 교육 등 다양한 관점을 포함한다.

진보주의 교육은 19세기 후반에서 20세기 초 산업화, 이민의 물결, 교육의 대중화, 도시화, 부의 축적, 빈곤 문제, 대공황 등 사회 변동과의 깊은 관련 속에서 태동되었고 또 성장하였다. 진보주의가 발흥해서 성장하던 시기는 보통 1890년대에서 1920년대이며, 1940년대에는 거의 전국적으로 진보주의 교육이 뿌리를 내리게 된다. 이 중에서도 듀이Dewey는 자본주의의 발전에 따라 지역 공동체가 와해되고, 인간적 가치가 훼손되고, 점차 민주주의에 참여할 수 있는 기회가 줄어든다고 판단하였으며, 진보주의 교육을 통해 이러한 문제를 해결할 수 있다고 믿었다. 그는 이러한 생각에 기초하여 시카고대학에 실험학교를 세워 자신의 가설을 검증해보고, 이 경험을 통해 많은 영향력 있는 저서를 출간하게 된다.

1919년에는 PEA가 결성되어, 진보주의를 미국 전체 학교의 개혁원리로 내세우고, 이론 개발과 현장 실천을 병행해나갔다. 스탠우드 코브Stanwood Cobb가 설립한 PEA는 많은 연구자들과 회원들로 이루어진 방대한 교육자 조직으로 발전한다. 대공황 시기에 PEA는 8년 연구Eight Year Study를 통해 약 1,500명이나 되는 학생들을 대상으로 고등학교 시기와 대학 시기의 성장과정을 추수 조사한다. 이를 통해 고교에서 진보주의 교육을 경험하고 대학에 입학한 학생들이 전통적 대학 입학 준비 교육을 받은 학생들에 비해 대체로 우수한 - 적어도 다방면에서 낮지 않은 - 성취도를 보여주었다고 보고하였다.

1950년대 들어 진보주의의 성장은 주춤하게 된다. 1955년은 PEA가 공식적으로 종결된 해이자 공교롭게도 플레쉬Flesch의 『왜 조니는 읽지 못하나?』Why Johnny can't read?가 출판되면서 진보주의 교육이 기초교육을 소홀히 했다는 비판이 일기 시작한다. 더군다나 냉전시대의 정점에 매카시즘McCarthyism이 발흥하고, 1957년 소련이 인류 최초로 인공위성 스푸트니크Sputnik호 발사에 성공하자, 학문 중심 교육과정 시기가 열리게 된다. 이로써 진보주의 교육은 정치적, 사회적, 이론적으로 위축되었다.

이상에서 살펴본 바와 같이 진보주의 교육이 20세기 전반기에 미국 교육을 '완전히' 바꾸어놓았다면, 20세기 후반기에는 국제사회에서의 경쟁 화두가 있을 때마다 위축되는 경향이 있었다. 하지만 진보주의가 이미 미국 교실 문화를 많이 바꾸어놓았기 때문에 이 교육관이 갑자기 위축되었다고 단언하기는 어렵다. 진보주의 교육이 미국 교실에서 상당히 안착된 가운데, 스푸트니크 충격과 같은 몇 가지 정치적 이슈가 있을 때마다 진보주의 교육은 그 논쟁의 대상이 되었다. 스푸트니크 충격 이후에 전개된 주요 교육 논쟁을 촉발한 사건 중 대표적인 것은 1983년 '위기에 처한 국가A Nation at Risk' 보고서와 2002년 NCLB 법안으로 볼 수 있다. 이때마다 '진보주의 대 전통주의' 또는 '진보주의 대 (신)본질주의' 논쟁이 재연되어왔다.

2) 진보주의 교육은 미국 교육을 바꾸어놓았는가?

크레민Cremin[1961]은 『학교의 근본적 변화: 미국 교육에서의 진보주의, 1976-1957』*The transformation of the school: Progressivism in American education, 1976-1957*을 저술함으로써 거의 80년에 걸친 진보주의 교육의 전개과정을 밝히는 업적을 남겼다. 그는 진보주의 교육의 개념은 미국 진보주의 사상을 교육에서 실현하기 위한 것으로 보았다. 그래서 진보주의 교육은 첫째, 미국의 진보주의 사상이 교육 분야에서도 확산되고 있는 것이며, 둘째, 개인의 삶을 향상시키기 위해 학교를 이용하려는 다양한 노력이며, 셋째, 종합적으로 볼 때 웅대한 인본주의적 노력의 일환에 속하는 것이라고 말하였다. 다시 말해 진보주의 교육은 미국 민주주의의 희망을 성취하기 위한 교육적 노력이라 본 것이다.

이러한 분석의 결과로 크레민은 진보주의 교육이 미국 교육을 완전히 바꾸어놓았다는 결론에 이르게 된다. 그는 다음과 같은 변화 속에서 이러한 주장의 근거를 제시하였다. 크레민이 제시한 근거들은 첫째, 진보주의 교육 사상에 힘입어 교육 기회가 점진적으로 확장되었다는 점, 둘째, 교육과정이 더욱 확장되고 재조직화되었다는 점, 셋째, 교과외(정규과목 이외의) 교육과정이 더 풍부해졌다는 점, 넷째, 교과서가 개선되고 더욱 풍부한 학습 자료가 늘어났다는 점, 다섯째, 교사들이 더 잘 훈련받게 되었고, 전문성이 높아졌다는 점, 여섯째, 학교 건물 등 교육 시설이 전반적으로 개선되었다는 점이다.

기실 독보적인 미국 진보주의 교육사 연구자였던 크레민의 깊이 있는 연구에 다른 의견을 제시하는 연구자는 많지 않았다. 하지만 클리바드Kliebard[1995]는 또 다른 폭넓은 연구를 수행함으로써 크레민의 관점에 수정을 가한다. 크레민은 미국 진보주의 교육이 미국의 교육 현실을 바꾸어놓았는가에 대한 질문을 설정하고, 방대한 규명 작업을 통해, 진보주의 교육이 전통적 교육을 거의 완전히 대체하였다는 결론에 이른다. 한편 클리바드는 진보주의 교육이 미국 교육을 완전히 바꾸어놓았다고 주장하기는 곤란하다는 입장을 발표한다. 진보주의 교육이 물론 많은 교육의 실천을 바꾸어놓는 데에 중요한 역할을 하였으나, 어느 한 사상이 다른 모든 사상을 누르고 미국 교육을 주도하게 되었다고 볼 수는 없기 때문이다. 더군다나 진보주의 교육을 주장하고 실천하는 교육자들 중에서도 진보주의 교육을 개념화하는 방식이 달랐고 또 그 강조점에도 많은 차이가 존재했기 때문이다.

이러한 문제의식에 기초해서 클리바드는 1950년대 후반까지 미국

교육이 어떻게 조형되어야 하는가를 둘러싸고 경쟁하는 네 개의 집단 또는 관점이 있었다는 것을 밝히고 이들 집단 사이의 쟁송에 대해 연구하였다. 그가 분류한 이들 네 개의 집단은, 인문주의자humanists, 발달주의자developmentalists, 사회효율성주의자social efficacy advocates, 사회개량주의자social meliorists이다. 각각의 집단은 학교개혁에 대한 독자적인 의제를 가지고 있었고, 더 많은 지지를 받기 위해 경쟁하였다. 이중에서 어느 한 집단이 나머지를 이기고 교육개혁을 지배한 적은 없다는 것이 클리바드의 주장이다. 이러한 분석은 크레민의 진보주의 교육의 전면적 확산에 대한 주장에 균열을 냈다고 볼 수 있다.

그러나 쟁송의 상태에 대해서만 초점을 둔 클리바드의 주장은 여전히 주장의 명확성이-분석이 보다 정교해진 것은 사실이나- 떨어진다. 그는 진보주의라는 용어의 개념이 불명료하고 또 진보주의가 이에 대비되는 다른 관점을 완전히 대체한 것은 아니라고 보았다. 하지만 여전히 많은 이들이 진보주의 개념을 실재하는 것으로 보고 있으며 설사 '완전한 지배'는 아니라 할지라도 장구한 시간을 거쳐 그 우위성이 분명히 나타났다고 보는 사람들이 많다.

이러한 논란이 발생하는 이유 중 하나는 진보주의 교육이라는 개념-또 다른 개념(예, 전통주의 교육)도 마찬가지로-에 대한 정의와 다른 것과의 차이를 명확히 구분하는 것이 어렵기 때문일 것이다. 이러한 곤란을 피하기 위한 하나의 방편으로 솔 코언Sol Cohen[1995]은 지나치게 종합적인 접근을 피하고 진보주의 교육의 실재를 언어에서 찾는 것을 방법론으로 취하였다. 코언에 따르면, 진보주의 전후로 크게 두 개의 경쟁 담론 체계가 있었다. 그중 하나는 도덕적-지적 교육moral-intellectual education 담론이고 나머지 하나는 진보주의 교육 담론이다. 코언의 분석 결과에 따르면, 19세기에서 1차 세계대전 이전까지의 교육 담론은 도덕적-지적 체계가 지배적이었다. 이 당시 진보주의 교육 담론이 서서히 성장하였으나 어디까지나 주변적인 위치에 놓여 있었다. 그러나 1차 세계대전 이후에서 1950년대 사이에는 도덕적-지적 담론이 주변으로 자리를 옮겼으며, 진보주의 교육 담론이 헤게모니를 획득하게 된다. 이러한 코언의 주장은 그가 선택한 담론 분석, 특히 핵심어 분석에 따른 것이다.

코언[1995]은 20세기 초까지 미국 교육에 강한 영향력을 미친 윌리엄 토리 해리스William Torrey Harris(1835~1909)의 연설문 등에서 핵심어를 추출하였는데, 이는 다음과 같다.

> 인성character, 덕virtue, 훈육discipline, 자기통제self-control, 의지will, 도덕 morality, 임무duty, 학업scholastic arts, 사고의 도구the tools of thought, 마음의 능력faculties of the mind, 과거의 축적된 지식accumulated wisdom of the past.

코언은 이 밖에도 정숙silence, 순종obedience, 질서order, 시간엄수 punctuality 등의 태도가 전통주의에서 강조되었다는 분석을 내놓았다. 또한 지성적인 측면에서는 문법, 문학, 수, 지리와 같은 전통주의적 측면에서 강조되어왔던 교과명이 자주 핵심어로 등장하였다. 이는 1983년에 열렸던 미국 NEA(National Educational Association)의 중등교육에 대한 '10인 위원회'가 채택한 보고서에서 중등학교 교과목이 선정된 것과 관련이 있다. 이 위원회에서 채택한 과목들 중 라틴어와 그리스어가 주요 교과목으로 포함된 것, 그리고 언어, 역사, 수학, 과학을 중심으로 교육이 이루어지도록 권고한 것은 당시 전통 교과목을 통한 정신 도야를 강조했던 사회적 상황과 일맥상통한다.

이와는 반대로 진보주의 교육은 20세기 들어 점차로 발전하다가

1940년대 들어 거의 완성된다고 볼 수 있다. 코언은 이 당시(1919~1955)의 핵심어를 다음과 같이 추출하였다.

작은 공동체로서의 학교, 함으로써 배움, 프로젝트 학습법, 학습단위units of study, 발달로서의 교육, 창의성, 성장, 활동, 자기표현self-expression, 경험, 놀이, 관심, 자유, 욕구 충족, 학생의 관심, 전인적으로 아이 가르치기, 개성의 발달, 사회적 및 정서적 적응social and emotional adjustment.

크레민은 1950년대 들어 진보주의는 구호만 남고 그 실천 의지가 약해졌다고 비판하였다. 그러나 코언에 따르면, 이는 진보주의가 이미 미국 교육의 담론장에서 승인 또는 헤게모니를 얻었다는 것을 증명하는 것이다. 진보주의 교육은 미국 교육에 대해 사람들이 말하는 식과 그들이 사용하는 핵심어를 바꾸었다. 패러다임 이론에 비추어 보아도 이는 분명히 패러다임의 전환이 일어났음을 보여주는 증거들이다. 한편 진보주의 교육을 계속 주장해온 교육자들은 이에 대한 높은 기대수준을 갖고 있기 때문에 패러다임의 전환이 이루어졌다고 말하는 데 소극적인 태도를 취하기도 한다.

3. 오늘날의 진보주의 학교개혁과 교육이론

오늘날 미국에서 누가 또는 어떤 집단이 진보주의 교육의 이론과 실천을 계승하고 있는지는 분명하지 않다. 그렇지만 많은 이들이 공통적으로 언급하는 사람들 중 대표적인 교육자가 있다면 우선적으로 테드 사이저Ted Sizer와 드보라 마이어Deborah Meier를 들 수 있다. 이들은 진보주의 교육을 학교개혁 과정에 실제로 적용하면서 그 실천을 발전시키고 있는 사람들로 볼 수 있다. 이론적 측면에서는 영향력 있는 저술가인 알피 콘Alfie Kohn을, 교육학자 중에서는 넬 나딩스Nell Noddings와 마이클 애플Michael Apple의 주장에 대해서 살펴볼 필요가 있다. 이와 같은 작업이 오늘날 미국 진보주의 교육의 이론과 실천적 특징을 망라해서 보여줄 수는 없을 것이다. 하지만 가장 주요한 연구자와 실천가로 알려진 사람들에 대해 알아보는 것은 오늘날 미국 진보주의의 성좌를 어느 정도 보여줄 수 있을 것으로 기대한다.

1) 테드 사이저

1980년대 이후 미국 진보주의 교육 흐름에서 가장 영향력 있는 학자이자 교육자가 있다면 테드 사이저Ted Sizer(1932~2009)를 들 수 있다. 그는 가상적으로 설정한 영웅적 교사인 호레이스 스미스Horace Smith를 이야기의 중심에 두고, 학교현장에 대한 저서를 연속적으로 출간하였다. 가장 대표적이라 볼 수 있는 『호레이스의 타협』*Horace's Compromise*은 『위기에 처한 국가』*A Nation at Risk*와 같은 해(1983년)에 출간되었는데, 이는 그가 진보주의 교육의 실천을 이끄는 한 축–국가 정책의 한 축과 대비할 때–을 형성하고 있었음을 상징적으로 보여준다. 이 책은 이후에 그가 '이센셜 스쿨 연합(Coalition of Essential School, 이후부터는 CES라 표기)'을 설립하고 이 연합에 소속된 학교를 확대해나가는 데 이론적, 실천적 기초를 제공하였다.

CES는 자신의 임무를 평등하고, 지적인 활력이 넘치며, 개별화된 학교를 설립하고 지원하여 그러한 학교가 미국 공립 교육의 표준이 되도록 하는 것이라고 정의한다. CES 문서를 분석해보면 매우 일관적으로,

그리고 반복적으로 다음과 같은 핵심어를 사용하고 있다.

개인의 욕구와 흥미, 개별화, 작은 학교, 교사-학생의 신뢰, 진정한 과업 authentic tasks, 진정한 평가, 민주적 학교, 평등한 학교, 학교공동체, 친밀성, 협력.

이 연합체는 CES가 제시하는 학교 운영의 공동 원리에 동의하는 학교를 소속교로 참여시키고 이 학교들에게 다양한 내용적 지원을 하고 있다. 이 학교들은 CES의 공동 원리에 기초하면서도 학교의 전통과 지역적 특색을 반영하고, 특정 학교에 소속된 학생, 교원, 지역사회에 적합한 나름대로의 교육과정을 운영하고 있다. 이때 학교의 특수성에도 불구하고 기초해야 할 공동 운영 원리는 다음과 같다.

① 자신의 마음을 잘 사용하기를 배우기learning to use one's mind well
② 적게 배우는 것이 더 많이 배우는 것, 피상적인 지식을 넘어선 깊이 있는 학습Less is More, depth over coverage
③ 모든 학생에게 적용되는 목표 설정goals apply to all students
④ 개별화personalization
⑤ 행하는 학생, 코치로서의 교사student-as-worker, teacher-as-coach
⑥ 완전히 습득했음을 보여주기demonstration of mastery
⑦ 예의 바른 태도와 신뢰a tone of decency and trust
⑧ 학교 전체를 위한 헌신commitment to the entire school
⑨ 교수와 학습을 위한 충분한 자원resources dedicated to teaching and learning
⑩ 민주주의와 평등democracy and equity

2) 드보라 마이어

사이저와 함께 오늘날 실천적 진보주의 교육자로 잘 알려진 사람이 있다면, 드보라 마이어Deborah Meier를 들을 수 있다. 마이어는 사이저가 설립한 CES의 회원교이자 미국의 영웅적 도심학교 모델로 잘 알려진 '센트럴파크이스트 중등학교(이하, CPESS)'를 운영하였다. CPESS는 다음 네 가지 원리에 의해 교육과정을 조직한다.Apple & Beane, 1995: 27

① "많이 보다 깊이Less is more"의 원리: 교과에 대해 수박 겉핥기 식으로 배우는 것보다 조금을 가르치더라도 깊이 알도록 가르친다.

② 개별화의 원리: 학습과정course은 통일적이고 일관성을 지니되, 교수 및 학습 활동은 개별화되어야 한다. 어떤 교사도 한 학기에 80명 이상의 학생들을 가르치지 않으며 담임하는 학생들도 15명이 넘어서는 안 된다.

③ 목표 설정의 원리: 모든 학생에 공히 높은 성취기준을 설정해야 한다. 학생들은 학교에서 배운 것을 명확하게 완수했음을 증명할 수 있어야 한다.

④ "하면서 배우는 학생students as workers"의 원리: 교사들은 학생들이 스스로 정답을 추구할 수 있고 이를 통해 스스로를 가르칠 수 있도록 안내한다. 학생들은 교과서에 매달리지 않으며 "함으로써 배우는learning by doing" 문제해결 활동을 통해 정답을 찾아낸다.

3) 알피 콘

교육학자나 교사는 아니지만 미국 진보주의 교육에 많은 영향력을 행사하고 있는 저술가로서 알피 콘Aflie Kohn이 있다. 콘[2008]은 다양한 차이에도 불구하고 진보주의 교육은 무엇보다도 다음과 같은 특징을 공유하고 있는 것으로 보았다. 먼저 그가 분석한 진보주의 교육의 핵심어를 나열해보면 다음과 같다.

전인교육, 공동체, 협력, 사회정의, 내발적 동기, 깊은 이해deep understanding, 활동, 아동 중시, 학생 중심.

콘[2008]에 따르면, 진보주의 교육은 무엇보다도 전인교육을 지향한다. 이는 언어적, 수학적 지식뿐만 아니라 균형적으로 잘 발달된 인간을 추구함을 말한다. 또한 진보주의 교육은 공동체 속에서 함께 배우고 익히는 관점을 가지는 경향이 있다. 다른 교육자들이나 연구자들에 비해 콘은 특히 학생들이 보상과 처벌이라는 행동주의 원리에 따라 교사에게 순응하는 방식의 교육에 대해 매우 비판적이다. 그래서 서로가 서로에게 적대적인 경쟁 교육 방식보다 협력적 문제해결 수업의 중요성을 강조하며, 이러한 중요성이 진보주의 교육 방식에 내재되어 있다고 주장한다.

그렇기 때문에 진보주의 교육자들의 특징은 '지금 당장' 점수를 따는 방식에 집착하지 않고, '장기적으로' 학생들에게 교육받은 효과가 어떻게 나타날까에 관심이 있다. 그에 따르면 진보주의 교육자라면, "학생들이 나중에도 계속 책을 읽고, 생각하고, 또 질문하고 싶은 욕구와 학습에의 흥미가 지속되도록 하는 데 내 수업이 과연 효과가 있을까?"[p. 3]라는 질문을 던지는 사람일 가능성이 높다. 그래서 콘이 주장하는 핵심적 개념은 내발적 동기이며, 진보주의 교육은 바로 이 내발적 동기를 유지시키는 것이 핵심이다. 또한 내발적 동기를 유지시키기 위해서는 '깊은 이해deep understanding'로 나아가야 하는데, 그가 말하는 '깊은 이해'란 주어진 사실을 외워서 시험에 대비하는 표면적 이해를 넘어 프로젝트, 문제해결, 의심해보기 등을 통해 특정 문제에 대해 깊게 생각해볼 뿐만 아니라 깊게 이해할 수 있어야 함을 말한다.

이상과 같은 페다고지 측면의 접근과 함께, 콘은 사회정의 교육이 진보주의 교육의 주요 요소라고 보았다. 그는 학생들에게 자신이 속한 공동체와 그 속에서 자신과 타인의 복지에 대한 책임을 가르치기 위해, 교실이라는 경계를 넘어 더 넓은 사회에서의 정의 이슈에 대해 가르쳐야 한다고 주장하였다.

4) 넬 나딩스

오늘날 미국 진보주의 교육을 이론적으로 계승하고 있다고 일컬어지는 저명한 학자 중에 넬 나딩스Nell Noddings가 있다. 12년 동안 고등학교 수학교사를 했던 교육철학자 나딩스는 자신의 교사 경험에 비추어 미국의 국가기준national standards을 비판해왔다. 나딩스[1997]는 "모든 학생들이 x라는 수준에서 y를 할 수 있어야 한다"[p. 186]라는 획일적 기준은 미국의 빈곤과 인종문제를 도외시한 처사라고 보았다. 많은 유색인종 지역사회에서는 당장 의료와 기본 생활 자원이 부족한 상태인데, 애정과 안전에 기초한 교육이 아니라 높은 국가기준을 부과하면 유색인종 학생들의 교육에 더욱 많은 곤란을 초래할 것이라는 것이 그 비판의 핵심이다. 나딩스는 교육이란 개인적, 사회적, 윤리적, 심미적 시민을 길러야 하는 과업인데, 획일적 국가기준은 오직 점수에 예민한 수업을 다시 불러들임으로써 이러한 과업을 방해할 수 있다고 보았다. 특히 최근의 기준운동과 표준화 시험은 1970년대 목표운동objectives movement과 거의 같은 것이라고 보았다. 당시에는 행동 목표 진술이 유행함에 따라 많은 학교구에서 내용과 행동을 중심으로 목표를 세세히 기술하였다. 이는 학생들이 알아야 할 것(내용 기준)과 할 수 있어야 하는 것(수행 기준)을 주나 연방 범위에서 기술하고 있는 오늘날의 기준운동과 거의 흡사하다는 것이다.

나딩스가 이러한 공통점을 강조하는 것은 1970년대 당시 행동주의 목표운동이 미국 교육의 문제를 그대로 남겨놓은 채, 이를 제대로 해결하는 데 큰 도움이 되지 않았음을 상기시키기 위해서다. 미국의 산적한 교육문제들은 미국 전역에 걸쳐 나타나는 것이기는 하나 특히 유색인종 밀집 지역 도심에서 가장 심각하다. 그리고 기준운동 역시 이러한 문제를 염두에 둔 것으로 볼 수 있다. 이러한 상황을 고려하면서, 나딩스는 획일적 기준운동보다는 학생들의 흥미와 요구를 고려하여 교사가 학생들에게 학습이 가장 잘 일어날 수 있도록 교육과정과 수업을 설계하는 것이 중요하다고 주장한다. 특히 많은 유색인종 또는 빈곤 학생들이 교육을 거부하는 상황에서 이 학생들의 참여를 촉진할 수 있는 기준이 있어야 하며, 이 기준은 학생들이 놓인 지역과 학교의 상황에 맞도록 각 교실에서 정해질 수 있는 것이어야 한다고 주장하였다. 이러한 나딩스의 주장에서 진보주의자의 면모를 확인해볼 수 있다.

나딩스는 여기서 한 발 더 나아가 학생들이 참여를 거부하게 되는 고난도의 학문교과(예: 수학)가 학생들의 소외를 가속시킬 때 과연 그 교육과정을 강제로 배우도록 하는 것은 민주적 시민 준비 교육의 목적에 부합하는 것인가에 대해 의문을 제기한다. 세계의 많은 고등학교-그 이전 학교 급에서조차-에서 이러한 문제에 직면해 있기 때문에 이 의문은 매우 도전적인 질문임에 틀림없다. 나딩스[1997]는 "물리학이 사진학보다 더 가치 있는 교과라는 전제를 자동적으로 받아들기보다는 모든 교과-사진학 등-에서 높은 수준의 학습을 요구하는 것이 중요"[p. 189]하다고 말하면서, '기준의 학문교과를 모든 학생들이 강제로 배워야 하는 것은 과연 교육의 평등을 위한 것인가?' 아니면 '평등의 이름으로 너무나 많은 학생들에게 실패의 경험을 주는 것인가'에 대해 질문을 던지고 있다. 그리고 이러한 질문은 듀이의 주장 중에서 민주주의 사회에서 능력 있는 시민을 기르기 위해서는 개인 발달의 매 측면에서 스스로 선택할 수 있는 여지를 주어야 한다는 주장에 기초하고 있다.

5) 마이클 애플

미국 진보주의 교육 전통에서 카운츠Counts의 사회재건주의적 입장을 비판적 교육학으로 발전시킨 대표적 학자 중에는 마이클 애플이 있다. 그는 오늘날 미국에서 교육에 대한 통제의 강화는 신보수주의 발흥에 따른 것으로 본다. 연방이나 주정부에서 줄곧 획일적 교육과정 표준, 국가성취도 검사, 애국주의 교육 등을 강조하는 것은 '신보수주의 감정'과 관련된다는 것이다. 이들은 총기 살인이나 높은 범죄율 등의 심각한 사회문제가 유색인종들과 그들의 문화에 원인이 있는 것과 같은 '느낌의 구조'를 만들어, 보다 획일적이고 엄격한 교육으로 미국 사회의 도덕적 위기를 극복하자는 식으로 주장하는 경향이 있다. 이것이 애플의 핵심적 분석이다.

이에 대응하면서, 애플은 학교는 학생들이 민주적 삶을 영위하도록 도와주는 도덕적 책임이 있으며, 이러한 민주주의 교육은 학생들이 공적 영역에 참여하여 자신의 역할을 스스로 찾아나갈 수 있도록 힘을 길러주는 일이라고 보았다. 이에 애플은 미국의 대표적인 진보적 학교 사례를 분석하면서, 민주주의 교육의 조건을 다음과 같이 밝힌 바 있다.

① 어떤 사상이든 간에 사상의 자유로운 공유와 그 사상들에 대해 사람들이 충분히 접근할 수 있어야 함
② 사람들은 개인적으로 그리고 집단적으로 문제를 해결할 수 있다는 가능성에 대한 신념을 지님
③ 어떤 사상, 문제, 정책들을 평가할 수 있는 비판적 성찰과 분석 능력의 사용
④ 공공선과 타인의 복지에 대한 관심
⑤ 모든 개인과 소수자들의 존엄성과 권리에 대한 관심
⑥ 민주주의는 단지 '관념/이상ideal'으로만 추구되는 것이 아니라 인간으로서의 우리 삶에 지침이 되고 또 우리가 지니고 살아야 할 '이상적idealized' 가치임을 이해할 수 있음.
⑦ 민주적 삶의 방식을 촉진하고 확산하기 위한 사회제도 조직이 존재

Apple & Beane, 1995: 6-7

애플은 학교가 학생 중심 측면에서 진보주의 교육의 특징을 포함하되, 그것보다 훨씬 높은 수준의 민주주의를 고양하는 곳이어야 한다고 주장한다. 진보주의 학교들은 기본적으로 인본주의적이고 학생 중

심적이어야 한다. 하지만 여기에 만족해서는 안 되고, 사회적 불평등으로 인해 학생들이 처하게 되는 상황을 개선하는 역할뿐만 아니라 학생들이 스스로 그러한 불평등 조건을 변화시킬 수 있도록 가르쳐야 한다는 것이다.

4. 진보주의 교육에 대한 비판과 공격

미국에서 진보주의 교육에 대한 대조어는 진보주의 교육자들보다는 그 비판자들에 의해 더 선명히 부각되었다. 진보주의 교육에 대한 비판자들은 진보주의 교육이 미국 교육의 위기를 초래한 주요 원인 중 하나로 보았다. 이러한 노력 중 대표적인 것이 래비치Ravitch와 핀Finn[1987]이 저술한 『우리의 17세 아이들이 알고 있는 것』*What Our 17-Year-Olds Know, 1987*이다. 이들은 광범위한 조사를 통해 미국 청소년들이 주요한 역사적 사실과 교과 지식을 거의 모르고 있다고 주장하였다.

또한 이 저자들은 교육연구자들에게 연구비를 지원하는 '미국 교육 연구와 개선 사무국Office of Educational Research and Improvement'의 소장을 역임한 사람들이기 때문에, 교육계에 미친 영향력이 강했다.Berliner & Biddle, 1995 이 책은 매우 대중적인 문체로 쓰였으며, 매 문항마다 얼마나 미국 청소년의 기초 지식이 부족한지에 대한 정보를 제공하는 형식으로 구성되었다. 예를 들어 미국 청소년들의 32.2%만 남북전쟁Civil War이 어떤 시기(50년 단위)에 일어났는지 알고 있다고 밝히면서, "이러한 기초적 사실조차 모른다면 미국 역사교육은 불가능하다"Ravitch & Finn, 1987: 50고 말하였다. 여기서 중요한 것은 이들이 이러한 문제를 진보주의 교육의 '지배'에 기인하는 것으로 본다는 사실이다.

진보주의 교육의 비판자들은 역사와 문학에 대한 기초지식의 부족이 오늘날 미국의 문화적 위기와 관련이 있다고 본다.Ravitch, 2000 또한 미국의 지속적인 국제성취도 검사 점수의 하락과 높은 중도탈락률, 총기사고, 수업의 난진행 현상 등 교육문제의 심화가 진보주의 교육과 깊은 관련성이 있다고 본다. 이러한 비판이 본격적으로 등장한 『위기에 처한 국가』A Nation at Risk, 1983 이후에 허쉬E. D. Hirsch가 저술한 『문화적 문해: 모든 미국인이 알아야 할 것들』Cultural Literacy: What Every American Needs to Know, 1987과 『우리가 원하는 학교: 왜 우리는 그 학교를 갖지 못하는가?』The Schools We Want: Why We Don't Have Them, 1996는 가장 직접적으로 진보주의 교육이 미국 교육문제의 원인과 관련이 깊다는 주장을 전개하고 있다. 또한 앨런 블룸Allan Bloom의 『미국 정신의 종말』The Closing of the American Mind, 1987, 윌리엄 베넷William Bennett의 『덕의 책들』The Book of Virtues, 1994과 『교육받은 아이』Educated Child, 1999 등이 진보주의 교육에서 다시 전통주의 교육 또는 항존주의 교육으로 복귀할 것을 주장하고 있다. 그리고 이 저서들을 살펴보면, 앨런 블룸을 제외하고 거의 모든 저자들이 교육과정에 대해 이야기할 때, 허쉬의 중핵지식 교육과정을 진보주의의 대안으로 언급하고 있다.

이와 같은 진보주의 교육에 대한 비판자들은 교육과정이 보다 표준화되어야 한다고 주장한다. 이들 중에서도 단연 허쉬의 중핵지식 교육과정이 이러한 주장을 대표한다고 볼 수 있다. 이는 진보주의의 중핵교육과정과는 상당히 다른 것이다. 중핵 교육과정이 경험 중심 교육과정의 조직 원리였다면, 중핵지식 교육과정은 모든 미국 학생들이 배워야 할 공통 지식 요소들을 정해서 적어도 이에 대해서는 똑같이 가르칠 것을 주장한다. 한편 허쉬1996는 중핵지식 이외의 것은 교사의 자율성에 맡기자고 말함으로써 자신의 교육과정 이론이 전통주의와 동일시될 수는 없다고 주장한다. 그리고 동아시아 국가(일본, 한국, 대만, 홍콩, 싱가폴 등)의 학업성취도가 높은 이유도 공통 교육과정에 있다고 말한다.

사이저가 CES를 만든 것과 비슷하게 그도 중핵지식재단Core Knowledge Foundation을 만들어, 회원교를 중심으로 그의 교육과정을 적용하고 있다. 중핵지식 교육과정은 4S(Four Ss)라는 4개의 핵심어를 중심으로 전개되고 있다. 이는 견고한solid, 계열적인sequenced, 구체적인specific, 그리고 공유된shared 지식으로 이루어진 교육과정을 말한다. 이 재단에서는 그동안 종종 부정적인 용어로 사용되었던 '사실-기반 수업계획fact-driven lesson plans'을 매우 중시하고 있다.Core Knowledge Foundation, 1995 공통 지식이란 모든 학년에서 똑같이 배워야 할 지식을 말한다. 허쉬1996는 진보주의 교육이 학생 중심 교육이라는 수사를 앞세워 "반복훈련은 아주 나쁜 것drill and kill"p. 239이라는 이미지를 만들어냈다고 비판하였다. 한편 '4S 지식'을 가르친다는 것은 세계사에서 중요한 사건, 수학에서 핵심적 요소, 말하기와 쓰기, 미술과 음악에서의 역사적 대작, 세대에서 세대로 전수되는 문학작품 같이 누구나 반드시 알아야 되고, 또 그 결과 공유되어야 할 것을 정해놓고 이 지식을 전국적으로 똑같이 가르치는 것을 말한다.Hirsch, 1987; Bennett, Finn & Cribb, 1999

이때 지식 암기를 위한 반복훈련과 엄격한 평가 시스템이 중시된다. 그래서 중핵지식 교육과정은 전통적 방식의 평가, 특히 선다형 총괄평가를 선호한다. 진보주의 교육에 대한 비판자들은 객관도가 높은 시험을 공정한 시험으로 보는 경향이 강하다.Hirsch 1996; Bennett, Finn & Cribb, 1999 이러한 입장에서는 수행평가를 진보주의 교육의 일부로 보고 선다형일수록, 총괄평가일수록, 측정 가능할수록 더 좋은 평가라고 주장한다. 학부모들에게 평가에 관한 주의 사항을 당부하는 다음과 같은 주장은 이러한 관점을 잘 반영하고 있다.[Bennett, Finn & Cribb, 1999]

학교가 취약한 시험을 보고 있다는 징조

다음과 같이 자녀의 학교에서 무엇인가 잘못되고 있다는 신호를 주시하시오.

- 시험이 많지 않을 때: 이보다는 스펠링 대회spelling bees와 같은 경쟁적 연습이 바람직함
- 시험이 너무 쉬울 때: 학생들에게 오픈북 시험을 치르는 경우를 말함
- 점수가 주로 프로젝트나 활동에 의해 주어질 때(지필평가를 거의 하지 않을 때)
- 시험이 학생들에게 특정 지식을 암기하였는지 묻지 않는 경우, 또는 정답을 골라내는 문제가 좀처럼 나오지 않은 경우
- 시험 결과가 나왔는데도, 교사에 의해 즉시 틀린 것이 교정되지 않는 경우
- 시험이 교육과정 기준에 명시된 지식과 기술을 묻지 않는 경우

p. 435

이러한 주의 사항은, 중핵지식 교육과정과 평가가 서로 호응하도록 만들기 위해서는 시험 역시 점수 산출 위주의 평가가 강조되어야 함을 주장하는 것과 일맥상통한다. 허쉬는 수행평가, 전시exhibition, 참평가authentic assessment는 주로 진보주의 교육의 실현을 위한 것으로서 과거의 진보주의자(허쉬의 예로는 듀이Dewey, 러그Rugg, 킬패트릭Kilpatrick)와 현재의 구성주의 교육학 이론가들에게 의해 지지되는 것으로 보았

다. 허쉬[1996]는 "교과를 가르치지 말고, 아동을 가르치라는 진보주의의 교설은 잘 설계된 선다형 문항으로 교과지식을 측정할 수 있는 가능성을 경시하였다"[p. 244]고 비판하였다.

이들은 특히 선다형 평가와 평등을 관련짓는다. 즉 신뢰도가 높은 시험이 유색인종 하위계층에게 보다 더 유리하다는 것이다.[Bennett, Finn & Cribb, 1999] 이 때문에 프로젝트, 수행평가, 전시와 같이 개방성이 높은 시험보다는 객관식 평가를 중시한다. 그리고 이러한 관점은 4S 교육과정과의 일치도를 높이기 위한 것으로 볼 수 있다. 베넷 등[1999]은 학생들을 단순히 "잘함, 보통, 노력 요함" 등 느슨한 급간을 사용하거나 그 경계를 모호하게 설정하는 시험을 사용하지 않도록 권고한다. 이들은 대신 "전통적 문자 점수(A에서 F까지)나 숫자 점수(0에서 100점까지)가 더 바람직하다"[p. 436]라고 주장한다.

이상에서 살펴본 것처럼 진보주의 교육에 대한 비판과 공격은 교육과정, 수업, 평가 등 교육활동 전반에 걸쳐 구체적으로 진행되었다. 또 이들 중 일부는 연방정부에서 주요 직책을 맡기도 하였으며, 또 많은 저술활동을 통해 실제로 상당한 영향력을 발휘하였다.

5. 논의 및 결론

1) 논의

이상에서 나는 오늘날 미국에서 진보주의 교육은 어떤 이론적, 실천적 방식으로 남아 있는가, 그리고 어떤 차이와 대비를 통해 그 개념이 드러나고 있는가에 대해 살펴보았다. 진보주의 교육은 스스로 그

의미를 재규정해왔다. 또한 진보주의 교육은 그 계승자들이라고 일컬어지는 사람들의 주장과 진보주의 교육을 비판하는 사람들의 주장 속에서 매우 상이하게 개념화되어왔다. 이는 진보주의 교육의 실천적, 이론적 의미를 고정적으로 파악하기는 매우 어렵다는 것을 시사한다. 뿐만 아니라 지나치게 보편적인 어휘로 그것을 정의하는 것은 개념의 명료성을 희생시킬 위험도 있다.

이에 나는 오늘날 미국 진보주의 교육의 존재 방식을 규정하는 데 적어도 세 가지 쟁점이 있다고 생각한다.

첫째, 진보주의 교육은 그 의미를 스스로 갱신한다. 크레민[1961]은 1950년대에 미국 교육에서 진보주의 패러다임이 전통주의를 거의 완전히 대체했다고 보았으나, 동시에 진보주의의 위기에 대해 경고하였다. 하지만 이는 진보주의가 주류가 되면서, 그리고 그 가치가 어느 정도 일상화되면서 그것이 더 이상 혁신적 사상이 아닌 것으로 변화한 결과일 수도 있다. 이는 진보주의가 오늘날 미국 교육의 주요 문법-적어도 고등학교 이하 학교급 교실 활동에서-이 되었음을 고려할 때, 그것의 안착으로도 볼 수 있는 문제이기도 하다.

그렇기에 진보주의 교육을 어떻게 볼 것인가에 따라, 즉 어떻게 정의하는가에 따라 그것의 위기를 말할 수도 있고 또 그것의 안착에 대해서도 말할 수 있는 것이다. 하나의 관점이 헤게모니를 획득하면 그것은 그 시대의 일상 언어가 되기 때문에 더 이상 '진보적인' 관점으로서의 지위를 잃는다. 마치 정치 영역에서 여성 참정권 운동이 더 이상 진보적인 의제가 아닌 것처럼, 교육 측면에서도 진보주의 교육은 하나의 과제가 완성되면 다시 자신을 재정의해왔기 때문이다. 이런 측면에서 진보주의 교육의 개념은 계속 변해왔고 지금도 변하고 있는 것이기 때문에 그것을 확정하기 어렵다는 방법론적 난제가 있다.

둘째, 미국에서 진보주의 교육은 과연 지배적인가 아니면 매우 소수에 의해서만 실천이 이루어지는가라는 면에서 모호함이 있다. 진보주의 교육의 비판자들Hirsch 1987; Bennett, Finn & Cribb 1999은 현재 미국 교육의 특징을 진보주의 교육 '전통'에 기인한 것으로 보기 때문에 진보주의가 전통에 대조되는 개념인가 – 진보주의를 이제 전통적인 것으로 인식한다면 – 에 대해서도 혼동을 불러일으킬 수 있다. 더욱이 이들은 오늘날 미국 교육의 위기가 진보주의 교육이 교실의 일상으로 보편화되었기 때문으로 보는 경향이 매우 강하다. 그중에서도 허쉬[1987]는 구성주의 학습 심리학까지도 진보주의 교육의 범주에 포함시키면서 진보주의 교육의 학교 지배에 대해 우려하였다. 구성주의는 협력과 문제 해결을 통한 적극적 학습자의 지식 구성을 강조함으로써 진보주의의 학습자 중심 교육을 보다 더 강화하게 되었다는 것이 그의 진단이다. 실제 교실에서 이러한 진보주의 교육과정과 교육 방식의 강화는 오히려 사실, 정보, 지식, 학문에 대한 부실한 전수를 초래하였다는 것이다. 이러한 주장에 따르면 미국 학교는 이미 진보주의가 전통을 확립한 것으로 볼 수 있다.

하지만 동시에 많은 진보주의 성향의 교육자들은 공교육에서 여전히 전통적 교육이 관행화되어 있으며, 심지어는 단 한 번도 진보주의 교육이 미국 공교육을 총괄한 적이 없다는 학자Apple, 2001도 있다. 이들은 여전히 진보주의 교육이 미국 공교육에 더욱더 확산되어야 한다고 주장하다. 그러므로 이러한 관점의 차이는 도대체 진보주의가 얼마나 미국 교실에서 실재하고 있다고 보아야 하는지에 대한 질문이 사라지지 않도록 만들고 있다.

셋째, 정의의 엄격성 문제가 있다. 진보주의 교육에 대한 비판자들이나 그 비판의 대상이 되는 교육자들이나 모두 자신들의 교육 관점을 바람직한 것으로, 즉 '좋은 교육'이나 '가치 있는 교육'으로 정의하려는 경향이 있다. 예를 들어, 현대 진보주의 교육자들Sizer, 1992; Meier & Schwartz, 1995은 '적게 가르치는 것이 더 많이 가르치는 것less-is-more'이라는 모토를 여전히 중시하고 있으며, 진보주의에 기초한 학습심리학자들Gardner, 1999; Shepard, 2000은 깊이 생각하도록 유도하고 성찰적으로 마음을 형성하도록 도와주는 교육 방식을 중시한다. 한편 전통적 방식을 고수하는 교육자들은 바람직한 교육이란 탄탄한 기초능력 위에서 공유된 문화유산을 전수하는 것으로 본다.Bennett, Finn & Cribb, 1999 하지만 이들 모두 자신들의 교육관에 대한 주장을 전개할 때, 보편적인 형용사-바람직한, 좋은, 가치 있는 등-를 사용하는 습관이 있다. 그러므로 이러한 포괄적인 형용사를 사용하여 진보주의 교육을 정의한다면 그 비판자들은 동의하지 않을 가능성이 높다. 그러므로 오늘날 진보주의 교육은 어떤 식으로 존재하고 있는가에 대한 질문에 답하는 것은 여전히 어려운 문제일 수 있다.

2) 결론

이상과 같은 곤란에 직면하여, 나는 진보주의 교육이 처음 나왔을 당시 '위대한 미국 민주주의'의 실현 방편이었음을 상기할 필요가 있다고 생각한다. 진보주의 교육은 당대 사회의 민주주의와의 관계를 통해 스스로 그 의미를 갱신해왔다. 그렇기에 오늘날 미국 사회의 민주주의 과제를 어떻게 규정하는가가 미국 진보주의 교육의 의미를 규정하는 데 기준이 되어야 할 것이다.

미국 민주주의의 발전은 적어도 초등학교나 중학교에서는 과거와 같은 전통주의적 훈육 방식이 지배적이지 않도록 만들어놓았다. 더욱

이 민주주의의 지속적 발전은 시민들의 기대수준을 높이게 되어, 더이상 학생 중심 수업이 진보주의 교육이라는 것에 만족하지 못하도록 하였다. 그러나 여전히 미국 교육은 '민주주의를 위한 교육'의 측면에서 그리고 '교육을 위한 민주주의 측면'에서 발전이 지체되고 있다.

코언[1995]에 따르면 특히 1980년대 들어와 미국 연방 정책은 반진보주의 교육운동counter-progressive education movement으로 흐르는 경향이 있다. 그는 오늘날 미국 교육 담론이 도덕적-지적 교육으로 회복하려는 목적을 가진 사람들에 의해 진행되고 있다고 주장하였다. 이러한 흐름은 미국 사회의 위기 문제를 학교의 문제로 전가하고, 교사를 희생양으로 삼는 정치 전략의 일부로 볼 수 있다. 오늘날 미국에서는 시민들 사이의 신뢰성이 약해지고, 높은 범죄율이 계속되고 있으며, 소득과 자산의 양극화가 더욱 심해지고 있다. 더욱이 증오 범죄, 총기 살인, 인종차별, 거주지 분화 등의 문제가 여전히 심각하고, 최근에는 총기휴대를 가능하게 함으로써 안전에 대한 위기의식도 높아지고 있다. 이러한 사회문제는 민주주의 위기의 결과이자, 더 큰 민주주의 위기를 불러일으키고 있다. 이러한 상황에서 학생들을 잘 가르친다는 것-진보주의 교육도 결국 아이들을 잘 가르치자는 것일진대-을 민주주의와 별개로 생각할 수 있을까? 그렇기에 나는 모두가 평등한 자유를 누리는 민주주의의 이상을 실현하는 과제 속에서 개인의 자아실현을 최대한 도와주는 교육을 진보주의 교육으로 바라보아야 한다고 주장한다.

물론 여전히 자유, 평등, 민주주의, 자아실현은 구체적인 것을 특정하기에 추상적이고 보편적인 언어일 수 있다. 내가 볼 때 진보주의 비판자들과 진보주의자들의 가장 큰 차이는 바로 자유와 평등을 누릴 수 있는 '조건을 변화시키는 것'에 관심이 있는가에 있다. 그러므로 진보주의 교육자들은 자유, 평등, 민주주의, 자아실현, 사회정의와 같은 핵심어가 그것을 억압하거나 방해하는 조건들을 개혁할 수 있는 언어가 될 수 있도록 이론적, 실천적 노력을 경주해야 할 것이다. 언어words는 세계world로 들어가는 문이다. 실재는 언어를 통해 반영되는 것이라기보다 언어로 구성되는 것이다. 진보주의 교육자들은 당대 사회의 민주주의 과제에 대해 명확히 알고, 이론과 실천을 통해 '진보'하는 세계로 들어가는 입구를 잘 만들어야 할 것이다.

나는 오늘날 탈산업사회, 불신사회, 위험사회에 대처하며, 재분배와 인정의 정치학에 기초한 새로운 사회적 연대를 만들어나가는 것이 당대 사회의 민주주의 과제라 생각한다. 이에 새로운 진보의 계단을 놓기 원하는 진보주의 교육자들은 "사회정의, 불평등 조건의 개혁, 재분배, 인정, 정서적 평등, 협력, 스스로 생각하는 힘, 훼손된 권리의 옹호" 등의 키워드로 새로운 민주주의 세계로 들어가는 문들을 만들어 놓아야 할 것이다. 이는 메리토크라시의 왕국에서 데모크라시의 왕국으로 들어가는 문이 될 것이며, 그렇게 할 수 있기 위해서는 왜 메리토크라시가 숙명이 아닌가에 대해 가르쳐야 할 것이다. 이것이 미국에서나 한국에서 당대 사회 진보주의 교육에서 가장 중요한 과제라고 나는 생각한다.

■ 참고 문헌

Apple, M. W.(2001). *Educating the "Right" Way: Market, Standards, God, and Inequality.* London: RoutlegeFalmer.

Apple, M. W. and Beane, J. A.(eds.)(1995). *Democratic Schools.* Alexandria, Virginia: Association for Supervision and Curriculum Development.

Bennett, W (1994). *The Book of Virtues.* New York: Simon and Schuster.

Bennett, W., Finn, C., & Cribb, J.(1999). *The Educated Child.* New York: Free Press.

Berliner, D. & Biddle, B.(1995). *The Manufactured Crisis.* New York: Addison-Wesley Publishing Company, Inc.

Bloom A.(1987). The Closing of the American Mind. New York: Simon & Schuster.

Cremin, L. A.(1961). *The Transformation of the School: Progressivism in American Education.* New York: Alfred A. Knopf.

Flesch, R.(1955). *Why Johnny Can't Read and What You Can Do About It.* New York: Perennial Library.

Gardner, H.(1999). *The disciplined mind: what all students should understand.* New York: Simon & Schuster.

Hayes, W.(2006). *The progressive education movement: Is it still a factor in today's schools?.* Rowman & Littlefield Education.

Hirsch, E. D.(1987). *Cultural literacy: what every American needs to know.* Boston: Houghton Mifflin.

Hirsch, E. D.(1996). *The Schools We Need: Why We Dont Have Them.* New York: Doubleday.

Howlett, J.(2013). *Progressive Education.* Bloomsbury Academic.

Kliebard, H.(1995). The Struggle for the American Curriculum(2nd ed.). New York: Routledge.

Knoester, M.(2012). *Democratic education in practice: Inside the Mission Hill School.* New York, NY: Teachers College Press.

Kohn, A.(2008). *Progressive Education: Why It's Hard to Beat, But Also Hard to Find.* Independent School.

Ladson-Billings, G.(1994). *The Dreamkeepers.* San Francisco: Jossey-Bass.

Meier, D. & Schwartz, P.(1995). Central Park East Secondary School: The Hard Part Is Making It Happen. In M. W. Apple & J. A. Beane(Eds.). *Democratic Schools* (pp. 26-40). Alexandria, Virginia: Association For Supervision and Curriculum Development.

Noddings, N.(1997). Thinking about Standards. *The Phi Delta Kappan, 79*(3), 184-189.

Ravitch, D.(2000). *Left back: a century of failed school reforms.* New York: Simon &

Schuster.

Ravitch, D. and Finn, C.(1987). *What Do Our 17-Year-Olds Know? A Report on the First National Assessment of History and Literature.* New York: Harper and Row.

Shepard, L.(2000). The Role of Assessment in a Learning Culture. *Educational Researcher, 29*(7): 4-14.

Sizer, T.(1992). *Horace's school: Redesigning the American high school.* New York: Houghton Mifflin.

8장

일본의 공교육 개혁과
진보교육의 전개

이명실

1. 진보교육의 위기

19세기 말부터 20세기 초에 걸쳐 영국, 프랑스, 독일, 이탈리아, 미국, 러시아, 중국 및 일본 등의 여러 나라에서 기존의 서적을 통한 주지주의적 교육 방식에 대비되는 일련의 교육 실천 및 교육운동이 일어났다. 이들 움직임은 각국의 지역적·역사적·사회적 상황에 따라 진보주의 교육, 신교육, 에듀카시옹 누벨, 개혁교육학 등의 이름으로 불리며 다양한 모습을 띠고 있었지만, 루소·페스탈로치·프레벨 등의 사상을 계승·발전시키고 아동의 자주적이고 주체적인 활동을 지향했다는 공통된 특징을 지니고 있었다. 특히 듀이로 대표되는 미국의 진보주의 교육사상에서는 교사 중심의 획일적인 교육에 대비되는 아동의 경험·관심·흥미를 강조할 뿐 아니라, 교육이 민주적 사회 실현에 봉사하는 것이어야 한다고 하면서 교육의 사회적 책무성을 강조하기도 하였다.

당시 진보주의 교육 혹은 신교육운동으로 불렸던 새로운 교육운동이 아동 중심 교육사상과 더불어 교육의 사회적 책임을 강조했던 배경에는 당시 상식으로 받아들여졌던 교육 내용이나 방법에 대한 역사·철학적 성찰의 과정이 있었다. 교육이란 무엇이며 무엇이어야 하는가? 교육은 누구를 위해 존재해왔으며, 누구를 위해 존재해야 하는가? 이에 대한 근본적 질문이 진보주의 교육사상을 기반으로 하는 교육 실천 및 교육을 통해 끊임없이 제기되어온 것이다. 그러나 이러한 교육의 흐름은 제2차 세계대전 이후 1960~1970년대를 거치면서 소강상태에 빠지게 된다. 이후 한동안 진보주의 교육사상이나 교육운동은 '실패' 혹은 '퇴조'의 시기를 맞이하지만, 그들이 추구하는 가치는 교육 실천 및 운동의 근저에서 생명력을 유지하고 있었다.

한편, 1980년대는 전 세계적으로 신자유주의의 논리가 학교현장에 제도적으로 정착하게 되는 주목할 만한 시기였다. 영국에서 시작한 공교육제도 개혁은 학생의 학습권이나 학부모의 학교 선택의 자유를 표방하며 교육의 공공성보다는 효율성을 우선시하는 교육정책으로 전개되었다. 교육을 통해 국가경쟁력을 강화해야 한다는 목표를 세우고 이를 효율적으로 달성하기 위한 학교교육의 책무성이 강조되었다. 이는 필연적으로 학교 내, 그리고 학교 간의 경쟁체제 확대로 이어졌다. 그 결과 공교육을 통해 추구되어야 할 교육의 공공성이나 평등성은 크게 훼손되었고, 학교는 사회가 필요로 하는 인재 공급의 기능을 충실히 수행하는 곳이 되었다.

소위 신자유주의적 교육개혁이라 불리는 이러한 일련의 교육정책은 19세기 말 이후 각국에서 전개되었던 소위 '신교육운동' 혹은 '진보주의 교육'에서 주장했던 학습자 중심의 교육을 지향한다는 외피를 두르고 있었다. 겉으로는 학습자의 선택이나 흥미·관심·진로·희망 등에 따른 학생의 능력 신장을 강조했지만, 학교교육은 학생의 수월성과 학력 향상을 위한 경쟁력, 그리고 상대평가에 의한 학습성취도를 중시하는 방향으로 전개되었다. 1980년대 중반 이후 일본에서 추진되었던 교육의 슬림화나 주5일제 수업의 진행, 그리고 다양한 방식의 학교교육 제도의 구축 등도 신자유주의적 교육개혁이라는 세계적 흐름과 맥을 같이하는 것이었다.

그렇다면 19세기 말의 '신교육운동'이나 '진보주의 교육'에서 강조했던 '학습자 중심 교육'과 최근 일본의 공교육 개혁에서 표방하는 '학습자 중심 교육'은 어떤 점에서 다른가? 경험을 통한 학습, 통합 교육과정, 문제해결학습, 집단 활동, 이해와 체험을 통한 학습이 공교육 개혁의 방법으로 속속 등장하고 있는 상황에서 이들 교육활동을 진보적 교육 실천이나 진보적 교육운동의 한 방법으로 보아도 좋은 것인가? '인간성을 가진 조화로운 학생의 육성', '지역과 학교의 실태'와 '학생의 능력·적성·진로'를 표방한 교육정책이 국가경쟁력 강화나 노동시장의 유연화에 대처하기 위한 방법이었고, 학습 성취에 대한 책임을 학습자에게 전가시키는 결과를 초래할 수 있는 상황에서 공교육 개혁의 진보성이 논의될 수 있는가? '진보적 교육'의 속성은 무엇인가? 진보적 교육 실천 및 교육운동이 또다시 위기에 빠지지 않기 위한 방법은 무엇인가?

2. 1980년 이전 신교육운동

일본에서 1980년 이전 '진보교육', 즉 '신교육운동'의 흐름은 미국과 유럽의 진보적 교육사상의 영향을 받아 전개된 일련의 교육 실천을 말하는데, 1920년 전후 다이쇼大正 자유교육운동의 전사로서 메이지 시기明治時期 서구 교육 수용의 흐름, 다이쇼 자유교육운동의 흐름, 그리고 전후 미군정기의 신교육운동의 흐름으로 대별할 수 있다.

1) 메이지 시기 서구 교육의 수용

메이지 초기 일본의 문부성文部省은 학제学制(1872)를 발포하고 도쿄東京사범학교를 중심으로 근대학교를 통한 국민 만들기에 박차를 가하였다. 이를 위해 미국·독일·영국 등의 교육제도 및 교육 방법이 연구되었고, 교육학 서적 및 교과서가 번역되어 사범학교의 교재로 활용되었다. 특히 1880년을 전후해 미국식 교육 방법 및 교육제도가 적극적으로 수용되었는데, 이는 미국에서 유학했던 이자와 슈지伊沢修二(1851~1917)나 다카미네 히데오高領秀夫(1854~1910)가 도쿄사범학교로 돌아와 페스탈로치J. H. Pestalozzi(1746~1827) 교육을 소개했고, 문부성 관료였던 다나카 후지마로田中不二麿(1845~1909), 니시무라 시게키西村茂樹(1828~1902), 구키 류이치九鬼隆一(1852~1931) 등이 미국의 교육제도 수용에 적극적 태도를 보인 결과였다.影山昇, 1999: 24-25 그러나 당시 아동의 주체성 형성을 위해 고안된 문답식 수업이 학교현장 교사의 이해 부족으로 형식화되는 결과를 가져왔고, 이는 미국식 교육의 비판으로 이어졌다.

1880년대에 서구화 경향에 대한 비판과 더불어 사회가 유교적 질서를 바탕으로 재편됨에 따라 교육도 보수화 경향을 띠게 되었다. 1880년대 후반 헤르바르트J. F. Herbart(1776~1841)의 교육론을 교수법으로 발전시킨 레인W. Rein(1847~1929)의 5단계 교수법이 다니모토 토메리谷本富(1867~1956)에 의해 일본에 소개되었다.飯島裕三, 2005: 140 유럽에서 유학한 경험을 토대로 다니모토는 체계적인 교육이론과 정형화된 교수단계설을 갖춘 이 학설이 아동의 덕성 함양에 적합한 모델이라고 생각하고 있었다. 당시 교육칙어 체제를 뒷받침하는 이론적 모델로 수용되었던 헤르바르트 교육학설은 교사들의 맹목적 적용으로 획일적인 주입식 교육에 빠지는 폐해를 낳았고 비판의 대상이 되었다. 헤르바르트 교육학설에 경도되어 있었던 다니모토는 1910년 전후 '자학보도自學輔導'로 아동의 개성을 발전시키고 '활인물活人物'의 양성을 강조하는 신교육론을 제창하였다.飯島裕三, 2005: 140 여기서 그가 강조한 것은 일본 교육의 단점이었던 아동의 개성이나 자주적 정신의 존중이었다.

한편, 1899년 히구치 간지로樋口勘次郎(1871~1917)는 아동의 자발적 활동을 중시하는 활동주의 교육인『통합주의 신교수법』(1899)을 저술해 아동의 자발적 활동을 존중하는 '활동주의'를 제창했다. 그는 헤르바르트파의 교수법 그 자체를 부정하지는 않았지만, 그것이 학교현장과 괴리되어 지나치게 형식화되는 것에 경계심을 드러냈다.生野圭子, 2014: 8 1900년 유럽으로 유학한 히구치는 파커F. W. Parker(1837~1902)의 활동주의起動論, activation theory에 관심을 보였고 귀국 후에는 경험적 교육학의 건설이나 사실·실험·관찰 등을 통한 '신교육학 연구법'을 제시하였다.樋口勘次郎, 1904 그러나 교육을 개인의 사업이 아닌 사회적 사업으로 간주함으로써 그가 강조했던 아동의 활동은 목적 달성을 위한 수단으로 기능한다는 결과를 가져왔다.

이와 같이 메이지 시기의 교육론은 아동중심주의에 바탕을 둔 교육 실천을 강조하고 있지만, 그 목표가 근대국가 형성에 필요한 국민 만들기에 있었다는 점에서 진정한 아동 중심의 교육을 지향했다고 보기 어려운 측면이 있었다. 다니모토가 시대적 상황의 변화에 따라 페스탈로치의 교수법과 헤르바르트 교육학, 그리고 '자학보도'의 교육론을 차례로 주장했다는 사례를 통해, 그리고 히구치가 아동의 자발성을 강조하면서도 교육을 국가 목적 달성의 수단으로 간주했다는 점에서 이 시기 아동 중심의 교육 실천은 당시의 상황에 적합한 교육 모델 찾기의 일환이었음을 짐작할 수 있다.

2) 다이쇼 자유교육운동의 전개

19세기 말부터 20세기 초에 걸쳐 신학교 또는 실험학교로 불리며 세계적으로 널리 유행했던 새로운 교육 실천 및 운동은 일본에도 큰 영향을 주었다. 다이쇼 자유교육운동으로 일컬어지는 새로운 교육의 흐름은 교사 중심의 획일적·주입식 교육을 비판하고 아동의 주체적인 학습과 자치활동을 강조하는 것이었다. 이러한 움직임은 1910년대부터 1920년대 초에 걸쳐 일본에서 일어났던 정치·사회·문화적 자유주의 풍조에 영향을 받은 측면이 컸고, 당시의 시대적 분위기를 배경으로 1920년대부터 1930년대 전반에 이르기까지 다이쇼 자유교육 혹은 신교육新教育이라 불리는 교육개조운동이 일어났다. 이 시기 외국의 교육이론가와 실천가들이 일본에 직접 찾아와 자신의 이론을 소개한 것도 이러한 움직임을 활성화시키는 데 큰 영향을 주었다. 돌턴 플랜Dalton Plan의 파크허스트H. Parkhurst(1887~1973), 프로젝트법Project Method의 킬패트릭W. H. Kilpatric(1871~1965), 위네트카 시스템Winnetka system의 워시번C. W. Washburne(1889~1968) 등이 일본에 와서 자신의 교육 방법을 소개했으며, 1918년 듀이J. Deweye(1859~1952)의 『민주주의와 교육』(1916년)이 일본어로 번역되었고, 1919년에는 듀이가 일본을 방문해 강연을 하였다.窪田祥宏, 1967: 39 다이쇼 자유교육운동은 신교육을 실천하는 학교의 신설과 더불어 교육학 강연회와 잡지의 발간 등을 통해 전개되었는데 그 내용을 보면 다음과 같다.

첫째, 새로운 교육 실천 및 교육운동은 사범학교의 부속소학교 및 사립소학교를 중심으로 아동의 자발적 활동을 중시하는 방향으로 학교현장에 도입되었다. 1919년 6월 이후, 지바현千葉県 사범학교부속소학교에서 데츠카 기시에手塚岸衛(1880~1936)를 중심으로 교육의 획일성을 타파하고, 아동의 자발성을 최대한 발휘시킨다는 '자유교육'이 실시되었다. 같은 해 5월에 나라奈良여자고등사범학교 부속소학교에 부임한 기노시타 다케지木下竹次(1872~1946)를 지도자로, '교육의 주인공은 원래 아동'이라는 입장에서 아동의 자율적 학습을 목표로 하는 '합과학습'이 전개되었다. 즉, 아동이 학습 도구와 방법을 스스로 선택하고 자신의 환경에 근거해 경험을 쌓고 창의적 노력을 계속해가는 것이 중요하다는 것이었다.飯島裕三, 2005: 130-137 이 두 학교는 신교육을 실천하는 학교로 주목을 받았고, 이후 묘조학원明星学園(1924), 다마가와학원玉川学園(1929), 와코학원和光学園(1933), 이케부쿠로지도노무라 소학교池袋児童の村小学校(1924) 등이 설립되는 데 큰 영향을 주었다.

『페스탈로치전ペスタロッチ-傳』(1898)을 번역하고 『실험교육학』(1909)을 저술했던 사와야나기 마사타로澤柳政太郎(1865~1927)는 1917년 세이조학교成城学校 내에 신교육 실험학교로서 세이조 소학교를 창립했다. 1922년 세이조成城 소학교에 돌턴 플랜이 도입되었는데, 이 지도법은 학급 인원수가 많더라도 아동 한 사람 한 사람의 능력을 신장시킨다는 목적 아래 학생의 자유와 협동을 중시하는 것이었다. 앞에서 언급했던 묘조학원, 다마가와학원, 와코학원 등의 신교육 실천학교가 사와야나기의 세이조 소학교와 관련 있다는 사실은 세이조 소학교가 이 시기 신교육운동에서 차지하는 위상을 엿볼 수 있게 한다. 그러나 1920년대 중반 이후 세이조 소학교의 교육 실천에서 교사의 방관적 태도가 회자되었고, 이런 지도법이 학생의 학력 저하를 가져온다는 문제가 사회적 논란의 대상이 되기도 하였다.

둘째, 다이쇼 자유교육운동은 대일본교육협회가 주최한 '팔대교육주장八大教育主張'이라는 이름의 교육학 강연회가 개최됨으로써 절정에 달했다. 1921년 8월 1일부터 8일까지 도쿄고등사범학교 강당에서 열린 이 강연회에서는 매일 한 사람씩 강연자가 교체되며 저녁 6시부터 11시경까지 진행되었는데, 매일 2천 명이 넘는 청중이 모여 성황을 이루었다. 이들 강연자와 강연 제목은 보면 다음과 같다.橋本美保, 2015: 55-57

강연자	강연제목	강연자 소속
오이카와 헤지 (及川平治, 1875~1939)	동적교육(動的敎育)의 요점	효고현아카시여자사범학교, 주사 (兵庫県明石女子師範學校, 主事)
이나게 긴시치 (稲毛金七, 1887~1946)	진실의 창조교육	창조사 경영, 『창조』 주필 (創造社 經營, 『創造』 主筆)
히구치 쵸이치 (樋口長市, 1871~1945)	자학(自學)교육의 근저	지바현사범학교, 교수 (千葉県師範學校, 敎授)
데즈카 기시에 (手塚岸衛, 1880~1936)	자유교육의 진수	지바현사범학교, 주사 (千葉県師範学校, 主事)
가타가미 노부루 (片上伸, 1884~928)	예술교육의 제창	와세다대학, 교수 (早稲田大学, 敎授)
지바 메키치 (千葉命吉, 1887~1959)	충동만족과 창조교육	히로시마현사범학교, 주사 (広島県師範学校, 主事)
고노 기요마루 (河野清丸, 1873~1942)	자동(自動)주의의 교육	여자대학교, 주사 (女子大学校, 主事)
오바라 구니요시 (小原國芳, 1887~1977)	전인교육의 주장	세이조소학교, 주사 (成城小学校, 主事)

이들은 서구에서 활발히 진행되던 신교육운동의 지도자들이 주장했던 교수법에 영향을 받아 기존의 획일적인 교사 중심의 교육 방식에서 탈피해 학습자의 관심이나 경험을 중심으로 자유와 창조를 지향하는 운동을 전개하였다. 당시의 교육현장에서 전개되었던 이들의 활동이 진정 아동 중심적 교육이었는가에 관해서는 별도의 논의가 필요했지만, 다이쇼기 신교육운동의 활성화에 큰 영향을 주었음은 재언의 여지가 없을 것이다.

셋째, 스즈키 미에키치鈴木三重吉(1882~1936)의 '아카이 토리赤い鳥' 운

동과 생활철방교육生活綴方敎育도 다이쇼 자유교육운동을 대변하는 하나의 특징으로 들 수 있다. 이들 운동은 교육을 통해 학습자의 삶을 더 나은 방향으로 안내하는 데 초점을 두었다는 공통점을 가지는데, 특히 스즈키가 창간한 아동잡지 『아카이 토리赤い鳥』(1918)는 근대 일본의 아동문학 및 아동음악의 발전에 중요한 위치를 차지하는 것이라는 평가를 받는다. 이 잡지는 저급하고 우매한 정부가 주도하는 창가나 설화를 대신해, 아동의 순수함을 키우기 위한 이야기나 노래를 창작하고 널리 보급하는 것을 목적으로 삼았는데, 1936년까지 196권이 발행되었고 이후 비슷한 종류의 아동잡지 『가네노 후네金の船』(1919), 『동화童話』(1920) 등의 창간에도 영향을 주었다.https://ja.wikipedia.org 이와 함께 생활철방교육生活綴方敎育은 아동 스스로가 생활하며 보고 듣고 느끼고 생각한 바를 자신의 문장으로 표현하는 것, 또는 문장 표현의 과정을 지도하거나 작품을 동료들과 함께 검토해가는 과정 모두를 포함한 활동으로 전개되었다. 특히 북방교육사北方敎育社에서 창간한 철방잡지 『북방교육』은 '아카이 토리'류의 문예주의적 철방綴方, 츠즈리카타이나 국정교과서에 바탕을 둔 획일적인 철방교육에 반대하며, 아동이 처한 지역이나 자연의 환경을 바탕으로 생활학습에 초점을 두는 교육 실천을 강조하였다.https://kotobank.jp 즉, 아동이 실제로 느끼고 바라는 것이나 그들이 실제로 마주한 현실을 인식하도록 했다는 점에서 생활철방교육은 아동, 즉 학습자를 중심에 두는 사상적 기반을 가지고 있었으며, 더불어 공권력의 교육 지배에 대한 밑으로부터의 교육이었다는 의미도 지니고 있었다.

이와 같이 전개된 다이쇼 자유교육운동은 크게 서구 신교육 사상을 소개하고 그 사상을 실천에 옮기기 위해 학교를 설치해 아동 중심의 교육에 진력했던 흐름과 더불어, 잡지의 출간이나 글쓰기 운동을 통해 아동의 현실적 삶을 드러내려 했던 흐름으로 대별해볼 수 있다. 이들 모두가 기존의 교육 방식에 대한 신교육의 실천이라는 의미를 내 포하고 있지만, 전자의 경우 교사 등의 지식인이 교육운동의 주체였다면, 후자의 경우는 아동의 삶을 그대로 반영한 교육을 강조했다는 점에서 진정한 아동 중심적 교육운동의 의미를 논할 수 있을 것이다.

3) 전후의 신교육운동

1945년 직후 일본 교육의 교육 방침은 이전의 군국주의, 제국주의를 지탱했던 교육을 부정하는 것에서 시작되었다. 1945년 9월 15일 문부성은 GHQ(연합국 최고사령관)의 지휘 아래 이루어진 '신일본의 교육 지침'을 발포하였다. 여기서는 전시교육체제를 해체할 것이 표명되었고, 1946년 3월에는 27명의 미국교육사절단의 권고에 따라 교육기본법의 법제가 확립되었다. 더불어 교육행정의 지방분권화, 6·3·3·4 학교제도의 도입, 교사에 의한 교육 내용 및 교육 방법의 주체적 편성을 중요 내용으로 하는 교육개혁이 추진되었다.影山昇, 1998: 87, 94

지금 우리나라의 교육은 지금까지와 다른 방향으로 향하고 있다. …… 지금까지 위로부터 정해 주어진 것을 그대로 실행하는 획일적인 경향이었지만, 이번에는 오히려 밑으로부터의 힘으로 여러 가지를 만들어가게 되었다고 하는 것이다.
지금까지의 교육에서는 그 내용을 중앙에서 정하면 그것을 어디에서나, 어떤 아동에게나 똑같이 행해왔다. 그래서 소위 획일적이 되어 교육 실제의 장에서 창의나 탐구가 이루어질 여지가 없었다.https://www.nier.go.jp/guideline

이처럼 1947년 문부성이 발표한 '학습지도요령'(일반편, 시안)에는 당시 일본이 표방했던 교육의 방향이 잘 나타나 있다. 종래의 교사 중심의 획일적 교육 방식을 탈피해 교육현장의 상황에 맞는 교육 방침이 제시되었고, 교육현장에는 미국의 교육이론, 특히 듀이의 프래그머티즘을 바탕으로 하는 '신교육'이 도입되었다. '교과서를 가르친다'에서 '교과서를 학습시킨다'는 구호 아래, 교사를 중심으로 전개되는 지식의 주입과 전달이 아닌 아동의 생활 경험을 바탕으로 문제를 해결해 나가는 활동이 강조되었고, 이에 따라 교육과정에 '자유연구'가 신설되어 아동중심주의, 경험주의 교육관이 학교현장에 도입되었다. 이는 교사의 자주성·창의성을 인정하는 방향으로 전개되었고, 이런 영향으로 지역성을 고려한 교육계획 및 교재와 지도법 등이 강조되었다.飯島裕三, 2005: 127-128 이처럼 전후 미군정기의 교육개혁은 이전의 군국주의나 국가주의를 지향하는 중앙집권적 교육의 틀에서 벗어나 지역이나 교사 및 학습자를 중심으로 하는 교육을 지향하였다. 이러한 분위기에서 이전의 생활철방교육이나 북방성교육운동이 재평가되고 신교육 및 신흥교육이 부활되는 계기가 마련되기도 하였다.

3. 1980년대 이후 공교육 개혁

1) 여유교육의 등장

패전 직후 일본의 교육 방침은 GHQ의 지휘 아래서 학습자 중심의 소위 '신교육'을 강화해갔지만, 1952년 일본이 미군정에서 벗어나자 아동의 경험을 중시했던 점령기 교육에 대한 비판이 고조되었다. "회의 운영을 잘하고 자신의 의견을 활발히 말하는 것은 가능하지만, 딱 부러진 편지를 쓰지 못하고 도청소재지를 알지 못하는 아이들을 키우고 있는 것은 아닌가"라는 부모들의 문제 제기와 함께, 1957년 소련의 인공위성 발사로 인한 충격은 아동의 경험에 바탕을 둔 교육으로 고도의 과학적 지식을 습득하도록 하는 것은 불가능하며 일본의 국제경쟁력을 강화시키기 어렵다는 비판 등이 이후 학습지도요령의 개정에 반영되기에 이르렀다.

[그림 1]은 1950대 이후 문부성이 공식적으로 추진했던 학습지도요령 개정 상황을 나타낸 것이다.http://www.mext.go.jp/

1958년에 개정된 학습지도요령은 '고시' 형식으로 발포되어 법적 구속력을 갖게 되었는데, 이때 추구되는 인간상은 다음과 같았다.

> 국민으로서 바른 자각을 가지고 개성 풍부한 문화의 창조와 민주적인 국가사회 건설에 힘쓰고, 국제사회의 존경과 신뢰를 받을 수 있는 일본인의 육성

개인보다는 국민, 사회, 국가 등이 강조되었고 국제사회에서 일본인이 차지하는 위상을 높이기 위한 교육이 기본 방침으로 제시되었다. 이를 위해 학습지도요령에는 도덕 시간의 신설과 함께 기초학력을 충실히 하고 과학기술교육을 강화해야 한다는 내용이 포함되었다. 초·중학교에는 '도덕'이, 고등학교에는 '윤리사회'가 신설되어 사회질서를 유지하고 강화하기 위한 교육의 필요성이 강조되었다. 이러한 취지의 교육은 1960년대 후반에 개정된 학습지도요령에서도 그대로 나타났다. '교육 내용의 현대화'라는 기치 아래 기초·기본적 지식과 기능이 중시되었고 판단력·창조성·정조·강한 의지 등이 국가와 사회를 위해 필

```
┌─────────┐
│1958~1960년│   교육과정 기준의 성격 분명히 함
│  개정    │   •도덕 시간 신설, 기초학력 충실. 과학기술교육 향상 등
└─────────┘   •계통적 학습을 중시
     ⇩
┌─────────┐
│1968~1970년│   교육 내용 한층 향상('교육 내용의 현대화')
│  개정    │   •시대의 진전에 따른 교육 내용 도입
└─────────┘   •산수에서 집합의 도입 등
     ⇩
┌─────────┐
│1977~1978년│   여유 있는 충실한 학교생활의 실현=학습 부담의 적정화
│  개정    │   •각 교과 등의 목표·내용을 중핵적 사항으로 묶음
└─────────┘
     ⇩
┌─────────┐
│ 1988년   │   사회 변화에 스스로 대응할 수 있는 풍부한 마음을 가진
│  개정    │   인간 육성
└─────────┘   •생활과의 신설, 도덕 교과의 충실
     ⇩
┌─────────┐
│1998~1999년│   기초·기본을 확실하게 몸에 익혀 스스로 배우고
│  개정    │   스스로 생각하는 힘 등의 '살아가는 힘'의 육성
└─────────┘   •교육 내용 엄선, '총합적 학습 시간' 신설
     ⇩
┌─────────┐
│ 2003년   │   학습지도요령의 목표를 실제적 관점에서 구체화
│ 일부 개정 │   •학습지도요령에 제시되지 않은 내용을 지도할 수 있게 명료화
└─────────┘   •소학교 달성도별 지도, 초·중학교 보충·발전학습 추가
     ⇩
┌─────────┐
│2008~2009년│   '살아가는 힘'의 육성, 기초적·기본적 지식·기능의 습득,
│  개정    │   사고력·판단력·표현력 등의 균형 있는 육성
└─────────┘   •수업시수 증가, 지도 내용 충실, 소학교 외국어 활동 도입
     ⇩
┌─────────┐
│ 2015년   │   도덕의 '특별교과'화
│ 일부 개정 │   •복수정답의 과제에 아동이 도덕적으로 마주할 수 있도록 생각하
└─────────┘    고 토론하는 도덕교육으로 전환
```

[그림 1] 학습지도요령의 변천

요한 능력으로 강조되었다.

이 과정에서 학습자 중심 교육보다는 효율성을 강조하는 교육 방식이 전개되었고, 학교교육은 수월성과 경쟁을 강화시키는 방향으로 전개되었다. 1970년대 대학진학률 상승에 따른 '낙제' 및 '유급', 그리고 교내폭력·이지메·학급붕괴·부등교 등의 문제가 사회적으로 커다란 반향을 일으켰는데, 이는 '획일적 교육', '주입식 교육', '관리 위주의 교

육'으로 운영되었던 당시 공교육 시스템의 부작용으로 나타난 것이었다.影山昇, 1998: 100 이에 따라 국가가 책임지고 담당해왔던 공교육 시스템의 효과에 관한 논의가 표면화되었고, 국민교육에 대한 국가의 책임을 약화시키면서 국가가 원하는 인재를 효율적으로 관리할 수 있는 시스템 구축이 요청되었다.

이 과정에서 사회적 이슈가 되었던 학습자의 부적응 문제는 1970년대 후반의 학습지도요령 개정에서 '여유 있는 학교생활의 실현', '학습 부담의 적정화', '교과의 목표·내용의 중핵화' 등을 핵심으로 하는 교육 방침의 전환을 가져오는 계기가 되었다. 즉, 학습자의 교육 부담을 완화함으로써 학습자의 학교 이탈을 방지하고 학교생활에 적응할 수 있도록 한다는 것이었다. 이때 제시된 것이 '여유교육'과 '학습 시간 및 교육 내용의 축소'였고, 이러한 방침이 제시된 학습지도요령은 1980년대 초에 각급학교의 교육현장에 적용되었다.

2) 종합적 학습 시간의 신설과 강화

1980년대 중반부터 학교현장에 본격적으로 도입되기 시작한 신자유주의적 논리를 배경으로 국가의 교육 권한을 학습자나 학부모에게 이양시키는 교육의 슬림화 정책이 시행되었다. 주5일제 수업의 시행으로 인한 수업 시간 감소는 학교현장에서 '교육 선택의 자유'나 '스스로 배우는 힘의 육성'이라는 '학습자 중심의 교육관'으로 포장되었다. 이러한 맥락에서 개정된 1989년의 학습지도요령은 다음과 같은 점이 강조되었다.

학교교육과정을 추진하는데 스스로 배우는 의욕과 사회 변화에 주체적으로 대응할 수 있는 능력의 육성을 꾀함과 동시에, 기초적·기본적 내용의 지도를 철저히 하고, 개성을 살리는 교육의 충실에 노력해야 한다.^{学習指導要領総則, 1989}

이는 1989년 소·중학교 학습지도요령 총칙의 일부로 "인간으로서 아동의 조화로운 육성을 목표로 지역과 학교의 실태 및 아동의 심신 발달단계와 특성을 충분히 고려해 적절한 교육과정을 편성한다"는 기본 방향 다음에 나오는 내용이었다. 그런데 '스스로 배우는 의욕'이나 '주체적으로 대응할 수 있는 능력의 육성', '개성을 살리는 교육의 충실' 등은 1989년 이전의 학습지도요령에는 없는 내용이었다. 이런 의미에서 이 학습지도요령에서 제시된 학력관은 '신학력관'^{文部省, 1991}이라 불렸다. 여기에는 표면적으로 "사회의 급속한 변화가 이미 배운 내용을 곧바로 낡은 것으로 만들어버린다"는 문제의식이 있었고, 변화에 대응할 수 있는 능력의 함양이 필요하다는 인식이 자리 잡고 있었다. 그래서 학습 내용으로 체험학습이나 문제해결학습이 강조되었고 교사의 역할도 종래의 '지도'에서 '지원'하고 '원조'하는 방식으로 전환되고 있었다.^{新しい学力観に立つ教育の推進: http://www.mext.go.jp}

그러나 이러한 신학력관에 근거해 제시된 '스스로 배우는 의욕', '주체적으로 대응할 수 있는 능력의 육성', '개성을 살리는 교육의 충실' 등의 구호가 과연 진정한 학습자 중심의 교육을 지향하고 있는가에 대해서는 논란의 여지가 있다. 오리데 겐지^{折手健二(1994)}는 신학력관에서 제시한 '스스로 배우는 의욕'이 '사회에 주체적으로 대응'하기 위해 필요하다는 논리는 수동적 '주체'관에 근거한 것이라 설명한다. 즉, 국가에 의해 제시된 목적이나 변화의 방향으로 나아가는 주체는 학습자 스스로이며, '기초적·기본적 내용'은 '학문·기술에 대한 기초·기본'이 아니라 국민으로서 필요한 태도나 모습이 '기초·기본적 내용'이 된다는 것이다.

이러한 논리는 1998~1999년에 개정되어 2002~2003년에 각급학교에서 시행되었던 학습지도요령으로 이어졌다. 이는 문부성이 공식적으로 표방한 다섯 번째 학습지도요령 개정이었다.

각 학교에서 아동에게 살아가는 힘을 갖도록 할 것을 목표로…… 스스로 배우고 스스로 생각하는 힘의 육성을 꾀함과 동시에 기초적·기본적 내용의 확실한 정착을 꾀하고, 개성을 살린 교육의 충실에 노력해야 한다. 学習指導要領総則, 1998

여기서 강조된 것은 '살아가는 힘'을 갖도록 스스로 배우고 생각하는 주체적 힘의 육성이었다. 이를 위해 '종합적 학습 시간'이 신설되었다. 여기서 학습자는 ① 스스로 과제를 발견하고, 스스로 배우고, 스스로 생각하고, 주체적으로 판단하고, 문제를 더욱 잘 해결하는 자질과 능력을 키우며, ② 배우는 방법과 가르치는 방법을 몸에 익히고, 문제 해결이나 탐구활동에 주체적·창조적으로 몰두하는 태도를 키우고, ③ 자신의 삶을 스스로 꾸려나가는 존재여야 했다. 이러한 내용은 2003년의 '학습지도요령 일부 개정'을 통해 더욱 강화되는 양상을 보였다.

기초적·기본적 내용의 확실한 정착을 꾀함과 동시에…… 아동과 생도에게 지식이나 기능에 더해 배우려는 의욕이나 자신의 과제를 발견해 스스로 배우고, 주체적으로 판단하고, 행동하고, 문제를 해결하는 자질이나 능력 등 확실한 학력을 육성하고, 살아가는 힘을 포함한 신학습지도요령의 목표를 한층 실현……. 学習指導要領 一部改正, 2003

여기서는 이전의 학습지도요령을 더욱 명료화한 것으로 '배우려는 의욕'이나 '확실한 학력', '살아가는 힘' 등의 핵심어를 활용해 일본 정부가 지향하는 인재상이 제시되었다. 이와 함께 '종합적 학습 시간'을 더욱 강화한다는 방침도 내려졌는데, 학습자의 학습 상황에 따라 교사의 적절한 지도가 필요하다는 점이 강조되었다. 더불어 학교도서관의 활용, 다른 학교와의 연계, 각종 사회교육 시설이나 사회교육 관계단체와의 연계, 지역의 교재나 학습 환경의 적극적 활용 등을 제시함으로써 종합적 학습 시간의 영역을 확대하도록 하였다.

3) '탈여유교육'의 선언과 '여유교육'의 종언

2003년의 학습지도요령 개정에 제시되었던 '확실한 학력'과 '살아가는 힘'은 이후 일본의 국가교육 방침을 지탱하는 두 가지 중요한 키워드가 되었다. 2008~2009년에 문부성은 유아·초·중학교를 대상으로 학습지도요령안을 고시했다.

> 각 학교에서 아동에게 살아가는 힘을 갖도록 할 것을 목표로……
> 기초적·기본적 지식 및 기능을 확실히 습득시키고, 이것을 활용해
> 과제를 해결하기 위해 필요한 사고력·판단력·표현력, 기타 능력을
> 가짐과 동시에, 주체적으로 학습에 몰두하는 태도를 키우고, 개성을
> 살린 교육을 충실히 노력해야 한다. 그때 아동의 발달단계를 고려해,
> 아동의 언어활동을 충실히 함과 동시에, 가정과 연계하면서 아동의
> 학습습관이 확립되도록 배려해야 한다. 学習指導要領総則, 2008

여기서 강조되었던 것은 기존의 '살아가는 힘', '기초적·기본적 지식

및 기능'의 습득과 함께 '사고력·판단력·표현력'을 통한 주체적인 학습 태도의 함양이었다. 이들 핵심 용어 사이의 관계를 보면 [그림 2]와 같다.http://www.mext.go.jp/ 여기서 '살아가는 힘'이란 학습자의 '지·덕·체'가 균형 잡힌 상태를 말하며, 이 가운데 '확실한 학력'이란 '기초·기본'을 확실히 하기 위해 주체적으로 판단하고 행동하는 자질과 능력을 포함하는 것이었다.

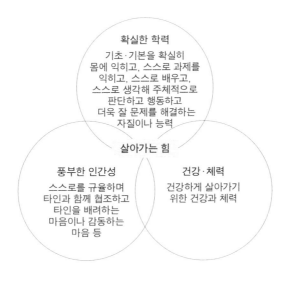

[그림 2] 살아가는 힘의 구조

이를 위해 그동안 비판의 대상이 되었던 '여유교육'은 '주입식 교육'과 대비되는 개념으로 정의되어 교육현장에서 배제되었고, 일본 정부의 교육 방침은 '확실한 학력'을 갖추는 데 필요한 수월성 교육을 강화하는 방향으로 나아갔다. 이때의 학습지도요령에는 ① 세 번째 학습지도요령 이후 계속 감소되었던 수업 시간이 대략 30년 만에 증가(소학교의 경우 6년간 278시간, 중학교는 3년간 105시간)한 것, ② 1990년대 이후 강화되었던 '종합적 학습 시간'이 삭감되는 대신 주요 교과(국어, 산

수·수학, 이과, 사회, 영어) 및 보건·체육 수업 시간이 늘어난 것, ③ '외국어 활동' 시간을 신설(소학교)하고 영어로 수업을 진행(고교)하는 것, ④ 전통·문화 교육을 강화하며 일본국 영토에 관한 교육을 충실히 진행하는 것 등의 내용이 포함되어 있는데, 이는 그동안 추진해왔던 '여유교육'의 노선 포기를 분명히 한 것이었다.^{https://ja.wikipedea.org} 그러면서도 여전히 '문제해결학습', '체험적 학습', '수치평가가 아닌 아동의 도덕성에 관한 성장 상태의 파악' 등의 구호를 강조함으로써 일본 정부의 교육 방침이 학습자 중심 교육을 지향하고 있다는 듯한 인상을 준다는 점에도 유의할 필요가 있다.

4. 공교육 개혁의 특징과 한계

일본에서 공교육 개혁의 흐름은 외형상 학습자의 흥미·관심·선택을 강조한다는 측면에서 '진보교육'이 표방하는 특징을 지니고 있지만, 아동 중심적 교육사상이나 교육 기회의 평등, 그리고 교육을 통한 사회적 책임을 제대로 수행하고 있는지에 관해서는 단언하기 어려운 측면을 지닌다. 흔히 일본의 진보교육은 미국의 진보주의 교육의 영향을 받아 전개된 다이쇼 자유교육운동과 전후 '신교육'운동으로 대변된다.

다이쇼 자유교육운동은 다이쇼 데모크라시 시기의 참정권 운동이나 남녀평등 운동, 부락차별해방운동, 그리고 언론·집회·결사의 자유 획득 운동 등에 영향을 받아 전개된 교육개조운동이었다. 기존의 중앙집권적이고 획일적인 교사 중심의 교육 방식을 대신해 아동의 자유나 자발성을 중시하는 교육 방법이 발표되었고, 이를 실천에 옮기기 위해 새로운 형태의 학교가 설립되었다.

그런데 앞에서 살펴보았듯이 다이쇼 자유교육의 맹아는 메이지 시기부터 싹트고 있었다. 서구의 영향을 받은 진보적인 교육론이 허구치 간지로나 다니모토 도메리에 의해 소개되어 교육현장에 도입되었지만, 이들이 전개했던 교육론은 교육 방법으로서 학습자의 활동을 중시하는 것이었을 뿐, 그 목적은 국가에 필요한 인재를 효율적으로 양성하기 위한 수단적 기능을 담당하는 것이었다. 즉, 이들의 교육론이 당시의 체제를 뒷받침하는 역할을 했던 헤르바르트 교육학이나 국가주의 교육론을 부정함이 없이 서구의 진보적인 교육론을 수용했다는 점에서 교육 실천의 목적이 진정한 학습자 중심의 교육에 있었다고 보기 어렵다는 점을 말해준다.

이러한 모습은 다이쇼 자유교육운동에서도 나타난다. 당시 다이쇼 자유교육운동이 전국적으로 보급되는 데 큰 역할을 했던 '팔대교육 주장' 강연회의 강연자들은 대부분이 대학교수나 중등학교 교사로 교육현장에서 학습자 중심의 교육 방법을 실천에 옮기는 인물들이었다. 그러나 이들의 주장에서 국가의 교육 방침이나 교육 시스템의 한계를 제시한 경우는 찾아보기 어렵다. 오히려 아동의 삶에 기반을 둔 진정한 의미의 아동 중심의 교육은 1920~1930년대를 중심으로 학교 밖에서 일어나고 있었다. '아카이 토리' 운동이나 '생활철방운동'은 아동이나 청년이 스스로 보고, 듣고, 느끼고, 생각한 것을 글로 표현하도록 하는 과정을 통해 국가의 교육 방침을 비판적으로 견지하면서 이들이 스스로의 삶을 꾸려나가도록 했다는 점에서 진정한 학습자 중심 교육을 지향하는 것이었다고 보아야 할 것이다.

이러한 연장선상에서 패전 직후 미군정기의 교육개혁은 듀이의 진보주의 교육의 사상 및 교육 방법이 전국적으로 보급될 수 있도록 하였다. GHQ의 지휘 아래 추진된 이러한 시도가 비록 짧은 기간에 머무는 것이기는 했지만, 이전의 획일적이고 중앙집권적인 교육 방침을 대신해 교육현장의 지도성이 우선시되었고 교재나 지도법도 지역성을 고려한 독창성이 장려되었으며, 군국주의적이고 국가주의적인 교육체제 아래서 억제되었던 신교육이나 생활철방교육을 재평가하는 계기가 되었다는 점은 학습자 중심 교육의 의미를 재검토할 수 있는 기회가 되었다.

그러나 1950년대 중반 이후 GHQ로부터 주권을 되찾은 일본에서 점령기 교육에 대한 비판의 고조, 소련이 발사한 인공위성으로 인한 충격, 그리고 1960~1970년대 고도경제성장기의 도래 등은 이후 일본에서 학습자 중심 교육이 활성화되기 어려운 조건이 되었다. 학교교육을 통해 사회가 필요로 하는 인재의 육성이 강조되었고, 소련의 인공위성 발사로 야기된 국제경쟁력 강화가 수월성 교육의 요구로 이어졌다. 이에 따라 학교에서는 학습자의 흥미나 관심보다는 지식의 계통적 전달이 우선시되었고, 학생의 학력이 지식과 기술의 습득으로 결정되었다. 이러한 현상은 학교교육에 적응하지 못하는 다수의 학생을 양산해 사회문제화되었고, 공교육 시스템을 재고해야 한다는 논의를 불러일으켰다.

이에 일본 정부는 2010년대 초에 개정된 학습지도요령에서 '여유교육의 종언'을 고하기까지 약 30여 년간 '여유교육'을 교육 방침의 기본으로 삼았다. 1980년대 초 각급학교에 시행된 학습지도요령에서 학습 내용과 수업시수를 삭감하고 '여유와 충실', '여유와 윤택함'을 슬로건으로 한 것을 시작으로, 1980년대 중반에 이루어진 임시교육심의회에서 여유교육의 기본이 되는 4개의 답신-개성 중시의 원칙, 생애학습 체계로의 이행, 국제화·정보화 등 변화에 대응 등-을 내었으며, 2000년대 초부터 각급학교에 시행된 학습지도요령에서 학습 내용 및 수업

시수의 30% 삭감, 학교 주5일제의 완전 실시, '종합적 학습 시간'의 신설, '절대평가'의 도입 등 '여유교육'을 실질적으로 시행하는 방침을 추진해갔다. 이 과정에서 1990년대 초부터 시행된 학습지도요령이 채택했던 '신학력관'은 학습자 중심의 교육을 강고히 추진해나가는 이론적 배경이 되었다.

'여유교육'으로 대변되는 이러한 변화는 공교육 시스템에서 교육의 중심을 학습자에게 돌리는 모양새를 갖추고 있다는 점에서 아동 중심 교육, 혹은 진보적 교육의 승리로 평가되기도 했다. 그러나 최근 '여유교육'의 이론적 배경이 된 '신학력관'이 '기초·기본을 경시하여 학력 저하의 원인'이 되며, '관심·의욕·태도의 객관적 평가'가 곤란하고, '수업에서 손드는 횟수 등으로 관심·의욕·태도를 측정'한다는 비판도 함께 제기되었다. 더불어 OECD 학생학습도달도조사PISA(2003), 전국학력·학습조사(2007), 국제수학·이과교육조사TIMS(2007), 그리고 OECD 학생학습도달도 조사PISA(2009) 등의 결과는 일본 정부가 '신학력관'에 기초한 교육 방침을 재고하지 않을 수 없게 하는 요인이 되었다. 2010년대 초에 각급학교에서 시행된 학습지도요령은 '여유교육의 종언'을 표방했고, 교육의 기본 방침은 '확실한 학력'을 바탕으로 하는 '살아가는 힘'의 육성으로 정해졌다. 이러한 학습지도요령의 변화과정에서 학습자는 스스로의 자발성을 바탕으로 지식과 기술을 습득하며, 국가가 세운 목적을 달성하기 위해 스스로 문제를 발견하고 탐구하고 해결하는 존재로서 위치 지어졌다.

지금까지 논의했던 일본 교육개혁의 역사에 대한 고찰은 결국 '교육이란 무엇인가' 혹은 '교육이란 무엇이어야 하는가'에 대한 것으로 귀결된다. 우리에게 지금까지 익숙했던 교육은 국민의 교육 수준을 일정 수준까지 끌어올려 국가에 필요한 인재를 공급한다는 근대 공교육의 이념을 전제로 한 것이었다. 이러한 교육의 모습이 개인의 행복이나 전인적 발달보다는 있을지도 모르는 미래를 위해 교육활동 그 자체를 도구화시키고 타자와의 경쟁을 부추기는 방식으로 개인의 삶을 기획해갔다는 점은 우리에게 부인할 수 없는 사실로 다가온다. 이에 대한 비판은 19세기 말부터 20세기 초에 걸쳐 전 세계적으로 파급되었던 신교육운동 혹은 진보주의 교육운동에서부터 나타나고 있었지만, 일본에서의 공교육 개혁은 문제의 원인을 해소하려 하기보다는 겉으로 드러나는 양상만을 바꾸는 데 치중함으로써 진정한 학습자 중심 교육의 실현을 불가능한 방향으로 이끌어가는 양상을 띠고 있다. 마이클 애플M. W. Apple은 "민주학교는 인본주의적이고 학생 중심적으로 운영되지만, 인본주의적이고 학습자 중심적 교육을 표방한다고 해서 모두 민주학교는 아니다"마이클 애플, 2015: 35라고 말한 바 있다. 이는 주체적이고 능동적 학습을 강조하는 교육이 반드시 학습자를 위한 교육이나 주체적 시민을 양성하기 위한 교육이 되지 않을 수 있다는 점을 시사한다. 따라서 학습자 중심의 교육을 표방하는 다양한 방법들이 학습자 간의 경쟁을 심화시키고 국가 지배의 논리를 더욱 강화하는 결과를 가져오는 것은 아닌지 고민해야 할 것이다. 결국 진보교육의 방향에 대한 논의는 근대 공교육 시스템의 실효성에 대한 논의이며, 21세기를 사는 현재의 우리에게 맞는 교육 시스템의 구축에 대한 논의이기도 하다는 점에서 중요한 의미를 가진다.

5. 진보적 교육 실천의 사례들

1980년대 중반 이후 일본에서는 신자유주의적 논리를 바탕으로 전개되었던 공교육 개혁에 반발하며 새로운 교육 실천의 움직임이 학교 내외에서 나타났다. 이들 진보적 교육 실천 및 운동은 학교교육에 적응하지 못하는 학생들을 위한 곳, 공교육의 이념에 반대해 설치된 곳, 그리고 학교교육 내에서 수업 방법의 개혁을 도모하는 곳 등 각자의 목적에 따라 다양한 방식으로 전개되고 있었다. 정부의 인가를 받은 곳도 있고 그렇지 않은 곳도 있다. 그런데 이들 교육 실천 및 운동이 공유하고 있는 특징은 아동 스스로의 자발적 '배움'을 키워드로 하고 있다는 점이며, 국가 및 사회를 위한 교육이나 전국적이며 종합적인 학력조사에 의한 등수 짓기 등이 보이지 않는다는 점이다. 이들 활동은 아동 중심적 교육사상을 바탕으로 교육 기회의 평등과 교육의 사회적 책임까지를 고려해 교육활동을 지향한다는 점에서 앞으로 진보교육이 추구해야 할 방향 설정에 도움을 줄 수 있으리라 기대한다. 이들 교육 실천에 참가하는 학생·교사·부모에게 '교육'이란 어떤 의미를 가지는 것일까? 이러한 움직임이 공교육에서 지향하는 바와 다른 점은 무엇인가?

여기서는 공교육의 틀 내에서 이루어지는 수업개혁의 형태와 공교육의 틀에서 벗어난 대안적 교육 방식으로 진행되는 형태를 통해 진보적 교육 실천 및 운동의 특징을 살펴보고, '학습자 중심 교육'의 요소가 무엇인지 탐색해보고자 한다.

1) 배움의 공동체

사토 마나부佐藤学를 중심으로 전개되는 '배움의 공동체学びの共同体' 운동은 1980년대부터 동료들과 함께 수업연구나 교사연구를 지속해왔던 사토 교수가 '배움'을 학교개혁의 이념으로 제창하며 전개한 일

련의 수업개혁 또는 학교개혁 운동을 말한다. 여기서 말하는 '배움'이란 대상 세계와의 만남과 대화를 통한 '활동action', 타자와의 만남과 대화를 통한 '협동collaboration', 자기 자신과의 만남과 대화를 통한 '반성reflection'이 삼위일체가 되어 수행되는 '의미와 관계의 재맥락화re-contextualization'의 영속적 과정으로 정의된다.杉浦健·奥田雅史, 2014: 5 즉, '배움'이란 '나'를 둘러싼 환경과 타자 사이의 끊임없는 상호작용과 이를 통한 반성적 성찰의 결과라는 것이다.

> 학교는 아동이 서로 배우고 자라는 장소일 뿐 아니라, 교사도 전문가로서 서로 배우고 자라는 장소이고, 보호자나 시민도 개혁에 협력하고 참가하며 서로 배우고 자라는 장소이다. 우리들은 한 사람도 빠짐없이 아동이 배울 권리를 실현하고, 한 사람도 빠짐없이 교사가 교육 전문가로서 성장하고, 대다수의 보호자나 시민이 학교에 신뢰관계를 구축하는 개혁을 추진한다. 이 개혁을 통해 우리들은 한 사람도 남김 없는 배움의 주권자가 되는 민주주의 사회를 기대한다.http://japan.school-lc.com

'배움의 공동체'가 가진 이러한 비전에 따라 교실에서 아동은 '협동적 배움'을 실현하고, 학교 내에서 교사들은 '동료성'을 구축하며, 보호자나 시민은 '학습에 참가'하는 실천적 활동을 추진하고 있다.

> 현재 3,500교가 배움의 공동체를 실천하고 있고, 200개 정도의 거점 학교가 있으며, 시 단위의 세미나가 약 200군데에서 실시 중이다. 약 100명의 수퍼바이저가 개혁을 지원하고 있다.사토마나부, 2009: 38-39

이처럼 '배움의 공동체'가 확장될 수 있었던 배경에는 1998~1999년에 개정된 학습지도요령에서 제시한 '종합적 학습 시간'의 설치가 있다. 일종의 재량활동이라 할 수 있는 이 시간을 활용해 교사들은 '배움의 공동체'가 표방하는 수업 방식을 적용해볼 기회를 가질 수 있었고, 학습자 중심의 교육을 제도적 교육의 틀 내에서 실천해볼 수 있었다.

그러나 '배움의 공동체'가 '수업개혁을 통해 학교를 개혁한다'는 것을 슬로건으로 표방하고 있지만, 수업이 이루어지는 교육 및 학교 시스템의 변화 없이 수업에서의 개혁만을 통해 민주주의 사회가 이루어질 수 있을지에 관해서는 더 많은 논의가 이루어져야 할 것이다. 이는 진정한 학습자 중심 교육의 실현을 위해 제도가 갖는 제약을 벗어던지고 학교 밖의 교육을 선택하는 많은 사람들이 고민하는 문제이기도 하다.

2) 기노쿠니 아이들마을 학원

오사카 시립대학 교수였던 호리 신이치로堀真一郎를 중심으로 전개되는 기노쿠니 아이들마을 학원きのくに子どもの村学園은 영국의 서머힐학교를 모델로 창립된 학교법인으로, 사상적으로는 A. S. 닐과 존 듀이의 흐름을 따르고 있다.

우리들은 어떤 아이라도 감정, 지성, 인간관계의 모든 면에서 자유롭게 자라나기를 바란다.http://www.kinokuni.ac.jp

이 학원은 1992년 와카야마현和歌山県橋本市에서 출발했는데, 1945년 이후 학교법인으로 공식 인가받은 최초의 자유학교로 알려져 있다. 이 학원에서는 자기결정의 원칙, 개성화의 원칙, 체험학습의 원칙에 따라 학습계획, 행사 기획, 학급 선택 등의 활동을 학습자 스스로 결정하도록 하며, 개성이나 개인차를 존중해 다양한 학습활동의 기회가 제공되고, 직접 체험이나 실제 활동을 중시하는 학습이 진행되고 있다. 이 학원의 특징적 프로그램 가운데 하나가 '프로젝트' 활동인데, 수학여행이나 해외연수가 짧게는 4박 5일, 길게는 1개월에 걸쳐 진행되기도 하며, 2개월에 걸쳐 스코틀랜드의 키르크하니티 아이들마을에 체제하는 프로그램도 운영하고 있다.http://www.kinokuni.ac.jp

  초등학교의 전체 수업은 주당 프로젝트 14시간, 기초학습 7시간, 자유선택 6시간 등과 더불어 전교생 모임으로 구성된다. 이 가운데 2014년도에 계획되었던 프로젝트의 주제는 '극단 기노쿠니'(표현), '공무점'(목공, 원예), '재미있는 요리점'(食의 표현), '농장'(농업), 'craft 관'(목공, 도예) 등이었다. 이들 활동 및 주제는 학급의 이름이 되는데, 각 학급은 매년 4월에 기획되는 프로젝트의 내용에 따라 구성된다. 이 과정에서 각 학급에 다양한 연령과 다양한 학년의 친구들이 모이게 되는데 이것이 프로젝트 활동의 특징이 된다. 중학교의 전체 수업은 주당 프로젝트 12시간, 개별 학습 2시간, 자유선택 3시간과 더불어 전교 모임으로 구성된다. 중학교에는 5개 학급이 있는데, 아이들은 더욱 전문적이고 추상적인 일에 도전할 기회를 갖게 된다. 2012년에는 도구제작소(도구의 연구와 제작), 동식물연구소(자연과 살기 연구), 전자공작소(전자공작), 와라지 구미ゎらじ組(환경문제·국제이해), 뮤지컬·극장 기노쿠니(표현) 등의 프로젝트(학급)가 구성된 바 있다.http://www.kinokuni.ac.jp

3) 가마쿠라 바람의 학원

  가마쿠라 바람의 학원鎌倉·風の学園은 1983년 가나가와현神奈川県

의 가마쿠라시에서 활동하던 민간교육기관 '가마쿠라 지역교육센터'가 1996년부터 고교생에 해당하는 아이들을 대상으로 3년 과정의 학교로 개교한 것에서 시작되었다. 이 학원에서 교육은 모든 국민을 위한 인재 육성이 아니라 각 개인의 인격 완성을 꾀하는 것을 의미한다. 학습자끼리의 '서로 배운다'는 기본 원칙 아래 학습자가 주체의식을 가지고 본래 가지고 있는 학습의 가능성이나 개인의 소질을 끌어내기 위한 작용을 교육이라고 보는 것이다. 따라서 이 학원의 교육 목표는 '인간으로서 넓은 시야를 가지고 통일적 전망을 할 수 있는 자기형성력을 키'우는 것이다. 이를 위해 자율적 학습자의 육성 및 지원과 더불어 개별적 학습 카운슬링의 교육 방법을 강조하고 있다.柳下換.
http://222.kase.gr.jp

특히, 이 학원에서는 '기록하고 토론하며 실증'해나가는 학습의 과정을 중시한다. ① 학생들이 일상생활에서 자신이 학습해야 할 내용을 골라낼 수 있는 힘을 기르는 것을 목표로 월별학습기록표나 교과이수표를 제출하도록 하며, 자신의 학습 내용 결정에 곤란을 겪는 학생들을 위해 온라인을 통해 상담활동을 전개하고 있다. ② 학생들이 자신만의 문제를 설정하면 그다음에 자연적으로 나오는 것이 '왜 그런 것인가?'라는 의문인데, 이에 관해 자기 나름으로 가설을 세워보는 작업이 진행된다. 이 과정은 가설을 만들어가는 힘을 양성한다는 점에서 중요한데, 필수 세미나, 순회 스쿨링, 웹상의 토론 전용 게시판 등을 통해 학생들은 가설을 세우고 이에 관해 토론할 기회를 갖게 된다. ③ 학생들이 머리로 생각한 것을 실제 사회나 필드에서 실행하고 확인해보는 과정이 다음으로 이어진다. 자신이 세운 가설이 맞는지 틀리는지를 자신이 실제로 해 보고 그 과정을 검증해 보는 활동을 위해 필드워크가 진행된다. 테크니컬 코스의 경우 시즌마다 '농업실습',

'서바이벌 캠프' 등의 프로그램을, 리버럴 코스의 경우는 연도 말에 학습보고회 등의 기회를 마련하고 있다. ④ 실제로 확인된 다양한 배움을 논리화하려는 시도로, 특히 리버럴 코스에서는 매년 1회의 학습보고회, 논술식 연도 말 도달도 테스트, 또는 졸업시험, 졸업논문, 졸업테마학습 등을 준비하고 있다.柳下換, http://222.kase.gr.jp

이러한 과정에서 이 학원의 학생들은 자신의 생활과 관련된 문제에 관해 가설을 세우고, 실제로 적용해 보고, 그것을 종합 정리해볼 수 있는 기회를 갖게 된다. 이는 학생들이 실제 생활세계에서 마주할 수 있는 다양한 문제를 헤쳐 나갈 수 있는 기반을 만들어준다는 점에서 의미 있는 활동이라 할 수 있다.柳下換, http://222.kase.gr.jp

4) 프리스쿨 도쿄슈레

프리스쿨 도쿄슈레フリ-スク-ル 東京シュ-レ는 NPO법인이 운영하는 부등교, 히키코모리 아이들을 지원하는 학교로, 1985년 학교 밖에서 방황하는 아이들이 머무는 장소, 교류하는 장소에서 출발했다. 개설의 계기는 자기 아이의 등교 거부 경험에서 부모의 교류와 지원의 필요성을 느낀 오쿠치 게이코奧地圭子가 주도한 '등교 거부를 생각하는 회'의 활동이었다. '생각하는 회'의 활동을 통해 부모들은 부등교를 이해하게 되었고, 아이들은 차분함과 기운을 되찾았다. 이들은 '친구를 원한다', '다양한 경험을 해보고 싶다', '더 공부하고 싶다'는 목소리를 내기 시작했고, 이러한 요구에 응하는 방식으로 생겨난 것이 도쿄슈레였다. 도쿄슈레는 1999년에 특정비영리활동법인(NPO법인)으로 인증을 받았고 이것이 모체가 되어 2006년 학교법인이 되었다. 두 개의 법인은 서로 연계·협력을 하면서, 부등교의 아이들 및 부등교를 경험한 아이들,

그리고 학교 이외에서 배우고 교류하고 싶어 하는 아이들·젊은이의 성장과 생활의 권리를 보장·확대하고, 아이들이 주체적으로 학습하는 방식을 창조·발전시키는 것을 목적으로 삼고 있다.^{http://www.shure.or.jp}

> 우리들은 다양한 사정으로 학교에 다니지 않는·다닐 수 없는 아동들이 안심하고 배우고 자라는 학원을 설립해, 스스로가 가치 있는 존재임을 자각하고, 풍부한 개성과 사회성을 가진 인간의 육성을 건학의 정신으로 정한다.^{東京シュレ学院 '建学精神'}

주된 활동으로 프리스쿨, 에듀케이션 네트워크, 자주 '대학' 등을 운영하고 있으며, 문제 당사자·경험자·보호자·가족에 대한 지원과 상담을 행하고 있다. 이를 통해 어떤 아이의 권리도 존중되는, 아이와 어른이 신뢰할 수 있는 사회 만들기를 지향하고 있다. 이를 위해 도쿄슈레는 다음과 같은 방침 아래 운영되고 있다.^{http://www.shure.or.jp}

> ① 프로그램은 아이들이 참가해 만든다. ② 다른 연령의 아이들과 함께 배운다. ③ 체험이나 활동에서 많은 것을 배운다. ④ 생활 가운데 배운다. ⑤ 어떤 공간에서도 기초학습이 가능하도록 수업시간을 설치하고, 아이들 각자의 학력이나 수준에 맞추어 개별 학습 시간을 만들 수 있으며, 직원과 상담해 학습계획을 진행한다.

---

1. NPO법인 정관 제3조(목적): 이 법인은 프리스쿨의 운영을 중심으로 학교에 다니지 않는 아이들과 그 부모를 지원하는 다양한 활동을 통해, 부등교 아동 및 부등교를 경험한 아이들과, 학교 밖의 배움·교류를 기대하는 젊은이의 성장과 생활의 권리를 보장·확대하고, 아동 주체의 교육의 모습을 창조·발전시켜, 학력사회의 변혁에 기여하는 것을 목적으로 한다.

도쿄슐레는 '프리스쿨 도쿄슐레', '도쿄슐레 가츠시카중학교', '홈슐레', '슐레대학', '도쿄슐레 고교코스' 등의 활동과 더불어 '부모·보호자를 향한 상담지원활동' '이해확대·사회발전에 대한 활동'을 행하고 있다.

이들 교육 실천이 의미 있는 것은 '배움'의 목적이 학습자 스스로의 삶을 개척하는 데 있으며, '배움'의 내용은 이런 목적을 달성하기 위해 '배우는 힘学びの力'뿐 아니라 '배우는 방법学び方'과 '배우려는 힘学ぼうとする力'까지를 모두 포괄한다는 점이다.柴田義松, 1998 이렇게 설정된 '배움'의 목적과 내용을 표준화된 기준에 따라 측정한다는 것은 불가능에 가까운 일이다. 따라서 학습자 중심 교육이 진정한 의미를 되찾는다는 것은 교육이 국가나 사회를 위한 것이 아니라 개인의 삶의 영위에 의미 있는 활동이 되도록 구성되어야 한다는 것을 의미하는 것이라 할 수 있다.

지금까지 살펴본 다양한 진보적 교육 실천은 아동이 자신의 삶을 영위하는 데 필요한 내용을 교육과정으로 삼고 있다는 점에서, 공교육이 추구하는 수월성 교육이나 효율성 교육과는 차이를 보인다. 더불어 교육과정 가운데 비판적 사고, 문제해결의 과정, 그리고 역사의식을 강조하는 내용까지를 포함한다는 점에서 진보교육과 일치된 지향을 공유하고 있다고 보아야 할 것이다.

■ 참고 문헌

강흥재(2010). 「일본의 새 학습지도요령에 관하여」. 『한국일본교육학연구』 14(2), 21-37. 한국일본교육학회.

김소영(2011). 「신자유주의적 개혁에서의 공교육 체제와 정치적 불평등」. 『현대정치연구』 4(2), 139-162.

마이클 애플. 강희룡 옮김(2015). 『민주학교』. 살림터.

사토 마나부. 손우정 옮김(2009). 『교육개혁을 디자인한다』. 학이시습.

사토 마나부·한국배움의공동체연구회(2014). 『교사의 배움』. 에듀니티.

신인영(2002). 「한국의 신자유주의 교육개혁 비판과 교육공공성 논리의 정당성 탐구」. 『교육학연구』 40(5), 73-94. 한국교육학회.

염철현(2001). 「공교육의 위기와 학교 선택권의 활장」. 『교육학연구』 39(4), 141-154. 한국교육학회.

이제봉(2007). 「신자유주의 교육개혁과 학교 선택제: 미국의 학교 선택제 실시과정에 나타난 이데올로기 갈등과 시사점」. 『교육행정연구』 25(1호), 75-92. 한국교육행정학회.

조성기(2011). 「1990년대 공교육 위기 담론의 사회구조적 맥락과 의미」. 안양대학교 대학원 박사학위논문.

최순자(2008). 「일본의 학습지도요령 개정에 관한 일 고찰-유치원교육요령 개정을 중심으로」. 『한국유아교육·보육행정연구』 12(3), 319-336. 한국유아교육·보육복지학회.

樋口勘次郎(1904). 『国家社会主義新教育学』. 同文館.

橋本美保(2015). 「八大教育主張講演会の教育史的意義」. 『東京学芸大学紀要』 66(1), 55-66.

国谷直己(2014). 「第二次世界大戦前の新教育運動の展開に関する一考察」. 『近畿大学豊岡短期大学論集』 (11), 21-27.

大崎裕子(2012). 「野口援太郎における教育思想形成過程」. 『南九州大学人間発達研究』 (2), 31-42.

文部省・指導要録改善調査研究協力者会議(1991). 「小学校及び中学校の指導要録の改善について」(審議のまとめ).

梶田叡一(2008). 『新しい学習指導要領の理念と課題-確かな学力を基盤とした生きる力を』. 図書文化.

飯島裕三(2005). 「総合的学習の歴史と実践報告」. 『学習院高等科紀要』 (3), 124-144.

浜本純逸(2004). 「戦後初期新教育の実際と展開への模索」. 『早稲田大学大学院教育学研究科紀要』 (14), 143-153.

杉浦健・奥田雅史(2014). 「学びの共同体と授業実践-理論・現状・課題-」. 『近畿大学教育論叢』 26(1), 1-15.

生野圭子(2014). 「明治期の統合的教授論-樋口勘次郎の統合主義・活動主義教授法より-」. 『宮城学院女子大学発達科学研究』 (14), 7-12.

柴田義松(1998).『学び方の基礎・基本と総合学習』. 明治図書.

窪田祥宏(1967).「大正期における新教育運動の展開」.『日本大学教育学会紀要』(1), 38-50.

折手健二(1994).「新学力観の批判」.『愛知教育大学研究報告』(43). 39-51.

Hermann Röhrs・Volker Lenhart eds(1995). *Progressive Education Across the Continents*. Germany: PETER LANG.

木下繁彌(1965).「明治末期における谷本富の'新教育'論について」.『人文学報』(47).(http://www.repository.lib.tmu.ac.jp/)

影山昇(1998).「戦前・戦後の'新教育'遺産の継承と発展」.『成城文藝』, (163) 87-104. 成城大学(http://www.seijo.ac.jp/pdf/falit/163/163-04.pdf)

影山昇(1999).「明治前期のペスタロッチ-主義教育-大正自由教育の原点-」.『成城文藝』(167) 84-61. 成城大学(http://www.seijo.ac.jp/pdf/)

柳下換,「'教育'のオルタナティブとしての'学び'の可能性についての一考察」.(http://222.kase.gr.jp)

小西一也,「戦後学習指導要領の変遷と経験主義教育.(http://www.chart.co.jp)

坂本卓二.「フリースクールの歴史-その存在意識と'教育の自由'についての考察-」.(http://www.asahi-net.or.jp)

香川県教育センター.「達人が伝授! すぐに役に立つ学級経営のコツ」.(平成25年度調査研究報告書)

http://altjp.net/(多様な教育を推進するためのネットワーク)

https://ja.wikipedia.org/(ウィキペディア)

http://japan.school-lc.com/about_us(学びの共同体研究会)

http://manabiai.jimdo.com(学び合いフォラム)

http://shuregakuen.ed.jp/(東京シューレ葛飾中学校)

http://sugp.wakasato.jp/Material/Education/el/e04b1/class12/12shiryou-1.pdf

http://www.kinokuni.ac.jp/nc/html/htdocs/index.php(キノクニ子どもの村学園)

http://www.mext.go.jp/(学習指導要領の変遷)

http://www.nier.go.jp/(学習指導要領データベース)

http://www.shure.or.jp/concept/(フリースクール 東京シューレ)

http://www.tokyoshure.jp/(東京シューレ 総合ホームページ)

삶의 행복을 꿈꾸는 교육은 어디에서 오는가?

미래 100년을 향한 새로운 교육 혁신교육을 실천하는 교사들의 필독서

▶ 교육혁명을 앞당기는 배움책 이야기
혁신교육의 철학과 잉걸진 미래를 만나다!

한국교육연구네트워크 총서

01 핀란드 교육혁명
한국교육연구네트워크 엮음 | 320쪽 | 값 15,000원

02 일제고사를 넘어서
한국교육연구네트워크 엮음 | 284쪽 | 값 13,000원

03 새로운 사회를 여는 교육혁명
한국교육연구네트워크 엮음 | 380쪽 | 값 17,000원

04 교장제도 혁명
한국교육연구네트워크 엮음 | 268쪽 | 값 14,000원

05 새로운 사회를 여는 교육자치 혁명
한국교육연구네트워크 엮음 | 312쪽 | 값 15,000원

06 혁신학교에 대한 교육학적 성찰
한국교육연구네트워크 엮음| 308쪽 | 값 15,000원

07 진보주의 교육의 세계적 동향
한국교육연구네트워크 엮음 | 324쪽 | 값 17,000원
2018 세종도서 학술부문

08 더 나은 세상을 위한 학교혁명
한국교육연구네트워크 엮음 | 404쪽 | 값 21,000원
2018 세종도서 교양부문

혁신학교
성열관·이순철 지음 | 224쪽 | 값 12,000원

행복한 혁신학교 만들기
초등교육과정연구모임 지음 | 264쪽 | 값 13,000원

서울형 혁신학교 이야기
이부영 지음 | 320쪽 | 값 15,000원

혁신교육, 철학을 만나다
브렌트 데이비스·데니스 수마라 지음
현인철·서용선 옮김 | 304쪽 | 값 15,000원

혁신교육 존 듀이에게 묻다
서용선 지음 | 292쪽 | 값 14,000원

다시 읽는 조선 교육사
이만규 지음 | 750쪽 | 값 33,000원

대한민국 교육혁명
교육혁명공동행동 연구위원회 지음 | 224쪽 | 값 12,000원

한국교육연구네트워크 번역 총서

01 프레이리와 교육
존 엘리아스 지음 | 한국교육연구네트워크 옮김
276쪽 | 값 14,000원

02 교육은 사회를 바꿀 수 있을까?
마이클 애플 지음 | 강희룡·김선우·박원순·이형빈 옮김
356쪽 | 값 16,000원

**03 비판적 페다고지는
세상을 변화시킬 수 있는가?**
Seewha Cho 지음 | 심성보·조시화 옮김 | 280쪽 | 값 14,000원

04 마이클 애플의 민주학교
마이클 애플·제임스 빈 엮음 | 강희룡 옮김 | 276쪽 | 값 14,000원

05 21세기 교육과 민주주의
넬 나딩스 지음 | 심성보 옮김 | 392쪽 | 값 18,000원

**06 세계교육개혁:
민영화 우선인가 공적 투자 강화인가?**
린다 달링-해먼드 외 지음 | 심성보 외 옮김 | 408쪽 | 값 21,000원

대한민국 교사, 어떻게 가르칠 것인가?
윤성관 지음 | 320쪽 | 값 15,000원

아이들을 어떻게 가르칠 것인가
사토 마나부 지음 | 박찬영 옮김 | 232쪽 | 값 13,000원

모두를 위한 국제이해교육
한국국제이해교육학회 지음 | 364쪽 | 값 16,000원

경쟁을 넘어 발달 교육으로
현광일 지음 | 288쪽 | 값 14,000원

독일 교육, 왜 강한가?
박성희 지음 | 324쪽 | 값 15,000원

핀란드 교육의 기적
한닐레 니에미 외 엮음 | 장수명 외 옮김 | 456쪽 | 값 23,000원

한국 교육의 현실과 전망
심성보 지음 | 724쪽 | 값 35,000원

▶ 비고츠키 선집 시리즈
발달과 협력의 교육학 어떻게 읽을 것인가?

 생각과 말
레프 세묘노비치 비고츠키 지음
배희철·김용호·D. 켈로그 옮김 | 690쪽 | 값 33,000원

 도구와 기호
비고츠키·루리야 지음 | 비고츠키 연구회 옮김
336쪽 | 값 16,000원

 어린이 자기행동숙달의 역사와 발달 I
L.S. 비고츠키 지음 | 비고츠키 연구회 옮김
564쪽 | 값 28,000원

 어린이 자기행동숙달의 역사와 발달 II
L.S. 비고츠키 지음 | 비고츠키 연구회 옮김
552쪽 | 값 28,000원

 어린이의 상상과 창조
L.S. 비고츠키 지음 | 비고츠키 연구회 옮김
280쪽 | 값 15,000원

 연령과 위기
L.S. 비고츠키 지음 | 비고츠키 연구회 옮김
336쪽 | 값 17,000원

 수업과 수업 사이
비고츠키 연구회 지음 | 196쪽 | 값 12,000원

 비고츠키의 발달교육이란 무엇인가?
비고츠키교육학실천연구모임 지음 | 412쪽 | 값 21,000원

 성장과 분화
L.S. 비고츠키 지음 | 비고츠키 연구회 옮김
308쪽 | 값 15,000원

 의식과 숙달
L.S 비고츠키 | 비고츠키 연구회 옮김
348쪽 | 값 17,000원

 분열과 사랑
L.S. 비고츠키 지음 | 비고츠키연구회 옮김
260쪽 | 값 16,000

 관계의 교육학, 비고츠키
진보교육연구소 비고츠키교육학실천연구모임 지음
300쪽 | 값 15,000원

 비고츠키 생각과 말 쉽게 읽기
진보교육연구소 비고츠키교육학실천연구모임 지음
316쪽 | 값 15,000원

 비고츠키와 인지 발달의 비밀
A.R. 루리야 지음 | 배희철 옮김 | 280쪽 | 값 15,000원

 교사와 부모를 위한 비고츠키 교육학
카르포프 지음 | 실천교사번역팀 옮김 | 308쪽 | 값 15,000원

▶ 살림터 참교육 문예 시리즈
영혼이 있는 삶을 가르치는 온 선생님을 만나다!

 꽃보다 귀한 우리 아이는
조재도 지음 | 244쪽 | 값 12,000원

 성깔 있는 나무들
최은숙 지음 | 244쪽 | 값 12,000원

 아이들에게 세상을 배웠네
명혜정 지음 | 240쪽 | 값 12,000원

 밥상에서 세상으로
김흥숙 지음 | 280쪽 | 값 13,000원

 우물쭈물하다 끝난 교사 이야기
유기창 지음 | 380쪽 | 값 17,000원

 선생님이 먼저 때렸는데요
강병철 지음 | 248쪽 | 값 12,000원

 서울 여자, 시골 선생님 되다
조경선 지음 | 252쪽 | 값 12,000원

 행복한 창의 교육
최창의 지음 | 328쪽 | 값 15,000원

 북유럽 교육 기행
정애경 외 14인 지음 | 288쪽 | 값 14,000원

▶ 4·16, 질문이 있는 교실 마주이야기
통합수업으로 혁신교육과정을 재구성하다!

 통하는 공부
김태호·김형우·이경석·심우근·허진만 지음
324쪽 | 값 15,000원

 내일 수업 어떻게 하지?
아이함께 지음 | 300쪽 | 값 15,000원
2015 세종도서 교양부문

 인간 회복의 교육
성래운 지음 | 260쪽 | 값 13,000원

 교과서 너머 교육과정 마주하기
이윤미 외 지음 | 368쪽 | 값 17,000원

 수업 고수들 수업·교육과정·평가를 말하다
박현숙 외 지음 | 368쪽 | 값 17,000원

 도덕 수업, 책으로 묻고 윤리로 답하다
울산도덕교사모임 지음 | 320쪽 | 값 15,000원

 체육 교사, 수업을 말하다
전용진 지음 | 304쪽 | 값 15,000원

 교실을 위한 프레이리
아이러 쇼어 엮음 | 사람대사람 옮김 | 412쪽 | 값 18,000원

 마을교육공동체란 무엇인가?
서용선 외 지음 | 360쪽 | 값 17,000원

 교사, 학교를 바꾸다
정진화 지음 | 372쪽 | 값 17,000원

 함께 배움
학생 주도 배움 중심 수업 이렇게 한다
니시카와 준 지음 | 백경석 옮김 | 280쪽 | 값 15,000원

 공교육은 왜?
홍섭근 지음 | 352쪽 | 값 16,000원

 자기혁신과 공동의 성장을 위한
교사들의 필리버스터
윤양수·원종희·장군·조경삼 지음 | 280쪽 | 값 14,000원

 함께 배움 이렇게 시작한다
니시카와 준 지음 | 백경석 옮김 | 196쪽 | 값 12,000원

 함께 배움 교사의 말하기
니시카와 준 지음 | 백경석 옮김 | 188쪽 | 값 12,000원

 교육과정 통합, 어떻게 할 것인가?
성열관 외 지음 | 192쪽 | 값 13,000원

 미래교육의 열쇠, 창의적 문화교육
심광현·노명우·강정석 지음 | 368쪽 | 값 16,000원

 주제통합수업, 아이들을 수업의 주인공으로!
이윤미 외 지음 | 392쪽 | 값 17,000원

 수업과 교육의 지평을 확장하는 수업 비평
윤양수 지음 | 316쪽 | 값 15,000원
2014 문화체육관광부 우수교양도서

 교사, 선생이 되다
김태은 외 지음 | 260쪽 | 값 13,000원

 교사의 전문성, 어떻게 만들어지나
국제교원노조연맹 보고서 | 김석규 옮김 392쪽 | 값 17,000원

 수업의 정치
윤양수·원종희·장군 지음 | 280쪽 | 값 14,000원

 학교협동조합,
현장체험학습과 마을교육공동체를 잇다
주수원 외 지음 | 296쪽 | 값 15,000원

 거꾸로교실,
잠자는 아이들을 깨우는 수업의 비밀
이민경 지음 | 280쪽 | 값 14,000원

 교사는 무엇으로 사는가
정은균 지음 | 292쪽 | 값 15,000원

 마음의 힘을 기르는 감성수업
조선미 외 지음 | 300쪽 | 값 15,000원

 작은 학교 아이들
지경준 엮음 | 376쪽 | 값 17,000원

 아이들의 배움은 어떻게 깊어지는가
이시이 준지 지음 | 방지현·이창희 옮김 | 200쪽 | 값 11,000원

  대한민국 입시혁명
참교육연구소 입시연구팀 지음 | 220쪽 | 값 12,000원

 교사를 세우는 교육과정
박승열 지음 | 312쪽 | 값 15,000원

 전국 17명 교육감들과 나눈
교육 대담
최창의 대담·기록 | 272쪽 | 값 15,000원

 들뢰즈와 가타리를 통해
유아교육 읽기
리세롯 마리엣 올슨 지음 | 이연선 외 옮김 | 328쪽 | 값 17,000원

학교 혁신의 길, 아이들에게 묻다
남궁상운 외 지음 | 272쪽 | 값 15,000원

 프레이리의 사상과 실천
사람대사람 지음 | 352쪽 | 값 18,000원
2018 세종도서 학술부문

 혁신학교, 한국 교육의 미래를 열다
송순재 외 지음 | 608쪽 | 값 30,000원

 페다고지를 위하여
프레네의 『페다고지 불변요소』 읽기
박찬영 지음 | 296쪽 | 값 15,000원

 노자와 탈현대 문명
홍승표 지음 | 284쪽 | 값 15,000원

 선생님, 민주시민교육이 뭐예요?
염경미 지음 | 244쪽 | 값 15,000원

 어쩌다 혁신학교
유우석 외 지음 | 380쪽 | 값 17,000원

 미래, 교육을 묻다
정광필 지음 | 232쪽 | 값 15,000원

 대학, 협동조합으로 교육하라
박주희 외 지음 | 252쪽 | 값 15,000원

 입시, 어떻게 바꿀 것인가?
노기원 지음 | 306쪽 | 값 15,000원

 촛불시대, 혁신교육을 말하다
이용관 지음 | 240쪽 | 값 15,000원

 라운드 스터디
이시이 데루마사 외 엮음 | 224쪽 | 값 15,000원

 미래교육을 디자인하는 학교교육과정
박승열 외 지음 | 348쪽 | 값 18,000원

 흥미진진한 아일랜드 전환학년 이야기
제리 제퍼스 지음 | 최상덕·김호원 옮김 | 508쪽 | 값 27,000원

 폭력 교실에 맞서는 용기
따돌림사회연구모임 학급운영팀 지음 | 272쪽 | 값 15,000원

 학교 민주주의의 불한당들
정은균 지음 | 276쪽 | 값 14,000원

 교육과정, 수업, 평가의 일체화
리사 카터 지음 | 박승열 외 옮김 | 196쪽 | 값 13,000원

 학교를 개선하는 교장
지속가능한 학교 혁신을 위한 실천 전략
마이클 풀란 지음 | 서동연·정효준 옮김 | 216쪽 | 값 13,000원

 공자뎐, 논어는 이것이다
유문상 지음 | 392쪽 | 값 18,000원

 교사와 부모를 위한
발달교육이란 무엇인가?
현광일 지음 | 380쪽 | 값 18,000원

 교사, 이오덕에게 길을 묻다
이무완 지음 | 328쪽 | 값 15,000원

 낙오자 없는 스웨덴 교육
레이프 스트란드베리 지음 | 변광수 옮김 | 208쪽 | 값 13,000원

 끝나지 않은 마지막 수업
장석웅 지음 | 328쪽 | 값 20,000원

 경기꿈의학교
진흥섭 외 지음 | 360쪽 | 값 17,000원

 학교를 말한다
이성우 지음 | 292쪽 | 값 15,000원

 행복도시 세종, 혁신교육으로 디자인하다
곽순일 외 지음 | 392쪽 | 값 18,000원

 나는 거꾸로 교실 거꾸로 교사
류광모·임정훈 지음 | 212쪽 | 값 13,000원

 교실 속으로 간 이해중심 교육과정
온정덕 외 지음 | 224쪽 | 값 13,000원

 교실, 평화를 말하다
따돌림사회연구모임 초등우정팀 지음 | 268쪽 | 값 15,000원

▶ 교과서 밖에서 만나는 역사 교실
상식이 통하는 살아 있는 역사를 만나다

전봉준과 동학농민혁명
조광환 지음 | 336쪽 | 값 15,000원

교과서 밖에서 배우는 역사 공부
정은교 지음 | 292쪽 | 값 14,000원

남도의 기억을 걷다
노성태 지음 | 344쪽 | 값 14,000원

팔만대장경도 모르면 빨래판이다
전병철 지음 | 360쪽 | 값 16,000원

응답하라 한국사 1·2
김은석 지음 | 356쪽·368쪽 | 각권 값 15,000원

빨래판도 잘 보면 팔만대장경이다
전병철 지음 | 360쪽 | 값 16,000원

즐거운 국사수업 32강
김남선 지음 | 280쪽 | 값 11,000원

영화는 역사다
강성률 지음 | 288쪽 | 값 13,000원

즐거운 세계사 수업
김은석 지음 | 328쪽 | 값 13,000원

친일 영화의 해부학
강성률 지음 | 264쪽 | 값 15,000원

강화도의 기억을 걷다
최보길 지음 | 276쪽 | 값 14,000원

한국 고대사의 비밀
김은석 지음 | 304쪽 | 값 13,000원

광주의 기억을 걷다
노성태 지음 | 348쪽 | 값 15,000원

조선족 근현대 교육사
정미량 지음 | 320쪽 | 값 15,000원

**선생님도 궁금해하는
한국사의 비밀 20가지**
김은석 지음 | 312쪽 | 값 15,000원

다시 읽는 조선근대교육의 사상과 운동
윤건차 지음 | 이명실·심성보 옮김 | 516쪽 | 값 25,000원

걸림돌
키르스텐 세룹-빌펠트 지음 | 문봉애 옮김
248쪽 | 값 13,000원

음악과 함께 떠나는 세계의 혁명 이야기
조광환 지음 | 292쪽 | 값 15,000원

역사수업을 부탁해
열 사람의 한 걸음 지음 | 388쪽 | 값 18,000원

논쟁으로 보는 일본 근대교육의 역사
이명실 지음 | 324쪽 | 값 17,000원

진실과 거짓, 인물 한국사
하성환 지음 | 400쪽 | 값 18,000원

다시, 독립의 기억을 걷다
노성태 지음 | 320쪽 | 값 16,000원

▶ 평화샘 프로젝트 매뉴얼 시리즈
학교폭력에 대한 근본적인 예방과 대책을 찾는다

학교폭력 어떻게 만들어지는가
문재현 외 지음 | 300쪽 | 값 14,000원

아이들을 살리는 동네
문재현·신동명·김수동 지음 | 204쪽 | 값 10,000원

학교폭력, 멈춰!
문재현 외 지음 | 348쪽 | 값 15,000원

평화! 행복한 학교의 시작
문재현 외 지음 | 252쪽 | 값 12,000원

왕따, 이렇게 해결할 수 있다
문재현 외 지음 | 236쪽 | 값 12,000원

마을에 배움의 길이 있다
문재현 지음 | 208쪽 | 값 10,000원

젊은 부모를 위한 백만 년의 육아 슬기
문재현 지음 | 248쪽 | 값 13,000원

별자리, 인류의 이야기 주머니
문재현·문한뫼 지음 | 444쪽 | 값 20,000원

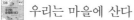
우리는 마을에 산다
유양우·신동명·김수동·문재현 지음 | 312쪽 | 값 15,000원

▶ 더불어 사는 정의로운 세상을 여는 인문사회과학
사람의 존엄과 평등의 가치를 배운다

밥상혁명
강양구·강이현 지음 | 298쪽 | 값 13,800원

좌우지간 인권이다
안경환 지음 | 288쪽 | 값 13,000원

도덕 교과서 무엇이 문제인가?
김대용 지음 | 272쪽 | 값 14,000원

민주시민교육
심성보 지음 | 544쪽 | 값 25,000원

자율주의와 진보교육
조엘 스프링 지음 | 심성보 옮김 | 320쪽 | 값 15,000원

민주시민을 위한 도덕교육
심성보 지음 | 500쪽 | 값 25,000원
2015 세종도서 학술부문

민주화 이후의 공동체 교육
심성보 지음 | 392쪽 | 값 15,000원
2009 문화체육관광부 우수학술도서

교과서 밖에서 배우는 인문학 공부
정은교 지음 | 280쪽 | 값 13,000원

갈등을 넘어 협력 사회로
이창언·오수길·유문종·신윤관 지음 | 280쪽 | 값 15,000원

오래된 미래교육
정재걸 지음 | 392쪽 | 값 18,000원

동양사상과 마음교육
정재걸 외 지음 | 356쪽 | 값 16,000원
2015 세종도서 학술부문

대한민국 의료혁명
전국보건의료산업노동조합 엮음 | 548쪽 | 값 25,000원

교과서 밖에서 배우는 철학 공부
정은교 지음 | 280쪽 | 값 14,000원

교과서 밖에서 배우는 고전 공부
정은교 지음 | 288쪽 | 값 14,000원

교과서 밖에서 배우는 사회 공부
정은교 지음 | 304쪽 | 값 15,000원

전체 안의 전체 사고 속의 사고
김우창의 인문학을 읽다
현광일 지음 | 320쪽 | 값 15,000원

교과서 밖에서 배우는 윤리 공부
정은교 지음 | 292쪽 | 값 15,000원

카스트로, 종교를 말하다
피델 카스트로·프레이 베토 대담 | 조세종 옮김
420쪽 | 값 21,000원

한글 혁명
김슬옹 지음 | 388쪽 | 값 18,000원

일제강점기 한국철학
이태우 지음 | 448쪽 | 값 25,000원

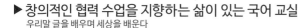

▶ 창의적인 협력 수업을 지향하는 삶이 있는 국어 교실
우리말 글을 배우며 세상을 배운다

중학교 국어 수업 어떻게 할 것인가?
김미경 지음 | 340쪽 | 값 15,000원

토론의 숲에서 나를 만나다
명혜정 엮음 | 312쪽 | 값 15,000원

토닥토닥 토론해요
명혜정·이명선·조선미 엮음 | 288쪽 | 값 15,000원

인문학의 숲을 거니는 토론 수업
순천국어교사모임 엮음 | 308쪽 | 값 15,000원

어린이와 시
오인태 지음 | 192쪽 | 값 12,000원

수업, 슬로리딩과 함께
박경숙 외 지음 | 268쪽 | 값 15,000원

▶ 남북이 하나 되는 두물머리 평화교육
분단 극복을 위한 치열한 배움과 실천을 만나다

 10년 후 통일
정동영·지승호 지음 | 328쪽 | 값 15,000원

 선생님, 통일이 뭐예요?
정경호 지음 | 252쪽 | 값 13,000원

 분단시대의 통일교육
성래운 지음 | 428쪽 | 값 18,000원

 김창환 교수의 DMZ 지리 이야기
김창환 지음 | 264쪽 | 값 15,000원

 한반도 평화교육 어떻게 할 것인가
이기범 외 지음 | 252쪽 | 값 15,000원

▶ 출간 예정

근간 **한국 교육 제4의 길을 찾다**
이길상 지음

근간 **우리 안의 미래 교육**
정재걸 지음

근간 **마을교육공동체 운동의 역사와 미래**
김용련 지음

근간 **선생님, 페미니즘이 뭐예요?**
염경미 지음

근간 **언어던**
정은균 지음

근간 **경남 역사의 기억을 걷다**
류형진 외 지음

근간 **교육이성 비판**
조상식 지음

근간 **인성교육의 철학과 방법**
박제순 지음

근간 **식물의 교육학**
이차영 지음

근간 **교사 전쟁**
Dana Goldstein 지음 | 유성상 외 옮김

근간 **콩도르세, 공교육에 관한 다섯 논문**
혁명 프랑스에 공교육의 기초를 묻다
니콜라 드 콩도르세 지음 | 이주환 옮김

근간 **자유학기제란 무엇인가?**
최상덕 지음

근간 **신채호, 역사란 무엇인가?**
이주영 지음

근간 **한국 교육 어디서 와서 어디로 가는가?**
이주영 지음

근간 민·관·학 협치 시대를 여는
마을교육공동체 만들기
김태정 지음

근간 삶을 위한
국어교육과정, 어떻게 만들 것인가?
명혜정 지음

근간 **민주주의와 교육**
Pilar Ocadiz, Pia Wong, Carlos Torres 지음| 유성상 옮김

근간 **마을수업, 마을교육과정!**
서용선·백윤애 지음

근간 **미국의 진보주의 교육 운동사**
윌리엄 헤이스 지음 | 심성보 외 옮김

근간 **즐거운 동아시아 수업**
김은석 지음

근간 민주시민교육을 위한
역사수업 어떻게 할 것인가?
황현정 지음

근간 **혁신학교,**
다함께 만들어 가는 강명초 5년 이야기
이부영 지음

참된 삶과 교육에 관한
생각 줍기